跨主体性
TRANS-SUBJECTIVITY

赵汀阳
ZHAO TINGYANG

生活・讀書・新知 三联书店

Copyright © 2023 by SDX Joint Publishing Company.
All Rights Reserved.
本作品版权由生活·读书·新知三联书店所有。
未经许可，不得翻印。

图书在版编目（CIP）数据

跨主体性/赵汀阳著.—北京：生活·读书·新知三联书店，2023.9
（赵汀阳集）
ISBN 978-7-108-07696-0

Ⅰ.①跨… Ⅱ.①赵… Ⅲ.①哲学-研究 Ⅳ.① B0

中国版本图书馆 CIP 数据核字（2023）第 164701 号

责任编辑	冯金红
装帧设计	一千遍
责任校对	张　睿
责任印制	宋　家
出版发行	生活·讀書·新知 三联书店
	（北京市东城区美术馆东街 22 号 100010）
网　　址	www.sdxjpc.com
经　　销	新华书店
印　　刷	天津图文方嘉印刷有限公司
版　　次	2023 年 9 月北京第 1 版
	2023 年 9 月北京第 1 次印刷
开　　本	880 毫米 × 1092 毫米　1/32　印张 12.75
字　　数	247 千字
印　　数	0,001-6,000 册
定　　价	88.00 元

（印装查询：01064002715；邮购查询：01084010542）

鸣　谢

这个集子里有三篇文章来自对话现场，收录了许多学者与我对话的发言，包括François Hartog, Melissa Williams, Rainer Forst, Hans Feger, Stefan Gosepath, Roger Ames, Ralph Weber, Luise Müller, Walter Pfannkuche, Graham Parkes, Christian Neuhäuser, Robin Celikates，孙向晨等诸位教授，他们的讨论提出了许多深入的问题和批评，于我大有教益，也给本文集大大增色，特此致谢！

同时要感谢Alain Le Pichon（乐比雄）教授，他是我的老朋友，我们长期一起讨论问题。本文集的书名"跨主体性"正是采用了乐比雄教授最先提出的概念。这里向他致敬！

还要感谢三联书店的冯金红女士和设计师朱砂，他们给了这本书一个充满善意的跨主体面目。

赵汀阳

2022年2月23日

目 录

前 言 如何定义跨主体性？ *1*

第一部分 概念

一 跨文化聚点研究：文化边界，新百科全书
与综合文本 *3*

二 关于跨文化和跨主体性的一个讨论 *29*

三 中国哲学的身份疑案 *65*

第二部分 争论

四 时间和历史的概念：弗兰索瓦·阿赫托戈与
赵汀阳对话 *117*

五 柏林论辩：天下制度的存在论论证及疑问 *155*

六 全球正义如何可能：梅丽莎·威廉姆斯、莱纳·弗
斯特与赵汀阳的对话 *213*

第三部分　新主体

七　人工智能的反存在论　*251*

八　人工智能的自我意识何以可能？　*278*

九　最坏可能世界与"安全声明"：来自《三体》的问题　*299*

十　假如元宇宙成为一个存在论事件　*326*

十一　GPT提出的新问题　*355*

十二　替人工智能着想　*378*

前　言

如何定义跨主体性？

"跨主体性"（trans-subjectivity）是法国人类学家阿兰·乐比雄（Alain Le Pichon）提出的一个概念。他是欧洲跨文化研究院的创始人之一，另一位创始人是意大利的伟大作家和符号学家翁贝托·艾柯（Umberto Eco）。这个概念有着人类学背景，同时也是一个哲学概念。阿兰在制造概念方面有天才，他发明了"互观人类学"（reciprocal anthropology，旧译"互惠人类学"）、"互动知识"（reciprocal knowledge）和"跨文化"（transcultural）等概念，都很有想象力，但我倾向于认为其中最有潜力的还是跨主体性，也许是哲学偏好。

阿兰·乐比雄提出跨主体性的故事是这样的。我们经常一起讨论问题，十余年前有一次他说到很赞同我的天下体系理论，如果将来跨文化的政治能够成功的话，似乎应该就是天下体系了。然后他又说，那么，是否意味着，我们，各种文明，就因此能够形成一种"跨主体性"了呢？我马上意识到这是一个非常有潜力的新概念，请他给出定义或基本解释。阿兰思考良久，说，一个人类学家可以提出新概念，但不负责定义，那应该是哲学家负责干的事情（笑）。他反过来很认真地坚持要我为跨主体性做一个定义或接近于定义的基本解释。阿兰是个"作而不述"的人，喜欢出题胜过做题，我有点疑心他属于"灵知主义者"。总之，我同意做这道题，但可能有点过于自信了，至今也不能给出一个令人满意的定义，虽有推进，但还需要努力。跨主体性的重要性和复杂性在于触及当代发生的许多新问题，远远不只是文化间性，也触及技术或可能产生的新主体们，而复数的新主体将导致真实世界的概念发生改变。越想越发现跨主体性有一点像哥德巴赫猜想那种情况，看起来是对的，但要证明却很难。这个集子收集了我的一些相关思考，并非都是对跨主体性的直接解释，但与跨主体性的问题都有或远或近的相关性，以此向老朋友阿兰·乐比雄致敬。

要分析跨主体性的概念就会想到与主体性有关而区别于主体间性。关于这个问题，我和阿兰合著的《一神论的影子》有过不少讨论。主体性是人的一个存在论事实，几乎定义了人，但作为学术概念却是现代思想的发明。通常认为，笛卡尔的"我思"奠定了主体性概念的出发点，而康德建构了主体性概念的完整结构（也有不同意见，比如胡塞尔相信只有现象学才能够充分解释主体性）。主体性大概可以理解为一个具有认知主权和道德主权并具有自我意识的思想-行为终端，在理想状态下定义了人之为人的条件。可是，独立自主的主体性之间必定互相不理解、互相不同意，甚至发生冲突，于是在主体间形成了对峙难题。阿兰对胡塞尔颇有研究，他说过，主体间性的问题化意味着主体间性需要进一步发展为跨主体性，否则主体间性就只是个社会事实却不是一个真正重要的问题了。显然，主体间除了有交流、对话、合作和互相理解的正面性，还有冲突、对立、战争和互相误解的负面性，这意味着，主体间性既是桥梁也是鸿沟，可以是善意也可以是敌意，可以是理解也可以是不理解。主体间性只是形成了不同主体之间的相互关系，却不能保证能够消除互相隔阂的他者性、异己性甚至敌对性。主体间的难题就在于主体间性自身没有能力解开主体间的难题，就是说，主体间性不是自身问题的一个解。假如主体间性问题存在一个解，那么，跨主体性就是主体间性的解——这是我的基本理解。

　　跨主体性的定位找到了，可是"跨"（trans-）的意思还是不明确，到底是意味着超越了主体性的局限性，还是超越了主体间性的局限性，仍是个问题。我倾向于认为是"双超越"，即同时超越主体性和主体间性的局限性。接下来，如何实现这样的超越？以什么去超越？合理的想象是，跨主体性是一种建构性的关系，一种能够超越主体性的独白话语并且化解主体间互相不一致的关系。可是，如何建立这样的关系？说容易，做就难了。

按道理应该使用维特根斯坦式的"游戏分析",这是分析意义、语境、条件的复合关系的最好方法。但有个特殊的困难,游戏分析的有效性一般基于分析概念的用法,用法的实例越多,意义就越清楚。可是跨主体性是个新概念,尚无足够多的用法,其实只有阿兰或我的用法,可是我们自己的用法正是尚未明确而需要被反思和批判的对象,就是说,我们自己还没有确定的用法,只是一些探索。这是个怪圈。看来需要某种更基本的方法,即在游戏分析之前的方法,因为这个概念还没有资格进入游戏分析。更基本的方法一定是平平无奇的,正如最基本的事情都是平平无奇的,颠覆最基本的事情才是惊天动地的。对于跨主体性概念的解释,我使用的最基本的方法可称为"分类学方法",换个角度也可以说是定位性的"坐标方法"(笛卡尔)。虽是平平无奇的方法,但并不容易,因为分类或坐标定位的同时也是建构,是人类建构秩序的基本方法。既然分类即建构,分类学的实质就是形而上的,而不是知识论的。事物本身没有分类,所以分类或定位不是一个被给与的事实,而是人所建构的秩序,所以是形而上的。

跨主体性既然是一种关系,那么可以推想,其基础必须是主体间**互为主体**的关系,即在互相平等条件下形成的对称主体性的主体间性,也就是以"互为主体性"(reciprocal subjectivity)能够定位的最优化的主体间性。如果不能形成平等的互为主体性,就没有希望去建立共享的或互相认同的跨主体性。通常设定，主体之间的初始状态是互为他者（极端状态即为霍布斯状态），互为他者的主体间关系未必友善，更未必平等，互为他者更多地意味着互相排斥或互不认同，经常在经济上、政治上、精神上和知识上形成压迫、剥削、奴役、支配和控制的关系。如果互为他者要转化为互为主体的关系，第一步就需要双方在知识论上成为互为平等被观察被认知的对象，或者说，我与他者之间必须存在着互相平等和互相可逆的知识论关系，简单地说就是互为对象。这正是所谓"互观人类学"的要义，也是建立互相理解的知识论条件。我把主体间性从互为他者的初始状态转变为互为主体的兼容状态定义为主体间性的最优化。这里的"最优"不是一个伦理判断，而是一个类似"物理学"或"数学"的指标。互为主体的兼容状态能够将主体性和主体间性的合作能量发挥到最大值，虽然我无法量化地描述那个最大值，但几乎可以肯定，那一定是个最大值。我想，跨主体性可以是互为主体性的最大值的一个表述。

现代建立了拥有完全精神主权的主体性，于是互为他者就深化为一个精神对抗的难题，而不仅仅是经济和政治上的对抗。利益对抗属于显而易见的基本冲突，而精神对抗属于复杂冲突，具有形而上的深度。人类学家们发现了这个问题，哲学家们也发现了。胡塞尔就试图通过主体间性的概念来建立对他者的理解和承认，试图在自我主体性的内部建立一个"他我"（alter ego）结构来移情地理解他者，但此方案只是联想有效，并非实质有效，因为他者的**主体性在任何意义上**都不可能是我的主体性的一个因变量，而是出现在主体间性中的另一个自变量，只要他者是个自变量，就具有"顽固不化"的绝对外在性。所以列维纳斯可以论证他者是超越的存在，尤其是超越了我的主体性的绝对者。维特根斯坦的"游戏"概念更清楚说明了，如果一个主体间的游戏是可能的，其游戏规则必是我与他者互动形成并共同承认的。当然，每个主体在私人领域里都有绝对主权，但这种主权不能延伸而用于主体间性，否则会导致无法协调的绝对冲突。以主体性的绝对主权干涉主体间性的事情并非无稽之谈，当今世界就不断发生，在此不论。这里需要明确的是，并不存在一种先验的主体间性，与之相反，主体间性必定是我与他者共同经验或在实践中创造出来的后验事实。因此，由主体性推论不出主体间性，推论不出主体间的伦理或政治原则（康德的"绝对命令"就是以主体性推论主体间性的错误），也推论不出主体间性必须在伦理上或政治上承认主体性的特殊价值观或特殊化权利（"政治正确"就是要求主体间性必须无条件承认主体性的诉求和身份）。主体间性肯定是外在于主体性的一个实践性的事实，其外部性超出了主体性的解释力。

　　承认他者是对等的知识主体，既是解释主体间性的实践有效性的一个条件，也是走向跨主体性的一个前提。不过，我与他者互相平等且互相可逆的知识论关系尚不足以直接形成跨主体性，只是主体间互相平等然而仍然互为异己的关系而已，仍有可能是互相对抗的。虽然我们还不能充分定义跨主体性，但可以肯定，跨主体性一定与共识（consensus）和共情（communion）有关，而并非任何主体间关系都有共识和共情。仅依靠由主体性所发出的同情（sympathy）以及移情（empathy）能力并不足以形成共识和共情。传统伦理学往往以为同情或移情是伦理的基础（比如孟子开启的心学传统），其实与伦理事实有很大出入。显然，必须超出知识论或心理学而进入实践互动关系才能建立共识和共情，就是说，共识和共情并不是我思的意向性，不是一厢情愿，不能口惠而实不至，而必须在外在实践中的实在关系里获得证明。请允许我使用一个有些简单化的比喻：单相思不等于爱情，因为爱情是共同的实践，而不是一种意向性。因此，主体间性不可能是现象学的一个结果，跨主体性就更不是。现象学的有效性仅限于主体性的内在性，而主体间性和跨主体性都属于外在实践。

因此，主体间性和跨主体性还需要实践性的平等而对等的伦理学条件。哈贝马斯提出的"交往理性"（communicative rationality）就是一个很有意义的概念。通常把communication译为交往，没错，但少了一点深层含义。communicate的本义是通过某种共同实践（比如共领圣餐）来实现"共同体化"。有了成功的"共同体化"，才生成了community（共同体），而和谐的community就一定有communion（共情），这几个概念的共同词根已经说明了要点所在。共同体的概念在西方有着宗教背景，一般来说，共同体的传统单位是发生共情仪式和传达神意的教堂。其宗教含义在当代已然隐退，但其信仰性的结构含义仍然在：共同体的共情预设了以共同信仰为前提。在没有共同信仰的条件下谈论共同体就缺乏根据了。这涉及了更深层的难题。

二十多年前我向哈贝马斯请教过一个相关问题，我说交往理性恐怕并非充分有效，因为交往理性的极限能力是消解"思"的分歧（属于mind的分歧），但没有能力消解"心"的分歧（属于heart的分歧）。哈贝马斯辩护说，交往理性需要足够长的时间才能形成满意的效果；而且交往活动当然还是需要一些基本共识为前提的，有了基本共识，别的分歧就有望解决。当时我觉得也对，但过后还是觉得交往理性不够用，在若干文章里我讨论过这个有趣的问题。我的批评是，"足够长的时间"是无效辩护，因为时间并不会偏心地有利于好事，时间会消除分歧，但同样也可能加强分歧，甚至产生新的分歧。至于预设的基本共识，实际上等于回避了真正的难题。显然，真正严重的难题就是缺乏基本共识所导致的异己性或他者性——缺的就是基本共识，别的分歧确实好说。比如文明的冲突，康德和平理论解决不了文明冲突，哈贝马斯的交往理性也不能，因为分歧点不在思维（mind）而在心灵（heart）。其实，假如更细致地分析，甚至思维也存在不一致，比如在讲理上，中国式的"情有可原"或"将心比心"之类的常见论据在西式论理中不能构成论据，这意味着，克服思维方式的分歧也没有那么容易。但无论如何，哈贝马斯的理论是一个真正有益的推进，只是与问题的解决之间尚有距离，甚至存在着鸿沟，即由"思"无法跨越到"心"的鸿沟，这与 to be 推不出 ought to be 的休谟定理异曲同工。休谟实在是厉害，从康德以来，多种努力一直都无法解决休谟问题。

至此可以发现，跨主体性不仅需要平等的知识论条件，还需要平等的伦理学条件，我与他者不仅需要在知识上互为主体，还需要在道德上互为主体。以互为主体去替换互为他者，才能够从"思"的理性共识进入"心"的精神共情，才有可能（仍然不保证必然能够）建立跨主体性。这意味着，伦理关系才是跨主体性的基本层次。推进到伦理，似乎触及了基底问题，然而真正的困难才开始，伦理学是形而上级别的终极难题，伦理学理论貌似很多，却只在同一维度上展开，思考的角度多是多了，却只是同一深度。几乎可以说，伦理学已经积累了很多理论和争论，但在问题上却少有进展，伦理学问题从最开始就是主体间问题，一直停留在主体间问题上，似乎没有推进的余地。伦理学问题难就难在伦理无法解决主体间的冲突，简单地说，如果他人不同意我们的伦理或价值观，如何才能解决这个问题？

要解决主体间的分歧，如前所论，首先就需要互为主体性的普遍原则。孔子思想所以长久不衰，就在于直达了互为主体性的问题。"仁"的原则很可能是互为主体性的最早公式（仁的概念早于孔子，但孔子赋予的新意更有价值）。仁可解释为：仁是任意二人之间的最优关系。意味着必须满足：（1）在此关系中，任意二人仅以人之为人的纯粹身份互相识别；并且（2）任意二人形成相互对称的善意。这两个必要条件合起来就成为仁的充分条件。要点是，仁的概念只涉及对他人作为人的纯粹身份识别，排除了任何社会阶级或文化阶层的身份识别，这在那时是重要新意。可是众所周知，孔子同时又非常重视社会的阶级或阶层的身份识别，这是那时的社会现实，孔子也非常尊重这个现实，两者并非矛盾而是重叠性质，即人是人，也是社会中人。社会化的身份识别问题表达在孔子并列重视的另一个概念里，即"礼"。孔子所重者，仁与礼也，两者分别处理了不同问题。礼是现实，关于礼的理论不足为奇，无非"从周"；仁却是孔子提出的新理想，所以特别。也许需要注解：虽然孔子说过仁者爱人，但此爱不是爱情，也不是博爱，只是"在乎"人之为人的意思。孔子之仁，并非具体人之间所能达到的最高级别的最优关系（那是想象的爱情），只是抽象的任意二人的最优关系，足以定义相互善意而已。

列维纳斯所想象的互为主体性，在相互善意的"热度"上就超过了孔子的仁。对于列维纳斯，他人不仅是必须尊重和在乎的主体，而且是必须绝对尊重乃至超过自己的至尊。这种以他人为核心，或向他人倾斜来理解的他人超越性和绝对性达到了互为主体性的最大值，比孔子的现实主义理想更为理想主义。但问题也在这里，最大值未必就是最优值，超越了可能性的事情其实就失去了实践意义，只是宗教性的幻想，但我不想过分批评列维纳斯的美好空想。更需要思考的是，孔子的现实主义也未必就是互为主体性的最优值。现实主义的局限性是缺乏超越的维度，一个现实主义的心灵有善意，却未必是触及灵魂的深刻善意。中国式的伦理善意是心理主义的，主要基于心理学现象的善意，比如同情心。孟子式的同情心虽好，但缺乏精神或灵魂的深度，只是感同身受的心理。如以同情心作为道德根基，这种道德难以成为自觉自律的、理性的、无条件的或纯粹的高尚意识，很容易满足于小恩小惠的有限怜悯甚至有些廉价的"爱心"，难以解释献身、牺牲和责任的壮举，简单地说，善良而不高尚，好心而少壮美。不能解释道德壮举就终究缺少精神分量，所缺少的正是灵魂级别的深刻善意。这说明，伦理学还有着很大的展开空间，至今未能解释人之高尚性，甚至未能解释人在本质上区别于动物的"几希"德性——绝不是同情心（动物也有），而必定是我们尚未发现或未能定义的某种互为主体性，或更理想的跨主体性。

这里并不准备在互为主体性或跨主体性问题上采用理想主义的解释。理想主义不能解决现实问题，只是思想所需的度量衡，不是实践本身。道德远远不足以支撑现实，现实永远需要政治、经济和法律。比如说，天下体系定义了一种能够化敌为友的新政治，同时也蕴含了相互善意的经济、对称公正的法律以及智慧民主，因此，天下体系或可期望是跨主体性的政治最大值，但天下体系不能保证成为一个理想化的完美世界。关于天下理论，我在别的书中已经做过详细的分析，在此不论。至于是否能够有一种跨主体性的理想道德，这个问题让我有些犹豫。道德是个很神秘的概念，至今很难界定。维特根斯坦已经分析了，很大部分的"道德问题"在实质上属于游戏规则问题，凡是能够还原为规则的伦理学事实，都不是真正的道德。这意味着，真正的道德是属于主体性的纯粹内在意志（康德最早证明这一点），并不是主体间博弈的一个讨价还价解。这正是难点所在：如果主体性直接决定了道德，无须成为主体间的博弈均衡，那么，从主体性的道德是否能够神奇地升级到跨主体性的普遍道德，我就不知道了，看起来很难想象。但如果道德只是主体间的一个产物，无非是主体间的讨价还价均衡解，那么就只是伦理而已，并非具有精神光辉的道德。

我还是没有能够为跨主体性给出一个严格的定义。不过或可借用博弈论家托马斯·谢林的"聚点"（focal point）理论来描述跨主体性的一个显著效果——不是定义，只是描述效果，算是一种迂回的解释。"聚点"的概念曾被译为"灵犀点"，很传神，但过于文学了，容易让人想入非非，所以我还是选择"聚点"这个含义比较中立的译法。但focal point确实包含心有灵犀的意思，是双方能够互相理解对方怎么想并且理解对方怎么想自己怎么想的那种循环互相理解的意识相会点，后来发展出更容易理解的"共同知识"（common knowledge），其格式是：我知道你知道我知道你知道……是如此这般想的。在双方有着相同价值观或相似文化背景条件下，"聚点"就自然产生。如果有着明显差异的主体或文化，双方愿意并且有能力互相理解和互相接受来自他者的有价值的思想，也能够创造出本来缺乏的聚点，于是双方都能够形成知识和思想上的增长，就近乎跨主体性了，换句话说，创造文化聚点就是创造跨主体性。

思想聚点的形成基于意识所有条件的综合效果，无法完全罗列，肯定包括思维方法、思维框架、语言、基本观念、价值观、知识、信仰和信念、文化传统、生活习俗、语境等，只好说是整个意识条件，相当于涉及了哲学、逻辑、知识论、宗教、社会学、人类学、经济学等所有学科的对象。这种概括没有太大用处，真正有用的是去发现这些因素的配比，即思想的"配方"。这就很难了，涉及相当于"复杂科学"的问题了，我很想说，哲学应该属于"复杂科学"的一个层面，是对复杂问题的哲学反思。如果一定要指出形成思想聚点的一个关键条件，我愿意说，多半就是语言的"关键词库"。如果每种文明的思想关键词能够互相进入他者语言的关键词库，转变为他者思想里的重要词汇，就能够形成思想聚点。至于知识、文化、艺术或时尚的交流只能形成不稳定的浅层聚点。关键词库的跨文化通用性才是跨主体性的真正基础。

跨主体性不限于人或文化之间的关系，更严重的跨主体问题或许出现于一些潜在但有可能发生的未来情况里，比如目前只是作为潜在可能性的外星文明，还有或许在未来能够成为新主体的超级人工智能，还包括可能存在于元宇宙里的多种虚拟主体。哪里有着多种主体，哪里就会产生主体间的冲突，哪里就需要跨主体性的解决方式。我已经几乎说出了关于跨主体性的想象：在互为主体性的条件下，通过创建足够多的思想聚点来形成跨主体性，尽管这仍然不是一个定义。最难的未决问题可能是"互相信任"。即使在人类内部，主体间也仍然未能形成充分有效的互相信任，更别说与其他真正的异主体们建立互相信任了。我几乎敢说，信任是一切有效关系和秩序的基础。人类似乎还没有发展出能够确保信任的方法——但不要举出区块链或量子认证之类的技术方法，制度、规则和技术确实是维持信任的好方法，但任何制度或技术系统都有漏洞，没有一种制度或技术系统具有覆盖所有可能情况的普遍性。而且，承认某种制度也还需要以信任为前提——这里似乎存在无解的循环。最难的事情都只能慢慢想，等着瞧。

赵汀阳

2023年2月22日

第一部分

概念

{ 一 }

跨文化聚点研究

文化边界，新百科全书与综合文本

1 文化间、交叉文化和跨文化的概念

文化间（intercultural）、交叉文化（cross-cultural）和跨文化（transcultural）这三个概念虽然都用于描述文化间的互动关系，但有着不宜互换的差异性。"文化间"的覆盖面最为广泛，其构词法与"国际"（international）相同，用法也类似，指的是各种文化之间可能发生的所有关系，包括从文明的合作到文明的冲突的所有可能关系光谱；"交叉文化"则有着较多的限定含义，主要强调在同一个政治-社会空间内共处的多文化差异性和交互性，通常用于描述国内或一个地区内部多文化共享一个政治-社会空间的公共关系；与上述两者不同，"跨文化"却是一个建构性的愿景，设想的是，多文化之间能够形成互相建构的关系——与费孝通的"美美与共"理想异曲同工——从而使各种文化都因此获得更大的活力、丰富

性和相互可接受性，以至于最后能够合力建构普遍共享的百科全书式新文明。跨文化的概念无疑具有理想主义色彩。

根据王铭铭的看法，探索多文化关系的广义跨文化课题最早在上世纪50年代初由芝加哥大学人类学家雷德菲尔德（Robert Redfield）提出，而费孝通、辛格（Milton Singer）等学者也都为此人类学新方向有所助力，后来在1992年出版的《相互理解的条件》(*The Conditions of Reciprocal Understanding*）一书导言中，人类学家费尔南德斯（James Fernandez）概述了美国人类学的跨文化探索。不过，作为一种文明理想的跨文化概念却来自法国人类学家阿兰·乐比雄与意大利文学家和哲学家翁贝托·艾柯在上世纪70年代末或80年代初提出的新理解，"跨文化性"（transculturality）这个词是阿兰·乐比雄的发明。

事实上跨文化现象自古有之，但跨文化的"问题化"却始于人类学视野，这与当代人类学的自我反思有关。起初，人类学的出现与现代西方文明的兴起和殖民主义运动的背景有关，初期人类学通常被设定为世界文明中心对"原始的"、"落后的"或"文明边缘"的他者进行居高临下的观察和研究，因此，人类学的知识基因里隐含着偏见和歧视性。随着世界政治格局和知识方法的变化，当代人类学正在以各种方式消除人类学的不良基因，试图转化为一种具有"科学性"的田野研究，在多文化的语境下，不仅可以研究他者，也可以研究自身。跨文化是其中一种最具理想主义的努力。

乐比雄所理解的跨文化基于他提出的"互观人类学"（reciprocal anthropology，旧译"互惠人类学"，没有表达出互相观察的方法论特征，故修正），这是人类学的一个自我改造设想。所谓"互观"，要点是建立**可逆的**人类学观察，让观察者也接受被观察，于是，文化双方都在观察对方，也都被观察；在提问，也在被提问。这意味着，人类学用于考察他者的方法可以**反向运用**，各种文化都互为人类学的"田野"，而互为田野的预期效果是，通过邀请他者成为观察主体而形成互相反思，从而有望重新发现各种文化各自的模式化身份或自我解释背后难以自我批判的秘密。其中的关键是，在"可逆的"互相反思中，知识论上的单边权威退场了——乐比雄相信这是对自身主体性的"跨文化悬搁"（transcultural epoche）。不难看出，这个"悬隔"方法来自胡塞尔的现象学，而胡塞尔的悬隔最远可追溯到古希腊怀疑论。不过，"人类学的"或"跨文化的"悬隔与现象学的目标是相反的：胡塞尔的悬隔是对一切关于外在事物的实质性命题存而不判，从而只留下"纯粹的"思想，即内在于主体性因而自明的意识，而乐比雄颠倒地使用了胡塞尔的方法，反过来把自身的主体性变成被悬隔的对象，对自己的主观意识和知识结构存而不论，去权威化，使意识重新初始化。这种对现象学的颠倒运用使人想起马克思把黑格尔的精神颠倒为物质。

人类学悬隔试图借助他者釜底抽薪的疑问迫使双方都陷于自身的陌生化,把心灵重新抛入原初状态,即本真的原初心灵,那是一种尚未被或真或假的各种知识模式所限定的状态,于是重新成为初学者,在陌生化的互相识别和自我识别中进入迷路而寻路的状态。这种原初心灵也就是乐比雄所强调的"初始经验"(ur-experience)[1],据说来自歌德的想象。不过,原初心灵的概念只是一个理论假设,设想的是免于意识形态或固定知识结构支配的心灵状态,其初始性指的是"纯粹性",一种能够无障碍地接受一切新经验的状态。这种只在理论中可能的纯粹状态不能等同于人类历史上的真实原始状态,就是说,理想化的纯粹心灵未必真的在历史上存在过,而是带有神话色彩或理想主义的期待,因此,原初心灵或初始经验只能理解为一个理想化的概念。心灵的"初始性"或"纯粹性"概念有着浓厚的形而上性质,反而不太人类学,也不像经验,容易混同于洛克式的"白板"。我想,不妨在经验的意义上把初始心灵理解为免于被体制化(free from institutionalized)的自由心灵状态,无须真的什么都没有,那未免太夸张。

关于人的纯粹本心,一直都是哲学的想象对象,但

---

[1] 赵汀阳、阿兰·乐比雄:《一神论的影子》,王惠民译,中信出版社,2019年版,第29页。

只是在形而上意义上，而不是在历史上回归原初心灵。比如海德格尔想象的那种能够接近存在本身的"本真经验"，意味着意识回归存在本身的经验，据说在"真正的诗"中存在（什么样的诗是真正的诗恐怕有争议）。海德格尔的样本是荷尔德林。在孔子那里也可以看到对"真正的诗"的厚望，孔子的样本是"诗三百"。看来诗确乎更能保留接近道或存在的经验。老子对原初心灵或初始经验有着同样诗意而更古朴的形而上想象，他的说法是"复归于婴儿"、"复归于无极"和"复归于朴"。老子似乎想说，如婴儿般的淳朴经验才能直接经验到道。不过，无论是老子还是海德格尔所想象的淳朴经验或本真经验，都缺乏足以证明能够达到存在或得道的自明证据或先验论证，只是无法证明的形而上假定。在关于纯粹经验或纯粹心灵的诸种设想中，恐怕还是孔子的"思无邪"标准最为贴切。"无邪"不需要形而上假设，只是经验本身的纯粹化，是经验保持自身的直接性的状态，意味着生命与万物直接无碍的直达相通关系，意味着如心所是地经验如其所是的万物，山就是山，水就是水，人就是人，生活就是生活，没有妄加、偏离或违和之意，达到经验-心灵-万物三者一致的状态。

为了理解跨文化所需的纯粹经验状态，或可借助文明的初始状况来想象"原初经验"，尽管在事实上不可能很相似，但仍然至少有一种明显的相似性：不设文化边界。从考古学的证据来看，文明的初始状态以及此后相当长时间的古文明时期都很可能是一种跨文化状态,即尚未建立文化边界的状态。知识和技术互通的无边界状态就是跨文化。或许,每个文明的初始本性都是跨文化的。早期各种文明或许在宗教上各有各的神灵,各美其美,但知识和生产技术却有着广泛的流通性和互相借鉴,比如种植技术、农具、交通工具、铸造技术、天文知识、文字等等,显然存在着广泛互通和互相学习的关系。以中国早期文明为例,从新石器时代起,就从中东或西亚学到很多技术和知识,比如小麦的种植、马和绵羊的驯养,还有青铜器铸造等,然后形成本地化改进。欧洲早期也从中东和北非学到大量技术和知识。世界各地早期文明之间的知识、技术甚至宗教流通,似乎是很普遍的现象(除了十分偏僻的地区)。似乎可以说,在历史上,跨文化状态先于文化隔离状态,或者说,自由流通的跨文化性先于隔离和歧视的文化边界。假定跨文化是文明的初始状态,那么就不能局限于霍布斯理论来理解文明的初始状态,就是说,文明的初始状态是多种状态并存的,既是知识互通的跨文化状态,同时也是互相为敌的霍布斯状态,而且也是团体合作的荀子状态,也是万物有灵巫术通神的状态,如此等等。随着文明的演化,最显著的变化是文明的跨文化性逐步减弱,而国际的霍布斯状态却不减反增,乃至于当今世界面对难以解决的文明冲突,这恐怕要归因于被建构的"文化边界"(cultural border)。

2 文化边界

引入文化边界的概念是试图说明文化互相隔离、互相排斥甚至互相敌对的状态。为什么建立文化边界？有些费解。早期文明的技术和知识流通使各个文明都获得明显的好处，相当于每个文明都共享了多个文明的创造力，可是这样"明显好"的跨文化关系为什么会减弱甚至破裂？也许与文明之间的竞争有关？或与宗教的建制化有关？或与民族国家的兴起有关？我们确实很难断言何者是"决定性"的原因，但可以肯定，文化边界与意识形态的形成有关。

在今天，意识形态是一个贬义词，但这里且作为中性词来使用，方便描述一种集体意识的自我确认、自我肯定、自我解释的意识自觉功能。这种集体自我意识的建构功能无疑有着两面性：一方面，它通过对一种文化的基本观念、精神特征以及认知偏见的强化叙事而塑造了这种文化的内向积极自觉意识；另一方面，它通过对一种文化自身的基本观念、精神和偏见的权威化而形成歧视或排斥他者的负面外向意识，从而形成文化边界。在这个意义上，意识形态（ideology）是"观念体制"而区别于"观念群"（ideas）。每种文化都有其观念群，当观念尚未体制化，观念就只是看事物的**外向**看法。每种文化的观念群各有特点，无非意味着对事物的看法有所不同，这种差异性并不排斥文化互通。但一旦一种文化的观念群演化出自我断言的**内向**功能，在外向看法之上附加了对观念自身的内向判断，即在"事情是如此这般的"观念之上同时还断言"（事情是如此这般的）是唯一正确的（唯一好的）看法"，观念就演化为作为意识形态的观念体制，简单地说，意识形态就是观念对自身权威性的断言。当观念自我宣称了文化领导权（hegemony，通常译为霸权，更准确的意思是领导权），就是意识形态。

意识形态发源于宗教，其最强烈的表达形式也是宗教，甚至比后来的政治意识形态更激进，根基也更深。正如人类学看到的，一种文化最为坚实不化的根基是语言、宗教和历史（含神话和传说）。与之相比，政治意识形态貌似坚定不移，但支持政治意识形态的政治制度却不坚定，制度不会永远忠于特定意识形态，因为制度的目的是设置关于利益和权力分配的秩序，其基础是社会博弈的均衡以及形势需要，总是根据社会、经济和技术条件的演变而演变。一旦某种制度失灵而发生改革，原来的意识形态就无根可依，因此，意识形态终究只是不断演化中的政治制度的表情。但宗教不是一种表情，而是稳定的精神世界，在形成文化自身认同的作用和坚定性上仅略弱于语言。宗教的威信主要来自对世界和人生大问题给出人们所期盼的解释，尤其是能够以方便法门解除心理迷惑和苦难心情。在对大问题的解释上，宗教与哲学有一定的竞争关系，而这种竞争关系又在思想结构上有着互补性：宗教为问题给出可疑的答案，而哲学提出没有答案的问题，简单地说，宗教说"是"，哲学说"不"。不过，哲学之间也互相说不，一种哲学可以永远不同意另一种哲学，但思想的对立很难形成拒绝流通的边界，因为思想是反思性的，并非统治性的。除非一种思想通过意识形态化而变性为宗教，否则思想不可能成为文化边界的界石。排他性总是来自宗教或意识形态，但宗教未必都是排他的，事实上，只有一神教是排他的。一神教是意识形态的基因，所有排他的意识形态都具有与一神教同构的性质。

一神教排他基因的形成有其"天赐时机"（kairos）。早期宗教，包括原始的一神教，虽有自以为是的独特信仰，却尚无明显的排他性。正如乐比雄在一次中法跨文化会议（北京大学，2019年6月24日）上讨论到的，在摩西之前的原始上帝教虽是一神教，却没有与信仰其他神的宗教形成敌对关系，他相信"前摩西"的一神教仍然保有跨文化性。这是个重要的历史问题。沃格林研究了"摩西时刻"，《圣经》中记述摩西时刻的《申命记》声称："惟有耶和华是神，除他以外，再无别神。"（第4章）这是一神教的最早表述。其中有两处（《申命记》第4章第35节和第39节）表述了一神教的排他主张，但意思略有差异，中文版都译为"再无别神"，但从英译本看，第35节此句为"no one else like him"，第39节此句为"no God other than him"（希伯来原文待考）。第一句似乎没有否定其他神的存在，只说其他神比不上耶和华。第二句确实是"别无他神"的意思，但也可能是指出耶和华是唯一合格的神，未必就否认他神的存在。正如沃格林发现的，忠于特定的一神并不等于非要否定其他神的存在[1]，或者说，认定一神至上地位的价值判断并不必然蕴含否定其他神的存在判断。这样才能够解释，为什么同样在《申命记》里，以色列人又被警告万万不要追随其他神，而理由居然是恐吓：如果追随别的神，"耶和华的怒气向你发作，就把你从地上除灭"（《申命记》第6章第15节）。[2] 显然，假如其他神不存在或毫无竞争力，上帝就无须以恐吓来争取以色列人的忠诚。于是沃格林认为，《申命记》里所表述的一神教仍未完全脱离原始一神教的格局，即承认多神的竞争性存在。但可以肯定，摩西是走向严格一神教的关键一步，从此之后，一神教的排他性就顺理成章了。[3]

总之，在宗教形成明确的排他意识形态之前，每一种文明都是跨文化的。如前所述，每种文明在其初始阶

---

[1] 沃格林：《以色列与启示》，《秩序与历史》卷一，霍伟岸、叶颖译，译林出版社，2010年版，第491页。

[2] 这段话的中译本与英译本略有出入，英译本是："You must not worship the gods of the neighboring nations, for Jehovah your God who lives among you is a jealous God, and his anger may rise quickly against you and wipe you off the face of the earth."（DEUTERONOMY, CH6, SS14-15）中译本把"嫉妒"译为"忌邪"。嫉妒他神暗示他神是竞争性的存在，而忌邪却暗示，信仰他神是信仰不存在的邪道。

[3] 沃格林：《以色列与启示》，《秩序与历史》卷一，第492页。

段的人力物力都有限，思想能量也有限，自身的发明也有限，因此，只有乐于学习的文明，才能够从外部吸取足够大的能量而得以发展壮大，即便是总体水平较为发达的文明，也能够从相对落后的文明学到重要的技术或知识，例如赵武灵王"胡服骑射"的故事。因为有助于增进文明的活力，所以跨文化的吸引力长期存在，可是，建立边界的吸引力同样大或甚至更大，这正是生活的矛盾性。

不过，最早形成的排他"边界"应该是定居生活的结果，表现为财产边界或经济地界，是财产权和政治主权的原始形态，与动物的捕食地界有一点相似性或继承性，是以实力为准的边界。后来发展出程序比较复杂的收捐纳税范围，以及相应的军事占领范围，仍然是以实力为准的边界，是国家的原始形态。以政治观点来看，国家是对暴力的垄断，而在经济学看来，国家的本质在于税收，两者合一就基本上界定了国家。不过，各种原始边界，包括初始国家边界在内，都是模糊而不稳定的，更没有法律性的认定，只是实力消长的函数变化。现代契约论想象的原始签约状态恐怕是不符合历史真实的臆想，事实上，契约是长期博弈均衡加上理性反思的产物，到了现代才有了程序上成熟稳定的契约。历史上真实的初始状态都是以实力建立秩序，进而发展了伦理和基于道德荣誉的诺言，尚无法律含义，而博弈均衡、社会化的伦理、法律化的责任和制度化的信任是契约得以产生的条件,这些条件是慢慢发展出来的。一直到现代初期,才开始有了明确定义而且在法律上共同承认的主权国界,这是现代发明的最重要的边界。除了民族国家,现代还发明了与国界同样重要的个人边界,即个人权利,它定义了个人主权边界。

相比之下,文化边界成形最晚,尽管其发源甚至可追溯到早于国家的初始一神教,但一神教的文化边界也是逐步被强化而成的,真正看见效果的严格排他文化边界的形成是相对晚近的事情,原因复杂难言,似乎与多种一神教之间的竞争有关,或许也与欧洲文化发展为强势文化有关,或许现代国家边界与文化边界之间也存在着某种互相强化的作用,如此等等,但其中具有特别意义的是意识形态的作用。基督教最早形成自觉的意识形态,圣保罗发明了用于推广一神教的普世主义,而基督教的宗教普世主义与罗马帝国的政治普世主义相结合,进一步催发了意识形态的自觉意识。1622年,基督教教廷设立了世界上第一个"宣传部"(department of propaganda)。[1] 现代政治意识形态的兴起,则进一步把一神教转化为作为一般思想方法的一神论,从而形成了以文明为单位的文化边界。

---

[1] 世界上第一个宣传部为教皇格里高利十五世所设立,称为"Sacra Congregatio de Propaganda Fide",其宗旨称:"负责和处理每一项事关在全世界传播基督教信仰的事务。"参见 Edward Bernays: *Propaganda*. Ig Publishing, Brooklyn, 2005年版,第9页。

3 跨文化聚点

文化边界是导致文明冲突的一个重要条件，而超越文明冲突首先需要寻找跨文化聚点。所谓跨文化聚点，借用的是托马斯·谢林的"聚点"概念，即不约而同所见略同的相聚点，比如说，如果双方有着共同的文化背景和知识背景，那么，即使在缺乏准确信息的条件下，也很可能如有神助地找到对方。按照谢林的说法，聚点基于"双方成功地对彼此做出判断，从而达到某种默契"[1]。聚点概念很是鼓舞人心，成功率比较高（约70%），也并非必然成功。以谢林的例子来说，两个有共同文化和知识背景的朋友约了明天在纽约见面，却忘记约定时间地点（当时没有手机和互联网），于是都选择了中央火车站；或者，人们在某区域走散了，如果地图标出多处建筑和一个十字路口，多数人会选择十字路口以期会合，但如果地图标出一座建筑和多个十字路口，多数人会选择建筑作为会合点。可见聚点需要某种"显著特征"，而"唯一性能够产生独特性"[2]。

与拥有相似文化背景的人群相比，在不同文化之间寻找跨文化的聚点必定难得多。既然缺乏共同信念和足够的共同知识，文化间就可能缺乏既重要又显著的现成

---

[1] 托马斯·谢林：《冲突的战略》，赵华等译，华夏出版社，2011年版，第51页。
[2] 同上书，第50—51页。

聚点。不过，没有现成聚点不等于不可能产生聚点。假如不同文化主动合力创造出某些跨文化聚点，那么就有机会建立共享的跨文化。但是，要创造跨文化聚点又会产生另一个技术性难题，是谢林没有涉及的一个新问题，即不同文化之间不仅缺乏足够的相互信息和共同知识，而且还有文化在**结构**上的差异，包括不同的世界观、历史观、价值观和基本信念，还有价值排序或利益排序上的差异，因此导致不同文化对**同样显著**的事物却有不同的识别和赋值。可见，形成跨文化聚点的条件不仅需要显著性的特征，更需要**兼容性**（compatibility）或**共可能性**（compossibility，莱布尼茨的概念）。我们可以把兼容性定义为：一种文化的基本观念与另一种文化的基本观念之间不存在互相否定的关系，并在视野上、结构上、方法上存在着互补性以至于能够互相增强双方文化自身的建构能力。共可能性则可以定义为弱兼容性，即一种文化的基本观念与另一种文化之间不存在矛盾关系，因而可以无碍并存，但不一定具有建设性的互补关系。于是，要形成有效的跨文化聚点，至少必须同时满足两个条件：（1）发现某种兼容点；并且，（2）这个兼容点最好对于双方文化都具有建构性的意义。

不难想象，创造不同文化之间的兼容点并不难，但问题是，比较容易找到的兼容点往往缺乏重要价值，无足轻重。这是目前文化交往的一个局限性。人们几乎不约而同地都找到了诸如美食、旅游、娱乐以及艺术之类的文化间兼容点，这些兼容点确实有助于形成感性经验的共情，但不足以建立信念或思想上的同心。而且，未能在深处触及信念和思想的经验也终究没有触及深层的情感，没有思想性就没有情感深度，因此，那些单纯的感性经验共情也流于肤浅。文明的深层语法在于信仰、哲学、历史、价值观和思维方式，正是这些深层语法的差异构成了难以逾越的文化边界。跨文化的难题不仅在于缺乏落实在文明深层语法上的跨文化聚点，更为困难的是，还存在着难以互相妥协的冲突点。对此，显然需要引入新的方法论。

4 新百科全书与综合文本

通向跨文化聚点的最大困难，除了受阻于亨廷顿所谓的文明冲突，很可能还受困于现代知识论的局限性。现代知识论的科学化知识概念设定了一个尺度有限的知识空间，因而难以说明那些与历史和传统不可切分的人文知识的意义。19世纪的德国思想家群体早就开始了对现代知识生产的反思，他们发现，具有"历史性"的知识并不能还原为自然科学，就是说，现代知识论的框架不足以解释人类知识，于是需要建立关于"精神科学"（狄尔泰）或"文化科学"（李凯尔特）的知识论——这两个概念很有德国特色，大概等于人文知识。根据当代社会、政治、科学、技术的发展，我们进一步发现，现代知识论的困难不仅仅在于两种知识即自然科学与"精神科学"的分歧，更深入的问题是，现代知识论导致了存在论上的不协调状态，以科学为准的现代知识所承认的"真实世界"小于"生活世界"，更小于精神世界，因此，科学化的知识概念不足以解释实际发生的生活世界及其相应的精神世界，其结果是，失去精神解释的人类生活陷入无标准的荒谬状态，或者说，生活既然不能被真理所解释，就只好荒谬地解释。而且，当代的知识论困境并不仅仅是科学与人文之争，同时还是多种文化传统之争。生活世界是复数的，我们无法忽视多种精神所定义的复数生活世界，因此需要一种在存在论层面的知识论改革，需要开拓一个足够容纳多种文化的知识空间，使得不同知识体系的思想能够在一个大于并且包含每一个知识体系的知识空间里被解释和理解，就像"互相不理解的"有理数和无理数可以在实数概念里一起得到解释，于是使不相通的思想在更高维度中相会。可以说，在跨文化问题的深处是一个跨文化知识论问题。

跨文化知识论的发生语境和生效条件是知识间的对话和互通行为，因此跨文化知识论要讨论的问题系列不同于传统知识论。首先是两种知识论的知识主体不同，传统知识论的知识主体是作为人类整体的单称主体，即知识主体被假设为一个通用的先验主体，代表着属于全人类或匿名的一般理性概念，然而跨文化知识论的知识主体却是属于不同文化或不同知识体系的复数主体，因此，跨文化知识论的问题落实在"知识间",而不是落实于客观的"对象"。于是,跨文化知识论并不研究传统知识论的真理和知识的逻辑条件、知识的先验条件、意识的范畴和认知定式(scheme),或者因果模型以及经验知识范式之类的知识论问题,而要处理不同知识体系之间的互通、互解和互相印证问题,简单地说,跨文化知识论并不研究"知识如何为真"的条件,而研究复数的真理如何构成整体知识。因此不难理解为什么是研究他者的人类学率先发现了跨文化问题。

跨文化知识涉及文化间的误读、解释、分歧、借鉴、模仿、移植、印证、结合、重构等问题。最经常被谈论的一个基本难题是误读(或误解),这也是解释学的基本问题之一。尽管解释学的解读对象主要是传统和历史,但其问题意识对于跨文化的相互解读同样有效。事实上,误读普遍存在而且不可避免,个人之间也会误读,何况文化之间。除了逻辑、数学和科学等可以严格定义的知识,包括哲学、历史学、文学、宗教学等在内的人文知识以及大部分社会科学的基本假设、概念、价值观和方法论都深深地内嵌于不同文化传统和历史,而文化传统无法完全转译,类似于试图去理解他人的生活时却不可能去过别人的生活。因此,误读是文化流通别无选择的给定条件,这正是令人感兴趣之处:文化交往只能在误读中进行,就是说,尽管误读是跨文化的障碍,但同时也是文化流通的道路,假如没有误读,就连文化流通也没有了。

并非所有的误读都只有负面作用,实际上误读也富于积极性,或能够形成一种"将错就错"的新道路。我愿意举出中国对西方哲学的学习和引进作为一个例子。中国所理解的西方哲学与原味的西方哲学颇有出入,甚至很难透彻理解西方哲学,因为西方哲学的问题是对西方生活的回应,其意义牵动着整个西方文化传统,而西方哲学的问题进入中国学术,就成为一种失去原生语境的无根在场,只能在中国学术和生活中重新扎根而适应他乡语境,于是在中国产生了"中国自己的"西方哲学,尽管在整体性、一致性和细节上不及原味的西方哲学,但也令人惊讶地发展出一套中国化的西方哲学概念和语言,对西方哲学形成自成一格的解释,以至于把西方哲学内化为中国当代思想的内部问题。其实不仅是西方哲学,整个西方文化都在中国成为一个内化存在。对于当代中国,西方既是一个外部问题,同时也是中国的一个内部问题。在这个意义上,中国是一个跨文化的存在。

跨文化知识论试图分析的误读、解释、分歧、借鉴、模仿、移植、印证、结合、重构等文化间问题,大多具有移花接木的性质,这不是缺点,相反,是文化的另类生长机会。我愿意将跨文化理解为试图建立新百科全书式的全域知识系统的一种努力,即想象一个作为理想概念而存在的,包含所有文化的知识体系的"新百科全书",就像想象一个无所不包的非实体图书馆。"新百科全书"概念是我在2001年纪念法国百科全书派250年的学术会议上提出的一个设想。[1]在新百科全书的概念里，所有的知识体系都有理由和权利在场，因为每种知识体系都意味着不同的可能世界和可能生活，每一种知识体系都是其他任何知识体系的参照系，而全方位互为参照系的新百科全书将为任何一种知识体系提供最丰富的可能世界。

不难看出，新百科全书的概念是基于法国18世纪百科全书派思路的一个升级版设想。尽管英国在1742年出版了最早的百科全书，但法国在1751年出版的由狄德罗和达朗贝尔主编的百科全书更为知名，因为法国的百科全书不仅是书，而且是一个理想化的知识论概念，或者说是一个知识理论。法国百科全书派想象的百科全书试图包括"所有的"理性的和普遍的知识，这个理想显然受到当时科学兴起奠定的理性主义至高地位的影响。现在我们试图讨论的是一个未决问题：对于人类生活具有意义、有塑造力和解释力的知识并不局限于科学或科学化的知识，即"求真的知识"（knowledge of truth），同时还必须包括"命运的知识"（knowledge of fate，法文版翻译为connaissance du destin）[2]——我当时自己的译法并不准确，法文版译法也不准确，后来译为knowledge of

---

[1] Zhao Tingyang, "Une nouvelle encyclopedie, pourquoi, comment?". In *Alliage*, No. 55-56, 2003, Paris, pp. 203-208.

[2] Ibid., p. 204.

fortune，还是不准确，难点在于，中文的命运概念含义更为笼统，在西文里没有完全对应的概念，现在看来，或许译为 knowledge of uncertainty 会稍微合适一些。总之，命运的知识产生不了客观性或唯一性的真理，而是对人类存在的历史性、不确定性和未来性的解释，不能表达永恒的规律，而是动态的知识，包括哲学、史学、宗教在内的所有人文知识和大部分社会科学都属于关于命运的知识。此种不确定的知识并不能理解为对事实的非理性解释或虚构，绝不是真理的反面，而是如实呈现了真理的多面性和多样性。由此而言，百科全书派的百科全书概念已经无法表达人类的多样知识体系，只是表达了启蒙时代的知识概念，所以我们需要一个跨文化的并且兼容所有知识体系的新百科全书概念。

假如新百科全书的概念是可能的，直接面对的情况是：世界上并非只有一种知识体系，也不止一种普遍有效的知识模式。这意味着，"什么知识是普遍有效的"这种启蒙理性的问题已经不够用了，同时还需要考虑"不同而同样普遍有效的各种知识体系如何共同研究世界"的跨文化知识问题。于是需要扩展真理的概念。按照启蒙理性的标准，真理概念意味着：（1）真理是关于对象的真知识；（2）真理或者是先验可证的，或者是经验可证的；（3）关于一个对象的真理是唯一为真的；（4）所有真理之间是一致的，不可能出现矛盾。这种真理概念以亚里士多德逻辑学、欧几里得几何学和牛顿力学为代表,但早已难以解释非欧几何、康托集合论、相对论和量子力学以来的科学,更不能概括基于不同的形而上假设的诸种知识体系,尤其是人文知识和社会科学。启蒙理性的标准没有错,但尺度有限,不能完全覆盖人类思想和知识。尤其对于人文知识和社会科学来说,上述的真理概念就缺乏代表性,无法解释人文知识的有效性,尤其是(3)和(4),与人文知识有着很大差距。

科学(包括自然科学、数学和逻辑)的知识主体是集体单数的抽象人,知识对象是不参与研究过程而没有发言权的被动事物,于是,科学知识就是单数抽象主体关于被动对象的单向描述(量子力学已经质疑了这个传统信念)。与此不同,人文和社会科学的知识主体却是复数的具体人,研究对象是具有主动性和互动性的他者,人文知识是复数主体之间的多向考察而构成知识互动生态圈。多向互动是人文知识的根本性质和价值所在,意味着,在理论上说,被研究的对象对研究也有发言权(除非被政治剥夺),可以不同意被描述为如此这般。重要的是,人文的知识条件决定了,复数的知识主体关于一个对象的复数知识之中显然不可能只有某种知识唯一为真而可能存在着复数真理,而且,复数真理之间也不可能达到无矛盾。以人文知识的最小模型为例,设A和B为不同的知识主体,知识对象为O,那么,关系AO和关系BO虽然构成不同,但都同样是真实发生的事实关系,于是各自会产生不同的真理,即相对于并且约束于某种特殊关系而为真的特殊真理。我喜欢的一个例子是：C对A一直很好，因此，对于A来说，"C是好人"是一个真理；同时，C对B不好，因此，对于B来说，"C是坏人"也是一个真理。这两个互相矛盾的真理同时为真，因为这两种关系及其证据同时真实存在。生活充满矛盾而且不可能没有矛盾，生活里存在着同样真实的不同证据可以作证的不同证词——但不是罗生门（罗生门只有不同证词却无证据），所以人文知识有着互相矛盾而同时为真的复数真理，就是说，在人文领域，很少有传统知识论想象的"普遍必然真理"，而有许多"特殊必然真理"。

在这里有必要区分复数真理与多元真理，两者不仅不同，而且相悖。多元真理论强调每一个知识主体都拥有知识主权，至少每一种文化都拥有知识主权，因此拥有不可共度的知识。多元真理论与其说是一种知识论，还不如说是关于知识的后现代政治观点。知识的政治性自福柯以来成为一个热门论题，严格地说源于马克思。知识与权力之间确实经常存在着福柯所揭示的共谋互动关系，但仅就与政治无涉的知识本身状态而言，多元真理论就难以成立。知识的意义不是某种主观性的特权，更不能由私人性认证，而必须是可公认的。主观性不是知识的一个证明——维特根斯坦的"反私人语言论证"早已在逻辑上摧毁了关于知识的私人论证。因此，多元真理论仅仅是一个政治理论，不是知识论，对真理概念也无说明。与之不同，复数真理的概念承诺的是真理的复数状态，但不是多元状态，意味着，复数的知识主体与知识对象之间有着互相不可替代也不可还原的特殊事实关系，这种不可替代的真实关系所产生的知识虽是特殊的，却是客观可证的，也是可共度因而可公认的，所以定义为"特殊必然真理"。复数真理呈现为多向度、多路径、多层次的"星丛"知识状态，是关于一个对象的互相增益的多方知识，而不是争权的知识。

显然，如果建立一个容纳所有知识的新百科全书概念，就必须能够容纳互相矛盾而同时为真的复数真理，同理，也必须能够容纳所有文化预设了不同假设和方法论的知识体系。新百科全书的理想虽在概念上与法国百科全书派有着继承关系，但在建构方法论上更接近莱布尼茨的"最好可能世界"概念。所谓"最好可能世界"指的是一个具有最大共可能性的可能世界，即一个容纳万物最丰富组合的可能世界。莱布尼茨相信，最好可能世界的指标是丰富性和无矛盾性，他认为这是上帝的工程，上帝从无穷多可能世界中挑选出最丰富又无矛盾的那个最好可能世界。与之相似又与之不同，新百科全书并非实在世界，而是一个知识-精神世界，其主体是复数的人或复数的文明，并非单一创造者的工程，而是一个共享的游戏，因此，新百科全书所定义的知识-精神世界恐怕永远不可能同时满足最丰富性和无矛盾性。根据哥德尔定理可知，人能够建构的任何系统都不可能同时满足最大丰富性和无矛盾性。那么，对此应该如何选择？

有两条道路：其一是一神论的道路，它能够满足无矛盾性，即通过一种文明的无限扩张而最后清除所有与之不一致的文明。但一神论道路导致文明冲突，而且即使最后能够到达"历史的终结"而建立一个满足无矛盾性的知识-精神世界，也将是一个缺乏丰富性的世界。丰富性是维持一个世界活力的生态条件，失去丰富性就等于失去活力，无矛盾性也就失去意义。因此，在存在论理由上，丰富性是更基本的需要，比无矛盾性更重要。对于一个有着实质内容的知识-精神世界来说（不包括纯形式的知识），如果丰富性和无矛盾性不能两全，两害取其轻，就只能选择牺牲无矛盾性而保住丰富性。

新百科全书的世界不可能达到但可以动态地不断趋近最好可能世界的指标，这意味着，新百科全书是一个开放的成长过程，是不断重构革新的知识-精神世界。对于如何在不断重构中建构新百科全书的知识-精神世界，可以引入一种称为"综合文本"（syntext）的方法论。[1]这是我虚构的概念，设想的是一种建构知识整体性的方法论，由一个问题而触及所有问题，同时把所有问题链接为一个问题。理由是，世界是作为整体存在的，并且也是以整体在运作的，因此，知识也需要相应的整体性，否则无法理解世界。由于存在着复数的知识主体，一个

---

[1] Zhao Tingyang, "*Pour un syntexte.*" In *Alliage*, No. 41-42, 2000, Paris, pp. 48-60.

事物或问题总是存在于复数关系中，因此任何一个单数关系都不足以表达一个事物或问题的在场方式；同样，每个知识学科与同一个事物或问题之间也构成不同的关系，因此，只有当复数的知识主体与事物的复数关系能够形成协作和互相印证，才能够逼近知识的整体性——当然，永远不可能达到整体知识，整体知识只是一个形而上的想象。

综合文本的方法主要包括三个维度：（1）互为参照系。即所有学科的方法论以及知识生产方式被认为具有互相参照的意义，即所有知识互为参照系，并且，所有文明的知识体系，包括其概念系统、问题框架和方法论，都具有互相参照的意义，即所有文明的知识体系互为参照系。（2）以问题为聚点。即以"问题"作为所有知识的连接点和会合点而将各个学科的知识联系起来成为网络式的无限文本，相当于以问题作为关键词来编排新百科全书，于是，新百科全书的知识世界以问题为交通枢纽而展开为无限世界。以问题作为优选聚点的理由是，无论以何种文化的基本观念（信念、价值观和形而上的假设）作为聚点，都必定因为文化差异而不可能成为普遍的聚点，与此不同，问题的在场性是普遍共有的，任何人都无法回避，或属于共同所在的世界，或属于共同所处的生活，尽管人们对同样问题有不同看法，但问题却是不同看法得以相聚的交叉路口。（3）共同对焦。对于同一个事物或问题，不同学科以及不同知识体系的分析和解释都是有效知识的其中一个焦点,那么,如果各种知识的焦点能够形成共可能(compossible)甚至叠合的焦点,就可以理解为一个具有整体意义的理论假设。综合文本的预期结果是产生一个包含复数真理而在不断演化中的知识-精神世界,于是"新百科全书"概念也期许一个具有共享性和非排他性的知识-精神世界,相当于一个知识论上的天下,或者说是一个"文化天下"。

(原载《中央社会主义学院学报》2019年第5期)

{ 二 }

关于跨文化和跨主体性的一个讨论

1 从主体性、主体间性到跨主体性的问题串联

这个"三连串"问题由主体性（subjectivity）开始，展开为主体间性（inter-subjectivity）和跨主体性（trans-subjectivity）。跨主体性最晚提出，是近十年的事情。有趣的是，如果把这三个概念落实为对应的历史事实，那么，这三种事实的发生顺序与其作为问题的逻辑顺序几乎是相反的，即主体间性和跨主体性的历史事实基本同时发生，是文明的起始状态，主体性则在之后当人进入理性反思时才出现，而严格意义上的完整主体性甚至到现代才形成。这些概念能够被问题化意味着相应的事实本身就内含自身固有的问题，在一定的时机中，本来老老实实的事实就变成了喧嚣与骚动的问题。这三个"事实-问题"既是新问题也是老事实，三者都是整个人文社会科学，尤其是哲学、人类学、社会学、政治学共享的高度

复杂的"事实-问题"。如果按照"事实"的顺序来展开，就是历史叙事，在此做不到，我也不是历史学家。我选择按照"问题"的顺序来进行哲学分析，问题的顺序是哲学的顺序，假如一个事实没有变成处理不了的问题，人不会去反思，不陷入思想的困境，人就没有反思的积极性。

2 主体性与共主体性

主体性是最具现代性的一个概念，几乎就是现代性本身。一般认为笛卡尔的"我思"（cogito）理论奠定了主体性的概念。不过"我思"概念可追溯至奥古斯丁，只是笛卡尔把"我思"从概念变成了理论。理论的发生比相关概念的发生更说明问题，所以一般以理论建构为准来确认一种思想的起点。假如以概念的出现为准，人类大部分思想就只好归为古代甚至史前了，因为大多数概念都早已存在于语言中，所有思想就好像只是抄袭字典。不过奥古斯丁在"我思"上的一个重要发现必须一提，他发现"我思"是精神的独立性和自觉性的条件，如果没有属于自己独立的反思，甚至不可能形成真正的信仰，也就不可能成为真正的基督徒（按照奥古斯丁的自觉反思标准，真正的信徒就不多了）。笛卡尔的工作则不止于发现，而且发展了理论，他证明了"我思"是知识论的原点，于是成为解释或怀疑一切事物的唯一绝对根据，相当于证明了主体性是一切知识和价值判断的最终根据，甚至是"我在"的存在论证明（这一点比较可疑，难以成立）。于是，主体性成为一个人具有完全自主独立性而存的必要甚至充分条件。

主体性的概念在康德那里得到"集大成"的全面解释，包括知识论的先验条件和伦理上的自主自律性（autonomy），还有每个人成为最终目的之绝对理由。但无论是笛卡尔还是康德，都没有能够绝对地证明主体性的绝对性，因为遗留了一个没有完成的关键证明，即需要证明全部"所思"都完全属于"我思"。如果不能证明这一点，"我思"就不可能拥有一个属于自己的完整世界——世界是个比喻，严格地说是完备的对象性（objectivity）。这个说法有些拗口，意思是，"我思"必须能够证明全部"所思"具有内在于"我思"的对象性即客观性，于是，主体性就不仅拥有全权的思想"主权"，而且还确实拥有属于思想自身的"领地"。显然，如果没有先验合法的"领地"，主体性的主权就有名无实。关于"所思"先验客观性的证明是由胡塞尔最后完成的，其现象学证明在理论上非常重要，表面上是一个纯粹哲学论证，实质上是主体性的所有赋值的最终证明，包括主体性在价值上和政治上的依据。不过，主体性的系列证明有着局限性或漏洞，在此不论，我在关于形而上学的论述中已有过讨论。这里我们只关心主体性概念在生活实践和政治实践中的运用。

毫无疑问，主体性的哲学概念是主体性实践的理论根据，但在实践领域，主体性不止于概念，而落实为实体及其实质性的权力或权利。严格地说，主体性的"存在论单位"是个人。按照身心之分，实体性在于个体的身体性，不可分的实体性决定了存在着排他利益；实质性则在于心的性质，即自我意识，涉及整个精神世界的内容。主体性还实现在若干衍生形式中，最典型的是国家，进而还有文化或文明。在主体性的实体化和实质化的过程中，主体性不断扩容，就是说，实体化和实质化的主体性并非完全由主体性概念"分析地"推论出来，而是在历史语境和实践需要中"综合地"演化出来。主体性的实践不断要求增加主体性的项目和内容，但万变不离其宗，主体性的绝对性是至上的诉求。在实践领域，主体性主要表现为政治和经济上的主体性，其权力和利益的基本结算单位是个人和国家，两者之间有着几乎完全映射的同构性：个人或国家的排他利益、个人自我意识或国家精神、个人独立意志或国家意志、个人全权自治的权利或国家主权。无论个人还是国家，主体性都意味着"边界"的建构以及边界内的全权。

既然在主体性边界内的所有事情都由主体全权决定，主体就几乎相当于有限边界内的上帝。现代取消了无所不包的上帝，但并没有取消文化的宗教化格局，宗教性的绝对权利格式被保留下来，只是缩小了权利规模和范围，在原则上分配给了"每个人"（对于绝大多数人实际上只是无处兑现的支票），相当于把原来属于上帝的权力的一小部分划归给个人成为个人权利，因此我曾经论证说，被赋予绝对主体性的现代个人概念实质上是一个"小小独裁者"。可见独裁不仅是独裁者的梦想，也是大多数人的梦想。在这个意义上，中世纪到现代的革命或转换并没有那么翻天覆地，仍然保留了一些根本的思想格式，个人权利或主体性在部分性质上仍然属于神学概念。

有意思的是，作为公共财产的现代国家却在很大程度上继承了传统共同体的集体主义精神，相当于集体共同承认的某种"共主体性"（con-subjectivity，我杜撰的概念），因此，个人主义和集体主义形成了现代性的内在平衡。我相信"共主体性"是主体性的系列概念里被漏掉的一个层次，可以更好地描述或替代任何社会-政治组织的"集体性"主体概念。如前所言，严格地说，主体性的存在单位是无法再加切分的个人，所有可切分的都是集体，而集体的主体性必定是加总合成的，但这是一个幻觉。集体性绝非主体性，共主体性也绝非"集体主体性"。共主体性的社会基础是自发生成的共同体，是共同体内部几乎无异议的公共精神或信念，但不等于共同体的集体规范，某些集体规范其实是在集体压力和从众心理的条件下形成的，在某些情况下甚至成为比国家更压迫或更严酷的规则（比如某些共同体内部的私刑或集体迫害）。共主体性必须是一个共同体内普遍共享的善意信念，是不存在受害人条件下的无异议共识。集体主体性却可能并且往往包含恶意规则，必有受害人，也必有异议。

通过"共主体性"的概念可以引入更多复杂问题。宗教、价值观、知识和艺术等方面，或统称精神世界，就其自然存在和生长方式而言，属于社会以及分属于社会里的众多共同体而不属于个人或国家，就是说，精神世界是由许多"共主体性"构成的，并且形成了互相影响也互相分歧的精神环境。社会的共主体性有可能与国家意识形成冲突，因为国家的主体性是权力建构的，有不少权力所需的虚构成分，其虚构的"共主体性"只是服从权力需要的表情。这意味着，国家的目的是保护作为主权的权力主体性，而其"共主体性"表情是一种文学叙事，是根据语境、条件和历史需要而选择的变量。在原则上，没有一种社会性的"共主体性"是国家的先验敌人，任何一种社会性的"共主体性"如果对国家有利就可能形成同盟，如果不利则出现历史性或语境性的冲突。其中道理是，国家的合法性在于社会的支持，因此，一个理性化的国家会倾向于与最有利或最有前途的某种社会性的"共主体性"形成政治同盟。现代政治学或社会学有一种流行看法，认为国家与社会必定是对立的，这恐怕有些疑义，但确实会有一意孤行的非理性国家行为，似乎应该说，社会有可能与国家不一致，但一个理性化的国家会与社会达成一致而形成国家与社会共同承认的"共主体性"。

在被建构的诸种主体中,最模糊也最有疑义的是"民族"。用来识别差异性的民族概念本身却缺乏确定的可识别性,因此,从逻辑上说,民族是一个"非良构"的概念。如果从客观角度,相当于站在诸种民族概念的外部去观察,会发现诸种民族的差异是渐变性的,没有确定的或本质性的断裂,只能看到或是或非乃至似是而非的差异。大多数古代国家的人口成分相当于现代所谓的"多民族",但古代国家没有法定边界,人的身份也随着流动而改变,身份变更有时可以是一个政治问题,但不是文化问题,也不是民族问题,古代还不存在所谓"民族问题"。以张弘范为例,其家族为金朝人,按现代民族概念属于汉人,但当时并无此种民族概念。金朝灭亡,其家族入元朝,张弘范以战功为元将,俘文天祥,灭宋于崖山,功至封王。以现代概念来看,张弘范属于"汉奸",但以古代概念来看,张弘范家族世代为"北人",张弘范十分自豪的自述暗示了当时并无基于民族的道德概念。传说张弘范于崖山石刻"张弘范灭宋于此",假如当时有民族概念,估计不会如此自豪地留下可能遗臭万年的"汉奸"言论。可见当时只有忠于哪个国家的政治问题,尚无现代的民族问题。

现代建构的"民族国家"其实缺乏明确可信的基础,一直都是模糊概念,把"民族"和"国家"设定为重叠概念,并无逻辑理由或存在论依据。民族与现代国家的根本差别在于,现代国家有法定的明确边界和主权,虽然国家是权力建构的,但权力就是铁证——"强权即真理"虽然恶劣,却是一个足以自证的真理(无法不承认);而民族没有明确边界,甚至难以建立边界,但也不至于是"想象的共同体",而是一个心理学上真实的存在。问题在于,民族作为心理学意义上的"主体",甚至成为了知识论的对象,却没有确定的存在论基础,既没有可靠的实体性,又欠缺必然的实质性,因此是无根基的可变概念。民族意义上的"自己人"主要来自内部的自我认同,但这种识别或许会导致矛盾。可以设想一个"叛徒悖论":有人拒绝认同自己的民族(甚至种族)而主动背叛自己的民族或决心在心理上甚至在物理上把自己改造为别人,那么他算是"外人"还是"自己人"?或者说,有异心的自己人还能算是"自己人"吗?按照血统、语言或宗教的所属,他似乎还是"自己人",但一个反对自己人的人真的是自己人吗?可见民族的"自己人"概念或内部的自我认同无法说明民族具有可信的"共主体性"。民族只是一个现象,不是一个概念。

3 主体间性何以建构共主体性?

我不敢肯定主体间性的概念是不是胡塞尔的首创,但没有读到比胡塞尔更早使用主体间性概念的文本。如果就"主体间性"作为一个社会事实来说,却是自人类文明之始就一直在场的重要问题，甚至早过人类文明，因为"前人类的"主体间性正是人类得以发展出文明的一个必要条件。在主体性的问题串中，如果按照事实发生的历史顺序，主体间性应该是最先出现的问题（同时还有跨主体性），比主体性问题的出现要早出许多。不过，"主体性"对应的是一个伸缩度很大的所指域，复杂而模糊，为了避免抬杠，需要一点说明：主体性是一个连续生长的过程式概念，即使今天也尚未最后完成，就是说，主体性的概念尚未闭合。胡塞尔为主体性做出了关键的解释，算是"大体上完成"了主体性的理论建构，仍有很大的实践扩容空间。

以"思想考古学"的眼光来看（只是比喻），主体性的第一步始于人类发明了否定词（不）。发明了否定词就等于发明了复数可能性的选项，有了选项就意味着自由选择，于是人第一次有了主体性，即"我可以决定选择把哪一个可能性变成现实"。这是"我"的第一次出场（关于否定词问题，详见我在《四种分叉》里的分析，在此不论）。后来，主体性在历史中不断发展和充实多种功能，从自我意识到反思，从知识论到伦理学，从政治学到经济学，一直到拥有解释一切事物并为一切事物赋值的"全权主体性"。如以初始的不完整主体性而言，是跟随主体间性的发生而发生；如以完成式的全权主体性而言，则历经了以主体间性为条件的漫长建构过程。在这个意义上说，主体间性先于主体性，是主体性的发生和存在条件,而不是相反——主体性哲学假设主体性是主体间性的前提,这个假设恐怕有误,主体性的基础包括理性、语言和自我意识都是主体间的成就。

在主体间性获得命名之前,哲学已经在实质上对其进行了大量讨论。整个中国哲学甚至都属于专注于主体间问题的哲学,孔子的仁就是最早反思的主体间关系概念。主体间性是人类每天的事实和问题,所有非自然性质的人为事实(factum)都具有主体间性。每个人的有目的行为(facio)都必定涉及他人,因此所有的行为事实都是主体间的。换句话说,凡是博弈论可以解释的事实都是主体间的。在胡塞尔之后,解释学研究的主体间问题主要属于理解和解释,而分析哲学感兴趣的主体间问题主要是心灵之间的通达或知识共识,但最基本的主体间问题应该是实践性的秩序,包括政治、经济、法律、语言和宗教。

主体间的事实主要有动静两类:(1)属于**人定秩序**(nomos)的事情都是主体间的,是已生成的制度性存在或"语法性的"存在,具有公共性和相对稳定性,主要包括语言、宗教、宪法、法律、伦理、规则、习俗、知识传统、技术标准等。这些主体间的秩序都是集体创作而成的,也是集体同意或公认而共有共享的,其本质是广义的博弈均衡产品。(2)在主体间还存在着互动的、未定的、不稳定的动态博弈事实,各方主张尚未形成集体同意,甚至不能形成集体同意,因此还没有产生足够稳定的秩序，甚至经常失序，包括冲突、战争、合作、契约、对话、谈判、论证、批评等政治、经济、知识和文化事实，其中并非完全无秩序，但不稳定，取决于利益变化。

不过，主体间事物的稳定性或不确定性、完成性或未完成性并非总是非常明确，很多时候两者之间存在模糊地带。主体间事物终究都是历史性的，其意义永远处于变化状态，其活跃度或惰性只是相对量，没有什么永远不变的事情。比如集体记忆在多大比例上算是集体的和稳定的，历史知识在多大程度上是真实的，什么样的历史是集体共识，人文知识终究是谁的解释，普遍价值观到底是谁说了算，这些问题都是动荡的，主体间的状态永远是历史性的动态函数关系。越是根本和重要的问题就越动荡，因为涉及无比活跃的利益关系，比如公正、公平、平等、权力、利益、权利、权威等问题，可以说，主体间的重要问题都尚未摆平。需要说明一点：科学知识（自然科学、逻辑和数学），虽然其知识生产的过程和运作机制是主体间的因而同样存在人为干涉，但其本质不是主体间性，而是"客观性"，准确地说，人们相信存在着先验而必然的客观标准，并以此为准，因此，科学的客观性完全不同于主体间说变就变的一致同意。把主体间的状态理解为无客观标准的未解决问题或者无终点的问题化状态，这是理解主体间性的唯一合理态度。尽管存在着许多看起来已经一致承认的主体间事物，比如语言、宗教或法律里就存在不少"固定"成分，其实只是历史中的长时段现象而已。

需要注意的是，现代哲学在讨论主体间性时所承诺的一些形而上学假设是可疑的虚构。哲学在分析主体间性时往往默认"主体们"是知识论上的主体，即参与主体间性的"主体们"或其中每个主体都是在形而上意义上的平等或对等的任意匿名主体。这个假设显然是荒谬的。在世界中根本不存在形而上的主体，主体间性不能还原为知识论里的认知问题，不能对换为解释学里的文本问题，也不是形而上学里的"他心"问题，它首先是在孔子的道德关系里、马克思的生产关系里、福柯的权力-话语里和维特根斯坦的游戏里的政治、经济、文化、伦理或实践问题，而不是一个纯粹的形而上事实，就是说，主体间性是一个形而下事实，主体间的主体是行动主体。因此，在知识论或现象学或形而上学里讨论主体间性是非常可疑的。

以功能主义的角度看，主体间互动是为了建立秩序，其中所有难题都可划归为一个总问题即"他人不同意"。显然，如果他人总是同意，什么问题都消失了。主体间性的理想结果是形成共主体性，基础就是全体一致同意。人类解决主体间互相不同意的方法并不多，主要有：（1）依赖长时段或至少中时段的自然演化，所谓慢慢磨合，即通过很多回合的理性博弈而最终达到某种普遍接受的均衡，以至于绝大多数人都失去破坏这种均衡的积极性，因为破坏均衡规则无利可图甚至反而吃亏。能够达到共主体性的秩序都是自然演化的结果，比如伦理道德、语言和宗教。（2）通过建构性的公议制度（比如民主）或市场化的选择来解决问题。市场化选择并不等同于优胜劣汰的自然演化，尽管有某种表面相似之处，但其中的差异更重要。市场化遵循人为设定规则，既不是自然的也不是自由的，是讨价还价而不是优胜劣汰，因此市场更接近民主，而民主就起源于"意见市场"（agora）。理想化的民主是众多个人意见（个人偏好）的加总，实际上的民主则受到以资本为代表的各种权力的干涉。但无论是集体讨价还价还是集体偏好加总，产生的结果都不代表全体意见，不是众人同心的共主体性。（3）还有一种解决"他人不同意"的方式是征服他者，取消他者性。有暴力征服，也有非暴力征服（文化征服）。暴力征服在古代很常见，在现代其实也常见。文化征服并非单方面征服，如果没有被征服者的主动接受和配合，文化征服几乎不可能成功，就是说，文化征服在根本上是通过内应而成功的。现代以来，解决他者不同意的最常用方式就是文化征服。尽管人们声称主体间性在伦理上应该是平等或对等的，但在绝大多数的实践中既不平等也不对等，并非共同发展或共同获益，不可能绕开文化征服、权力、霸权、领导权、话语权、推广和宣传等问题。这些话题已被谈论太多却少有实质推进，我们最好转向另一个或更有意义的概念。

4 跨主体性和跨文化

"跨主体性"和"跨文化"(trans-culture)是两个概念,但指向同一个问题。当以个人作为主体性的存在单位,如果出现跨主体性,比如两个人同心同德如同一人,虽非不可能,却属于私人的心灵自由融合,具有美学意义,却不是社会或文化的问题,在此无须讨论。只有以文化作为主体,跨主体性才成为一个具有公共意义的知识论和政治问题。跨主体性就是跨文化里的"同心圆"里的核心问题,假如能够解决跨主体性的问题,跨文化的问题就迎刃而解。

法国人类学家阿兰·乐比雄与意大利作家和哲学家翁贝托·艾柯三十多年前提出"跨文化"概念[1],有别于"文化间"(intercultural)和"交叉文化"(cross-cultural),其中有根本差别(已另有专文分析,在此不加赘述)。要说与跨文化最为接近的概念,大概就是"化"。中国哲学里的"化"是个广义概念,但应用于文化间就成为"跨文化"。不过中国传统的"化"倾向于以优势文明将他者文化化为一体而不是征服(事实上总是互化),而跨文化的新意就在于强调平等"互化"。因此transcultural不妨译

---

[1] 相关论点可参见跨文化的论集 *Les Assises de la Connaissance Reciproque*. ed. Alain Le Pichon, Le Robert, France, 2003; *Le Renversement du Ciel: Parcours d'anthropologie reciproque*. ed, Alain Le Pichon et Moussa Sow, CNRS edition, France, 2011。

为"文化互化",这里沿用通译。

从跨文化到跨主体性的问题转换有个人类学的步骤。按照乐比雄的设想,跨文化的计划可以始自"互观人类学"(reciprocal anthropology)的田野实践。这是对传统人类学的反叛。传统人类学假设了作为观察者的发达文明和作为被观察者的无反思的落后文明,观察者拥有知识论的优势资格来观察和分析被观察者。但这个知识论假设并无理性根据,实为帝国主义想象,于是,为了客观地展现各自知识体系的反思能力,就需要一个对等"互观"格局,即观察者同时成为被观察者,而被观察者同时成为观察者。比如说,假定欧洲文明是中国文明的观察者,那么中国文明就自动地成为欧洲文明的观察者,两种知识体系同时都成为进行反思的合法根据。乐比雄常用的关于知识体系的隐喻是镜子,一个镜子必须有能力在自己的知识系统表达和反思他者,否则就不是合格的镜子。既然双方都是镜子,那么镜子之间的"互观"——来回往返的互相反映——就会形成对反思的反思,这种往返的反思能够发现他者文化提出的富有意义的思想,于是就能够以人类学的方式达到哲学的结果。

这里有个疑难:在他者文化中发现的"有意义的"思想是普遍的思想还是特殊的"地方知识"?就思想意图而言,每种文化都自我假设其思想是普遍的,而且其中某些思想也确实是普遍有效的,但在严格意义上,对于任何一种可能生活都无法回避或绕不过去的普遍思想并不多,除了逻辑和科学以及满足逻辑性或科学性的思想,无论哪一种文化里的人文知识都更多地具有特殊性,都是地方知识。现代以来,西方的人文知识体系往往被默认具有普遍性,其实是知识主导地位导致的幻觉,比如柏拉图的"理念"或基督教的一神论就属于特殊的地方知识。尽管柏拉图的"理念"是一个伟大的创意,但既无自明的证据也并非必要的思想假设。如果一个思想体系从来没有想到"理念"的假设,也完全能够自圆其说而且无碍发展,这意味着,"理念"并非任何哲学都需要面对的一个普遍必然的问题。即使在西方,也有些哲学理论,例如经验论,就不需要"理念"的假设。先验论的伟大之处并不在于其思想假设是普遍必然的——比如各种范畴或概念定式(conceptual schemata)就多半是特殊文化背景下的形而上假设,先验论的重要成就在于方法,先验论试图发现能够证明某些假设总是对经验"先验有效"的形而上方法。如果先验方法是成功的,就确实能够证明普遍有效性。可惜先验方法能够证明的普遍命题并不多,这意味着必须承认,普遍有效的人文思想并不多,大部分思想都是特殊的、文化的和历史的。

那么,他乡的地方知识对于其他地方有何意义?一种文化为什么需要另一种文化的特殊知识?或者说,跨文化有何意义?这是一个尚不明确的问题。传统的"他山之石"是一种实用主义解释,但只能解释那些功能上有用的事情，所谓"可以攻玉"或"取长补短"，即别人的创意有助于解决自己的问题。这种"实用主义"的跨文化可以解释为什么在文明初期几乎所有文明都是跨文化状态。文明初期，每种文明或文化尚未建立起不可变更的文化身份和不可侵犯的文化边界，同时，生存和生产是压倒性的重要问题，因此，只要是有用的技术、知识或制度，都有优先的吸引力，必定形成互相学习的跨文化状态，而文化习俗、宗教和艺术也会搭车传播。历史事实表明，在文明未成熟时期，知识、文化、宗教和制度的互相传播并未遇到明显阻力（冲突也偶尔发生）。因此，在历史顺序上，跨文化状态先于文化的主体性。当确定而固定的信念系统和价值观被建立后，加上政治权力和经济利益的相关性，就生成了文化边界和基于自我认同的精神世界的文化主体性，跨文化反而变成了文化间的困难，文化的"独立"主体性诉求压倒了跨文化的开放性。可见跨文化性（transculturality）不等于文化间性（interculturality），也不是文化间性的一个必然可期结果。

　　乐比雄还意识到跨文化方案难免遇到"以谁为主导"的主客难题。关键在于文化主体性的自身设防。所以，成功的跨文化需要建立跨主体性，否则跨文化只是涉及皮毛，于是他试图通过改造主体间性的概念而将其升级为跨主体性。跨主体性相当于把中国传统的"化"的概念升级为"互化"，也就引入了更复杂的操作条件。应该说，关于跨主体性，理论尚未成熟，仍然是个开放的问题。中国传统的"化"在历史实践中实际上包含互化，但没有明确为规范性的要求。实事求是地说，即使明确为"互化"的规范性要求，也很难明确互化的内容和比例之类的条件。在现代状态里，技术领先的国家对技术方面的跨文化或跨主体"互化"或"互通"不感兴趣，只愿意进行人文、宗教和价值观方面的单边的"化"（传播）；另一方面，技术落后的国家对技术的"互化"感兴趣，却不愿意人文、宗教和价值观层面的"被化"。技术竞争属于利益问题，与我们这里的讨论不相干，因此可把问题简化为：人文、宗教和价值观的互化或跨主体性是否可能？

哈贝马斯早就意识到主体间交流需要达成同意，他的交往理性理论虽有不切实际的乌托邦性质，但不失为一项杰出的研究。关于交往理性，人们已有大量讨论，这里我只想再次强调一个难以解决的问题。哈贝马斯的交往理性原则足以解决任何可以理性化的意见冲突，换句话说，如果分歧的意见是能够理性化的，那么就一定能够通过理性对话来达成一致同意。问题出在，人们的信念并非都能够理性化，尤其基本信念多半是非理性的，我称之为有别于"思（mind）的问题"的"心（heart）的问题"，其覆盖面大概相当于西方所说的精神、情感和价值观，此类信念都包含非理性因素，不是理性论证和理性对话所能解决的分歧，就是说，哈贝马斯原则可以形成"互相理解",但无法形成"互相接受",而如果不能达到互相接受,任何严重的问题都无望解决。

作为人类学家,乐比雄不像哲学家那样迷信理性化的计划,他对我说过,他对哈贝马斯理论一点都不感兴趣,因为理性化的"启蒙计划"完全忽视了"人类学的事实"。乐比雄的跨主体性是主体间性的升级版,其中一个关键的升级技术就是,如前所述,许多"镜子的互相反映"。作为隐喻的"镜子"确实是"人类学的",镜子能够无偏见地或"不挑食"地表达他者,但"镜子理论"也至少有两个困难:(1)以人类学"镜子"所发现的他者文化里显然有部分信念、传统和价值观与自身文化几乎无法兼容,而不能兼容的事物如果强行合并,必定形成负面甚至灾难性的"解构"效果,因此,对"镜子"所得的知识也需要进行挑选;那么(2)经过挑选的可兼容知识,也仍然存在着"镜像间的"差异,就是说,各自所用的镜子并非同一种型号,因此难免互相歪曲而导致"镜像失败"的现象。

这个基本困难可以这样分析:互相误读可能源于知识论框架的差异,也可能源于价值观或宗教的差异,最根本的应该是源于语言的差异。文化间几乎所有差异都隐形地存在于语言中,语言即世界,语言就是主体性的存在条件。关键难点是,不同语言之间存在着大量的非对应性或含义的错位性,这个困难也称"翻译问题"——翻译即解释。所有语言都能够交流,这意味着人类生活的基本面高度相似，基本问题也相似，但对于同样的问题或同样事物，却有不同理解和解释，因此，尽管语言之间足以交流，概念之间也存在着交叠的相似性，其含义之间存在着部分映射，然而困难在于还有"部分无法映射"，正是差异所在。乐比雄和我因此提出了"误解字典"的计划（目前正在进行中），试图发现一些最根本的互相误读。但我还有一个更深层的疑问：仅仅发现互相误读并不能因此减少互相误读，真正有效的解决必须是，一种语言里的重要概念能够进入另一种语言并且被接受为另一种语言里的重要概念，变成另一种语言里合法的常用概念，相当于"语言移民"。只有通过"语言移民"达到"语言学的互化"，才有望建构跨主体性的可信基础，就是说，跨主体性的可信基础是语言的共主体性。假如一种语言的重要词汇表发生某种程度的变化，就意味着一种文化发生了某种"文化再化"（re-culturing，我杜撰的概念）。文化是化自然为文明，那么，文化之再化就是借他者文化之功来进一步造化。

"文化再化"触及了跨主体性的核心难题：文化间性是在确保各自主体性的条件下建立平等互相反思的"好客主体间性"，还是共同创作一个包含各种主体性的可兼容优势的跨主体新文明？这类似于共同创作一个莱布尼茨式的"足够丰富而兼容"的可能世界。我设想的是一个兼容普遍主义或多维普遍主义的文明，即通过增加普遍性的维度而不是在不同的普遍性主张之间进行斗

争,来达到文明能量的最大化。这就需要几个关键条件:
(1)知识最大化条件。以"新百科全书"概念为基础的元宇宙图书馆;(2)兼容性最大化的制度条件。以天下体系达到世界内部化;(3)价值观的函数化。以相互关系的"理性解"作为标准来解决价值排序问题。这些设想都已经多次论证,在此不述细节。总之,如果不能建构某种共主体性,跨主体性或跨文化终究难以实现。

5　不能化或化不了的原因

文化可以理解为对所有事物的定价系统。这意味着,每种文化可以对事物有着不同的定价,其定价依据就是这种文化自身,这是一种自相关的解释,因此各自都有自相关性的文化之间不存在客观标准。我们已经知道,跨文化如何可能的关键在于跨主体性如何可能。从人类学或社会学的角度看,跨文化或跨主体性存在着类似于"物种侵入"的挑战,似乎难免发生"功能与结构"的悖论。一种文化内部的功能与结构并非两种事情,而是一个事情上互相要求适合的两个方面。假如一种文化想要引入他者文化以便增强自身的功能,就难免破坏自身的结构,可是自身结构正是一种文化保证其功能的基础。一种文化的性质总是同时是功能主义的和结构主义的,两者在文化内部总是存在着最优一致点而达到稳定均衡,但对外总是存在着脆弱点。没有一种存在是无懈可击的。

在文化间的输出-输入活动中，或同化与互化的关系中，可以注意到，输出方总是试图在输出优势功能的同时改变接受方的结构而达成同化，而输入方总是努力在保护自身结构的同时试图收获新的优势功能。一种文化的结构如果被解构，就基本上被同化了。

这里令人感兴趣的是，什么样的文化基本结构是最坚实而难以被解构的？换句话说，什么样的文化结构足以保证其不被同化？这里有一个猜想，无法证明是必然的，但有较高的可能性：最小限度的坚实结构是三角之形，最小存活结构是掎角之势，都能够形成互相支撑的效果。在文化中，最具互相支撑力量的掎角之势是语言和宗教；而最坚实的三角结构是语言、宗教和历史（或种族），这也是人类学和社会学承认的文化基本构成。掎角之势可比喻为围棋中的最小存活空间，即一个结构具有独立而互相作保的"两个眼"（两口独立而封闭的气），拥有"两个眼"的城堡虽小却不可攻陷，相当于不可化；三角结构的坚固性则甚至在物理学中得到证明。

语言与宗教都具有排他性的"自己人"识别功能和自我解释能力。语言的丰富性相当于世界，有了一种语言就等于拥有一个世界，而保住语言就保住了一个世界；宗教设定了超越理性的信念，也就制造了拒绝理性的非理性理由，进而拒绝外部标准而形成自相关的自我证明，也就取消了理性对话的可能性。当一种语言和一种宗教结合为互相支撑的掎角结构，就形成一个具有封闭性和排他性而不可化的精神世界。如果加上历史或种族，使得语言、宗教和历史（或种族）形成三角结构，就几乎无懈可击了。人类本来大同小异，种族就其本身而言缺乏精神意义，也缺乏说服力，但其"小异"的识别性却非常容易在语言和宗教的加持下变成一个貌似"有意义"的指标。在三角结构中，语言和宗教是必要因素，但种族不是必要选项，更强大的选项是历史。历史的精神性和解释力几乎不弱于宗教，甚至具有现实感的优势。例如百折不挠的犹太文化就是宗教、历史和语言的三位一体。我们不排除一种坚实的文化结构还有别的组合方式，但语言、宗教和历史的三角结构明显具有排他性、唯一性和封闭性，是目前所见最具"鲁棒性"（robust）而"化不了"的文化结构。对此有一个问题：假如可能被解构，语言，宗教和历史三者之中，哪一种相对更可能首先被解构？

排他性、唯一性和封闭性最典型地接近"宗教语法"。任何一神教的观念系统R都暗含以下的元命题：元命题1：凡是属于封闭集合R的每个句子都是正确的，并且，凡是不属于集合R的句子都是不正确的；元命题2：元命题1是正确的，并且元命题1是R中的一个命题。这意味着R拒绝了外部标准，形成了系统R的自我解释或自我证明。这种观念系统在客观上不可证明，只能指望是自明的。自明的命题必须满足先验论证，系统R的元命题显然通不过先验论证，因此只剩下一个辩护，就是拒绝理性而采取"相信以便理解"的奥古斯丁原则,即"相信R,所以R是正确的"。在这里,理性问题被替换为心理问题,心理成为宗教的立足基础。理性无论多么强大也不可能颠覆心理信念,一种心理只能被另一种更具诱惑力的心理所改变。

如果一种心理或信仰发生转变或崩溃,大概不出三种可能性:(1)旧信仰被社会组织和动员能力更强以及解释力更强的新信仰所取代。例如希腊罗马的散乱众神系统被具有一元化解释并且社会组织性更强的基督教所取代,又例如西域佛教被伊斯兰教所取代。成熟的一神教大概已经达到信仰系统的最强解释力,即达到对一切事物和整个生活的全方位解释,同时也是对整个历史自始至终的全程解释,其解释力已经充满时间和空间概念的极限。即使再编造另一种有全方位解释力的新宗教,也只能达到与一神教等价的解释力,因为不存在更大的解释余地了,因此,除非考虑特定内容,任何无所不包的新宗教实质上都只能是一神教的变种或改版,而不同的一神教由于具有等价解释力而形成均衡对峙。可见,一神教是最难被化的宗教。(2)失去道德榜样。信仰的大众基础很大程度上是从众心理,从众所从者是道德榜样。如果宗教或意识形态的代表人物不再成为道德榜样,就可能发生来自内部的崩塌。例如中世纪后期的权威宗教因失德而失势,现代意识形态的崩溃也是因为形象崩塌。(3)物质打倒精神。对于大多数人来说,物质诱惑大于精神的力量。如果另一种生活具有明显更高的物质水平，以及更多的感官娱乐，迟早会消解精神的意志。例如现代物质生活、现代娱乐以及现代个人中心的意识形态就颠覆了宗教的地位，看来，世俗化和现代化是对宗教最有力的消解方式。

与宗教相比，语言的设防度要低得多，相对容易被入侵。就语言本身而言，语言的"本能"是世界最大化，因此总是足够开放的，总能够接受和容纳新概念新词汇以便丰富自己的世界。在理想状态下，不同语言之间如果发生充分的交流，就会形成词汇的充分交换，最后可能达到两种语言之间的充分映射，形成同水平的语言能力。因此，语言间最有可能形成跨文化或跨主体性。但理论归理论，与现实有着距离。正因为语言相当于世界，所以也会产生语言意识形态，即捍卫语言就是捍卫一个世界。对另一种语言的抵制，表面上是语言设防，实质上是思想设防，于是，设防的语言就反而成为跨文化或跨主体性的第一个路障。举个实例：我参加的欧洲跨文化研究的一个项目是，欧洲和中国学者以互相解读和回应对方概念的方式集体写作《跨文化误解字典》，在讨论选择哪些是"互相产生误解"的关键词时，双方学者共同发现了一个语言不对称的问题：西方学术词汇在中文里都有对应词（翻译引进的结果），但中国学术词汇在西文里却没有对应词。中文词汇比西方词汇要多出很多，是因为通过翻译引入了大量词汇。这意味着，中国词汇尚未进入西方语言,因此,"互相误解"实际上尚未出现,至多存在着中国单方面对西方思想的某些误读,而西方还很少读到中国思想,谈不上"误读",而是"未读"。汉学家们当然知道许多中国词汇,但中国词汇没有进入西方的日常语言(唯一进入日常语言的词汇可能是"功夫",个别搞笑网络用语不算),也没有进入通用学术语言。略为夸张地说,中国思想在西方思想里不存在,只是一个远方景观。文化设防的语言路障限制了中国思想成为西方思想的一部分。当然,如果没有文化设防,语言之间的互通和互化是不成问题的。

与语言的自然开放性相反,历史本身就是不开放的。发生过的事情是已消失的"过去"而不是历史,只有被记述和被承认的过去才是历史,因此,历史必定是一个国家或一个民族或一种文明的自我认识,必定是"自己写的"而不承认他者写的,除非他者的写作正是自己要写的。历史已经成为一种文明或一个国家或一个民族的生命的一部分,并不属于"过去",而是现在与未来,更准确地说,已经消失的过去不存在,属于无人管理的时间,却不属于历史,而属于历史的"过去"都是现在时,而且蕴含将来时,正是历史拥有者的在场事实的一部分,历史被改写就等于现实被改变,因此捍卫历史就像捍卫现实一样有着积极性。虽然历史有着被保护的主体性,但并非绝对不能被化,至少在一个情况下就可能被化入一种时空规模更大的历史——假如一种更大时空的历史能够与之分享共同的历史性、共同叙事与共同光荣的话。例如欧洲历史以希腊为思想的共同源泉、以启蒙为现代欧洲的共同价值、以现代化为欧洲的共同进程，这三者比较成功地制造了超越国家而共同分享光荣和精神的欧洲叙事，但这个"共同故事"基本上没有包括俄罗斯系统，因此俄罗斯被排除在欧洲之外。另一个例子是，自宋以来形成了一种汉人历史叙事，古代许多与中原并立的政权被定义为外族，如契丹、女真和蒙古等，因此拒绝共同叙事和共享光荣的共同历史，导致了严重后遗症。这种叙事与事实严重不符，中国是典型的混合文化历史或跨文化国家，"汉人"本身就是混合产物，是典型被建构的错误概念。

宗教、语言和历史三者以互相内嵌的方式而共存。宗教总是在其相关的语言和历史中被传播，语言总是在叙述宗教和历史中获得力量，历史总是在语言和宗教中获得意义。在其中，或许宗教最为坚实，而语言的设防相对容易被突破。语言是一切意义的载体，只要一种语言消失了，与之对应的民族就消失了，例如鲜卑、契丹、女真和满族，虽在历史上多次成功入主中原，但语言消失了；或者，只要语言在根本上被改变，就会产生一种具有跨文化性的新文化。现代汉语算是半个例子，现代汉语的词汇和语法都部分西化了，但最根本的语言性质尚未改变，仍然明显是汉语，一种"转基因"的汉语，因此成为一个既保持连续性又有结构改变的特例。

6　一个实例：中国作为一个跨文化体系

历史上有许多跨文化的例子，例如罗马帝国，其跨文化性常被简化为"两希文明"，更准确地说是环地中海多种文化的结合；又如西班牙，兼有天主教和伊斯兰教文化的遗产；俄国则合并了东正教、斯拉夫文化、西欧文化和游牧文化；美国更是典型，以多种欧洲文化为主融合了南美和非洲文化，还有在现代化过程中自己发展出来的"西部文化"、"技术文化"和"虚拟文化"，是成分最复杂的跨文化；中国也是，其主体文化融合了多种古代文化而成"汉文化"，又融合了游牧文化、佛教文化和西南山地文化，在现代又引入了西方文化，是一种最复杂的跨文化。中国式的跨文化有着最远的时间线索，数千年始终保持跨文化的性质，这里以中国为例来分析跨文化遭遇的一些问题。

文明初期的跨文化主要是自然融合。中国早期文明似有多地原创文化而形成苏秉琦所谓的"满天星斗"格局，后经互相学习模仿而合成大致统一的文明。青铜器铸造、小麦种植和马的使用等不少技术甚至来自中东。但古代中国没有发生其他地区常见的宗教主导下的文化融合，个中原因复杂，不是这里所能讨论的。其中一个比较显著的原因是，中国文明非常早就发生了人文化，经过"绝地天通"事件和"巫史转换"的过程，再加上西周的"民心证天命"的人文原则，基本上形成了人文化和世俗化的文明。在这个文化背景下，中国的跨文化主要是政治-人文主导的文化融合，不是"政教合一"而是"文政合一"，即政治与人文主义互相解释互相作保的模式，制度以权力来保证人文的权威性，人文以话语的权威性来解释制度的合理性。假如福柯知道这个中国模式，或可以之作为"话语-权力"循环作保模式的一个实例。

在中国人文主义中，儒家经常取得主导地位，因此往往被认为具有相当于宗教的地位，但儒家在实质上终究不是"教"而是"文"。儒家从来没有取得相当于教廷的终审权力来对政治或道德进行最终认证，而是政治的话语合作伙伴，儒家的权威性来自政治的承认和保护，尤其被教育和考试制度（科举）确立为通用话语。这意味着，儒家虽有话语的优先性，但并非不可替代，就是说，儒家并非权威话语的唯一选项，可能被替换。历史上确实"偶尔"是法家、佛教或道教取得权威地位，在当代是马克思主义取得权威地位。值得注意的是，这些话语替换并不影响中国文明的连续性和一致性，这提示了，在中国文明结构里存在着根扎得更深而更为坚实不变的事情。

中国文化结构里没有权威性的一神教，因此，按照"语言-宗教-历史"的铁三角模式来看，中国文化似乎只有弱于铁三角的"语言-历史"掎角结构。正如上文所分析的，儒家并没有取得相当于宗教的绝对不可替代地位，而在获得权威性的很长时间里（虽然很长，但按照布罗代尔标准，恐怕仍然属于"社会时间"的中时段），儒家对于"化外之地"并没有无法抗拒的跨文化吸引力。事实上，历史上的西域先是接受了佛教，并没有皈依儒家，只是受到儒家的某种影响而已，而西域佛教地区后来却被伊斯兰教同化，这或多或少说明了，儒家缺乏宗教性的力量，而无神的佛教也抵抗不住一神教。不过，中国文明的超常坚实性很可能基于另一种铁三角，其中有一个隐形因素，使其能够不依靠"在天"的超越性而依靠"在地"的吸引力。我推想，其可能结构是"语言-历史-方法论"，而方法论就是那个隐形的因素。

在常见的"语言-宗教-历史"结构里，语言和历史都是地方性的，如果不借助武力扩张或经济推广，几乎不可能以自身的魅力而变成普遍的，因为每个地方必定更加认同自己的语言和历史。可见，一神教是"语言-宗教-历史"结构里承担普遍化解释功能的因素，它声称对所有人都给予认同并且提供庇护。庇护是任何社会系统的一项最重要的功能，事关生存、利益、互相认同和互相帮助（包括生活上和精神上的抱团取暖）。考古和历史都证明，能够提供庇护能力的更大规模的权力结构（主要形式是国家和宗教）对大量人口有着聚合的吸引力，并且只有规模足够大而且同心同德的群体才是"吃不掉的"。荀子和霍布斯不约而同地论证了个人或小群体难以生存。如果说，宗教的庇护能力和精神上的互相认证使其普遍解释具有跨文化的说服力，那么，在"语言-历史-方法论"的结构里，是什么因素使之具有跨文化的能力? 显然只能指望方法论。

方法论不需要超越性的假设而直接具有实践的普遍性。方法论的逻辑主语即使用者(或行为主体)是无限定的,可以代入为任何一个主体,因此不是排外的而是无所不包的。中国的方法论是一个丰富的工具箱,这里无法全面分析,就建构跨文化性或跨主体性而言,最具能量的是两种方法论:《易经》思维和天下思维。《易经》在本质上是一个方法论,至于《易经》里的实质命题却远不及其方法论重要,而且那些实质命题在知识论上有不少可疑之处;同样,天下也是一个方法论,先秦关于天下的制度理解也有时代局限性,远不如其方法论蕴含的普遍意义。关键是,方法论不需要预设价值观、信念或教条,也不会去捍卫任何实质命题,仅仅考虑理性最优的设计和选择,或者说,方法论(methodology)只考虑最优做法(approach)的有效性,不会坚持特定教义,因此方法论不受制于时代性而具有始终的当代性。《易经》方法论可以理解为在万变的外部条件下和信息不充分条件下的理性最优的动态选择,而天下方法论可以理解为一个政治系统如何最大限度容纳复杂多样的变量而同时保持系统内部的动态一致性和协调性。

"炎黄"的始祖组合或可能不是传说。如果为真,那么他们的组合大概就是最早的跨文化。在文明初期,所有人群的生存都依赖混合经济,即采集、渔猎、游牧和农耕的结合,尚未严格形成特征性的农耕或游牧文化。

但黄帝系统似乎以"移营"的游牧和渔猎为主，炎帝系统可能以定居的农耕和渔猎为主，虽然两个系统之间发生过战争，但从炎黄成功组合而成为中华共主的故事可以推测，当时的理性思维已足以发现合作博弈的好处，即合作之所得大于冲突之所得，所以可以说炎黄组合是一个划时代的跨文化事件，也以其示范性而形成跨文化模式。炎黄组合是个简化的标志性象征，鉴于当时的"满天星斗"文化格局，可以推想，真实发生的是东西南北众多部族缓慢的大融合。中国文化经常被定位为农耕文化，其实不准确，历史表明，中国文化一直是农耕文化与游牧文化的跨文化组合，尽管以农耕文化为主。炎黄组合粗略地说就是农耕和游牧的跨文化初始版本。

中国的跨文化能够形成一个传统并且一直延续，仅有初始"榜样"是不够的，因此还需要解释其持续性。一神教的缺席使古代中国缺少一个强有力的统一精神形式，由此可以推想，古代中国一定另有一种能够建构并且维持统一性和连续性的模式。我的解释是，古代中国运行的是一个具有向心力的"旋涡模式"，其向心力来自中原建构秩序能力的优势，包括普遍的方法论、更适合大规模社会的制度以及占优的知识生产方式（通用文字和包容性的解释系统）。细节参见《惠此中国：作为一个神性概念的中国》，在此不多重复。[1]简单地说，跨文化

---

[1] 赵汀阳：《惠此中国：作为一个神性概念的中国》，中信出版社，2016年版。

的传统有着方法论和制度的支持。其中最重要的方法论就是：(1)《易经》思维。这种以变化为基本概念的思维排除了文化的原教旨主义，也排除了拒绝变化的完美主义，因此善于接受动态的重组、结合、让步与合作，也能够接受一个丰富系统内部的矛盾性，而总是通过"动态均衡"来解决矛盾和不确定的问题，可以说是一种动态理性思维；(2)天下思维。天下是一个世界性的制度设计（西周），更是一个方法论（经常被追溯到炎黄或尧舜，属于传说），是一种把分裂的世界建构为合作的世界的方法论。当运用于一个国家时，则把国家当成世界来处理，于是古代中国被建构为一个把世界格式内嵌于国家制度的政治体，特别是"一国多制"的制度（汉唐的发明）。

物质先于精神，合作的理由必定包含物质利益，而精神性的理由则是长期信任的基础。形成跨文化的理由首先也是物质性的，然后才是精神性的。天下概念所以能够成为跨文化的一个模式，首先也是因为天下体系符合博弈中的多方利益。以博弈论的角度来分析，首先的问题就是：天下有什么好处？最基本的好处必须是"存在论的"好处，即与生存相关的安全和利益的最大化和可信性。天下体系作为一个共享秩序，其经济学理由是合作的收益大于不合作的收益；政治学的理由是合作的安全系数高于不合作的安全系数；文化的理由是知识、信息和技术共享具有知识论上的优势。显然，加入天下的所得好处大于不加入的好处。因此天下体系最有利于建构和平秩序、利益相关性、可共享的最丰富的可能世界，从而形成一个"低熵"或"减熵"的文明系统。"低熵"是文明的可持续状态（尽管按照科学原理，一切存在最后都会在"增熵"中走向死亡，那是另一个问题）。

中国的跨文化运行模式就是基于天下方法论的"旋涡模式"，其本源是方法，而不是宗教信仰，因此原生文化能够接纳外生文化，并且"互化"为一个系统。方法的力量比观念更为持久，就长时段而言，故事、教义、叙事、艺术、榜样的意义都是有穷的，都会被时代消耗，只有方法才永远有其建构时间秩序和空间秩序的能力。不过，实践总有着历史语境与社会、文化和政治条件的限制，未必能够充分实现方法的能量，尽管有可应万变的《易经》方法论和收纳世界的天下方法论，古代中国的跨文化实践也并非无往而不利，至少遇到两个困难。

困难之一是，一神教就是中国跨文化实践几乎化不了的一个实例。中国的跨文化实践以经济和政治秩序为主导，凡是能够互通和交流的，都可以形成跨文化性，如技术、知识、语言、艺术和娱乐。在经济学意义上，互通和交流的实质都是"交易"。然而"交易式"跨文化的局限性在于，神之间不能交易，神之间也不能互通。精神无法互通就不可能形成跨主体性，更别说共主体性。所以，限于交易模式的跨文化无法达到跨主体性的深度。在一神教里，宗教、民族历史和社会记忆高度重叠，具有唯一性而形成"社会教堂化"，其中，空间秩序服从时间秩序，而时间秩序是唯一神的秩序，于是生成了不可交易的单边普遍主义（unilateral universalism）。与之对比，无神或多神的状态下，神话、地方宗教、历史叙事和社会记忆多地散布，或有重叠性，却无唯一化的解释，因此形成多剧目的"精神剧院化"，各地有自己的时空，没有唯一的时间秩序，意味着时间秩序服从空间秩序，在多元合作中形成兼容普遍主义（compatible universalism）。就理论能力而言，只有兼容普遍主义才能够促成跨文化性，但宗教是非理性的，理论能力对此无效。

第二种困难在于，主导性的文化即使是开放而"好客的"，也很难避免以自身为主的叙事，或者说是"第一人称"的解释方式（张盾的说法）。古代中国在跨文化性上是相当好客和足够宽容的，然而在历史叙事上却没有发展出一种海内共享的历史叙事，就是说，尽管在政治和经济系统上成功地实现了跨文化性，却在历史叙事中未能把域内的诸多小众叙述为"自己人"，因此，至今的历史叙事尚未能成为所有地区共享光荣的一个整体历史。一种未能共享光荣的历史就只是自己的精神历史，只表达了主体性，而不足以建构跨主体性或共主体性。这不是古人的错误，事实上今天我们自己也没有能力建构一种跨文化或跨主体性的历史叙事。当今颇为流行的"全球史"也是一个言过其实的口号,实际上,在其中完全没有跨文化或跨主体性的理论基础和叙事方法,这不是引入一些人类学方法或后现代观点就能够解决的问题。

(原载《思想战线》2023年第2期)

{三}

中国哲学的身份疑案

1 以西方哲学为参照系的中国哲学

1.1 书架的隐喻

书店的分类学接近图书馆，但另有书店的考虑和理由。在有的美国书店，与英美哲学风格大异的法国哲学著作被安置在文学批评或艺术理论的书架上；在一些英国书店，只有后现代风格的法国哲学才被归到文学批评或艺术理论；法国和德国书店更接近图书馆，无论何种风格的欧洲英美哲学著作都在哲学书架上。在以上这些书店里，中国哲学基本上只能到亚洲研究或文化研究的书架上去找。书店的分类学不是错误，书店最清楚读者的阅读倾向。法国哲学的读者更多是关心艺术的人，所以归入文化批判或艺术理论，而中国思想的西方读者更多预期看到的是文化特色而不是理论，所以归入文化研究或亚洲研究。

中国哲学因其命名而成疑问。除了逻辑上的知识分类理由，福柯发现分类学还附带政治或权力的理由。假如按照世界哲学联合会的分类学，就会有各地哲学，比如中国哲学、印度哲学和阿拉伯哲学等，这种标签提示的只是产地。产地无关紧要，成为争议的是，就理论性质而言，中国传统思想是否属于哲学。2001年曾有过关于中国哲学合法性的辩论。[1]但"合法性"的提问本身就非常可疑，容易把学术引向学术政治，陷于"谁的合法性"的莫须有申辩而自取其辱。哲学的本意就蕴含思想自由，提出某种哲学的合法性问题本身就不合法，是个伪问题。思想或知识的分类学才是一个有效问题，按照功能，通常分类为哲学、历史、文学、社会科学等，但功能分类并不意味价值高下。

中国哲学身份疑案的意义在于由此引发的有关哲学本身的反思。自百余年前引入西方哲学，中国思想有了参照系，因此自命名为中国哲学。中国固有跨文化传统，然而西方哲学如此强劲，以至于未能"化入"而只是"移入"中国思想空间中而形成内部对峙。中西哲学并不经常发生争论而处于互相隔离的消极状态，可是真的没有共同语言或共同问题吗？这个问题直达哲学本身：是什么使一种思想成为哲学，或者，什么是哲学问题？什么是哲学的语言？就哲学的无限可能性而言，哲学的

---

[1] 2001年前后，郑家栋等众多学者讨论了中国哲学的合法性问题。

唯一**主权者**只能是理性思维本身，不可能受限于某种文化或某种语言，但其中仍然顽固地存在若干需要分析的疑问。

1.2 解释学与特殊化

中国哲学的身份疑问是现代制造出来的。在以西方哲学作为参照系之前，中国思想既没有被命名为"哲学"，也没有被定位为"中国"。这并非中国的特殊现象，任何思想就其本身而言，都以人的一般身份去思想，而思想对象也被假定为人所共有的普遍问题。前现代的人就不会专门为本地而思想，各地思想代表的都是一般概念的人，而不是某地之人，所有地方都被视为"世界"。切斯特顿有个例子：从未去过他乡的廷布图（非洲马里的古城）人却拥有一个完整的世界，"他们视廷布图为宇宙，呼吸的不是地区的空气，而是世界之风"[1]。类似地，古希腊人从不怀疑他们的哲学是普遍的，先秦人也相信其思想是天经地义的。所有特殊标签都是现代的粘贴，其根源或可追溯至基督教的兴起，基督教自我定位为普世教，于是所有"异教"文化就被定义为地方性的。

既然思想在本源状态上以普遍思想去思考普遍问题，本源思维也就是无立场的，因为任何特殊立场的视野都

---

[1] 切斯特顿:《异教徒》, 汪咏梅译, 生活·读书·新知三联书店, 2011年版, 第26页。

小于普遍性而不足以表达普遍性。思想不可能是一个走向既定终点的必然计划，如果一切只有必然性，知识就成为整个精神世界，既没有哲学也没有诗，无可思想也不需要思想。思想的对象是所有可能性，因此思想的本性趋于无穷开放而容纳无穷变量，即黑格尔痛恨的"潜无穷"。也许宇宙是一个"实无穷"存在，但那是科学问题。对于哲学来说，思想大于宇宙，思想向一切可能性敞开，或者说，思想由无穷可能性构成，思想平等地对待一切可能性，所以是无立场的。以思想为思想对象的是哲学，所以哲学是形而上的反思；以思想之外的事情为思想对象的是历史或社会科学，属于经验知识。生活是文化的，纯粹思想却是反文化的，哲学、逻辑和数学都是反文化的。就思想的无立场而言，怀疑论可能是纯度最高的哲学。

　　文化、情感或境遇都形成特殊化的有我之思。思想的特殊化意味着思想离开无差别的普遍本源而客居某处，为了在某处安居就必须化客居为定居，一旦思想成为特定文化的定居者，也就成为思想的客居者。当哲学被限定为希腊哲学、中国哲学或德国哲学的视域，就都意味着哲学离开普遍本源的客居，无论定居于何种文化或何种语言，都是思想的他乡。海德格尔相信哲学只在希腊语或德语中，这个想象却事与愿违地证明了哲学远离思想本源。哲学可以客居于任何一种文化或语言，但没有一种文化或语言能够占有哲学，哲学不是黄金、石油或土地，任何哲学的特殊占有论都意味着思想的背井离乡。在不同程度离开本源的情况下，哲学确实总是怀乡，但哲学之乡是超越任何文化的全视域的高维时空。

本源性的思想必以一目了然的语言提出一目了然的普遍问题（正如维特根斯坦暗示的：没说清楚其实是没想清楚），因此具有直接性、自明性和普遍性。兼备此三种性质的问题都是本源性的。哪些问题符合此三种性质而构成本源问题，需要通过"逻辑考古"和"思想考古"来确定，大概应该是人类只要行为或只要思想就必然遭遇的问题，这样才足够基本。我在有限的逻辑考古和思想考古中，试图推断至少有两个满足直接性、自明性和普遍性要求的本源问题：一个是否定词。否定词是对可能性的开荒，或者说，否定词发明了可能性，因此"不"是第一个哲学词汇；另一个是"共在"。对于任何可能的存在，共在先于存在，或者说，共在是存在成为可能的条件，所以共在是任何一个世界之所以可能的初始状态。[1] 显然还有更多的本源问题有待发现，在此不论，但肯定都是具有形而上学性质的"简单"问题。至于自由、真理、意义、伦理或政治，这些问题特别重大，却不是绝对的本源问题，而是人类建立了制度化秩序和知识化解释之后才形成的复杂问题，即制度和知识所生成的问

---

[1] 赵汀阳：《四种分叉》，华东师范大学出版社，2017年版，第53—62页；《第一哲学的支点》，生活·读书·新知三联书店，2013年版，第235页。

三　中国哲学的身份疑案　｜　69

题，而本源问题却是先于知识的或前解释学的问题。

对传统、文本和意义的不断重叠解释，构成了一种语言和文化自我求证和自我强化的过程，重复解释的自我证明作用与谎言重复而似真的效果类似，传统所以信而不移，就在于重复，所谓"学而时习之"。通过解释学的运用，语言或文化在意义再生产中形成自我特殊化，从而排斥系统外的证明而形成自证效果。但特殊性无法占有普遍性，不懂中文或德文仍然可在别的语言中思考哲学问题。一种语言也许没有能力完全表达另一种语言的秘密，所谓翻译难题，但每种语言距离思想本源是等距的，各自发现了相同或不同的哲学问题。英语、法语和德语所发现的哲学问题就不完全一致，但都具有哲学性。德语哲学更多讨论了超验问题，英语哲学更多讨论了经验问题，法语哲学更多讨论了连通超验和经验的能指问题。据说中文更多讨论了人生问题，这个自我定位似乎是针对西方哲学而自我想象的"比较优势"，然而中国思想对人生的看法未见得更为高明，仁者见仁而已。中国思想的真正长项可能在被相对忽视的别处，比如政治哲学和历史哲学。

文本解释学，或曰经学，本是文化内部的一种经典学问，但如果扩大化为解释整体文化以及理解任何问题的一般广谱方法，就会导致文化自限性。文化当然需要自我解释，在自我解释中的意义繁殖使文本生成一个丰富的意义世界，背负着不断复制的情感、规范和偏好，其复制性形成了自证性的效果，文本和解释的互相承重加固了一个特殊化的意义世界。但自我解释的过度应用会形成限制丰富性的自闭性，无论解释多么丰富，终究被约束在基于经典文本的意义世界里而与真实世界拉开了距离，经典文本变成了思想的界限，取代了本源问题而成为一切思想的来源和根据。这是文本对思想的篡权，当真实问题替换为文本问题，生活空间换位为文本空间，思想就失去了应有的自由度和创造性。

本来，经典所以成为经典，是因其思想更接近本源问题，但解释学或经学忽视了一个事实：经典文本纵然伟大，但文本不是真实问题本身而是替身。本源问题不可分离地存在于真实世界中，占有一切时间而始终在场，与现实一体而在。这个事实意味着，解释学或经学在思想中不具有本体地位。作为学问，解释学或经学是文化传承和生产意义的方式，具有不可替代的重要性，但不能被扩大化应用，甚至变成知识生产的唯一方式，那样就变成对思想的限制。解释学或经学因具有无穷复制性和自身强化能力，因此常用于强化宗教、政治意识形态以及学术政治。一旦解释学或经学被作为普遍方法而垄断了知识生产力，思想就失去外源性而转为内向性，把自身重复误认为自我确证，文化就失去生长能力而形成文化自闭症，甚至可能成为文化民族主义的一个基础。经典是思想的榜样，却不是思想的界限。

文化整体的解释学化或经学化，在中国传统中有着更突出的表现。西方也有强大的解释学传统，但科学和逻辑思想更为强大，因而科学和逻辑占有了学术思想的本体地位。中国传统中不存在比解释学或经学更强大的力量，于是发生了文化整体的解释学化。宋明理学反对汉儒的自闭性经学传统，另外发展了以"心得"为准的主观解释学或主观经学，虽有新解，却无能力超越经典的界限，也未超越解释学的思维方式。只要缺乏在思想力量上强过解释学的思维方式，比如科学或逻辑，就不可能超越解释学。事实是，自汉代以来中国知识生产的主要方法论是解释学，于是中国思想在整体效果上变成了解释学。这个特色传统甚至可追溯至孔子的"述而不作"，尽管孔子自己的思想是创造性的。整个文化解释学化的积极效果是，传统得以无穷复制而永不断裂，其负面效果是，除了古代经典，再也难以产生新经典，思想因此走向贫乏。尽管并非完全没有新经典，但总的趋势是新经典越来越少。缺乏新经典意味着文化的老化，或许在复制中有幸无限期存活，但也是无限期的暮年状态。虽然当代问题时而触发"少年中国"的活力，但总体上是解释学传统排斥或漠视了思想创作。

经典提出的问题都曾经是前沿问题，都具有那个时代的当代性，但只有被当代问题重新激活才具有这个时代的当代性。只有此时的当代性能够激活那时的当代性，才能证明经典问题的在场性或值得在场。然而并非所有经典问题都永远有效，部分仅限于"那时现实"的特殊问题已经失效，转化为史学的对象而不再是哲学问题。

1.3 语言的诱惑或身体的诱惑

思想本源既然是普遍的，就不会拒绝任何一种语言。每种语言都直达真实，因此都能看见普遍问题。但因其路径不同，每种语言的文学方式具有某种不可通约性，因其特殊性而形成排他性。人不可能占有普遍性，因此试图占有特殊性，并以特殊性去宣称特权。

西方哲学中有许多普遍有效的问题和理论，比如关于理性、知识、真理、自由和公正的研究。但也有一些问题只在西方语言的地方知识中特殊有效，我愿意举出"存在"（Being）这个最有西方性的问题。"存在"不是本源问题，而是语言的想象。这个分析哲学式的判断令人反感，但我们无法回避这样一个事实：一个有意义的问题必须有至少两个以上的可能答案选项，假如只有唯一选项就没有构成问题，而是伪装为问题的事实陈述。例如"为什么有物存在而不是无物存在"就是伪装为问题的陈述，因为答案只有一个，即有物存在。假如无物存在，还能说什么呢？也就没有任何思想了，因此，存在不是问题。**问句**不等于**问题**，问句可用于学校里的知识性提问，而问题期待的是对可能性的发现。以康德式的例子来说，$5+7=$？是问句，而12是唯一答案，所以这是一道题，但不是问题；$12=$？就成为问题了，因为可以有多种可能答案。哲学从问题开始，而不是从事实开始。

"存在"所以被误认为哲学问题,是因为在西方语言中"存在"是一个系动词并且可以名词化。借助名词化的语法功能,存在从事物状态那里脱身独立出来变成一个额外对象,变成了被提问项,而实际上,存在是任何事物本身不可分离的状态,没有独立意义。这个由语法造成的特殊语言现象,在作为元语言的逻辑语言中就显示为冗余的,因为x=x is。即使在自然语言中,"存在"有语法功能,但在思想上也是冗余的,说到"白马"就意味着"白马存在"。需要澄清的相关问题是,存在(is)不等于实存(exist)。上帝存在于概念中,绝对的圆存在于几何学中,孙悟空存在于《西游记》中,但都不实存。无论某物存在还是实存,都可划归为一组定义或描述性的存在论承诺,甚至划归为构造步骤。所以,存在只是一个语法功能,不是哲学问题。

中国的许多思想概念也紧密附体于中文语境,但通常与语法无关,而在于文学化的具象性,与其说是概念不如说是意象,例如道、阴阳、气、天,含义深广,但其思想性难以摆脱文学性。另一些概念在实质上是形容词,例如玄、虚、空、静,甚至只有文学性。这些概念在逻辑上难以分析或定义。文学性可为思想增加吸引力,但严格地说,文学性对于理论是多余的。很多形容词指向主观经验,其感悟或可至深,但无理论功能,而作为意象的概念虽非主观经验,但所蕴含的可能性过于发散而难以定位，也有理论化的困难。

关于中国思想的模糊性，有一种辩护认为，模糊性不是缺点，反而意味着超越了理性和逻辑的更高境界。道家、佛家或儒家都相信心理境界高于理论，相信身体性或私人性的修养能够超越理性思维而直达至性恒道。身体性和私人性的无敌魅力在于个人拥有自我解释的特权，因此自我意识可以拒绝任何外在标准，简单地说就是"自己说了算，别人说都不算"，这种自我主权是一种危险的诱惑。只要身体性和私人性被赋予思想的最终解释权，就是指定了方便法门，其实是一切谬误的后门，意味着思想和真理不需要智力和劳动，只需一念。假如一念即真理，人早就成仙成神了。所有不需要劳动的事情都是骗局。

主观性的最大竞争优势在于拒绝外在标准，因此不可能从主观性的外部去驳倒唯心论。这是主观唯心论长盛不衰的根本原因。但主观性并非真的无懈可击。主观性可以拒绝外在性，但至少需要自身具有内在一致性，否则会自我消解，因此，要否证主观唯心论，就只能从主观性内部去证明主观性自身不具有内在一致性，从而使主观性发生内在崩塌。从主观性内部去否证主观性，这是高难度的哲学论证，一直到维特根斯坦提出"反私人语言论证"之前，无人发现这种可能性。

维特根斯坦从主观性内部去解构主观性的要点是：自我主观证明似乎驳不倒的盾牌是私人性，别人管不了任何一个人的私人意义，因为私人性是完全内在的。那么，就内在性而言，一个人必须保证自己能够理解其私人性的意义，等价于拥有一种只属于自己的私人语言，因此私人经验可以等值地"映射"为私人语言。私人语言不可破译，即使公开，他人也无法理解，因此区别于密码。密码只是变形而隐藏起来的公共语言，一旦破译即可理解。意义的保存方式在于规则和可重复性，但私人语言无法为自己建立规则和可重复性，因为私人语言的词汇、语法或操作必须是一次性的才能保证私人性（否则就可以破译而变成公共的），但也因此使每一个意义都瞬间消失而无法保值，没有人能够记住无数一次性的意义。这就是私人语言也是主观性的内在悖论。所以，私人语言不存在，也就不可能形成意义和思想。结论是，意义和思想只存在于公共语言中，否则一无所有。维特根斯坦论证的力量在于，没有借用外在标准，仅以主观性的自身悖论证明了主观性无法自证。维特根斯坦论证虽然针对的是西方的主观唯心论，但对于依赖主观性的中国内圣之学也同样是无法回避的挑战。

我想给出一个补充论证，进一步说明私人性的局限性。私人体悟如何确认其境界高度是个难题。通透、澄明、了悟、静虚、空灵或神明之类的形容词仅仅是形容词，无助于事，因为没有分辨力。假如每个人自己说什么就是什么，结果就是每个人说什么都不算什么。在思想中，形容词的作用趋于无穷小，但对于体悟，除了形容词，再无可用之材。既然不存在客观标准可以确定主观境界的最大值或最小值，那么，任何状态都可以被任何人自认为是境界的最大值，结果是，在主观性中无法区分最大值或最小值。既然主观性不含分辨标准，也就无从构成思想。

试图绕过理性和逻辑的思想无法成为理论，深刻的经验可以促成伟大的文学或艺术，但不是思想和哲学。把中国思想的本体落在追求体悟的人生论之上，恐怕是一种可疑的解释。即便主观体悟真的能够实现内圣，也只是私人成就，不可能"自我坎陷"而实现外王。关键在于，内在性没有能力对换为外在性，私人性没有能力转换为公共性，两者之间存在着跨界鸿沟，思想不需要魔术。人类存在所需的文明、社会、秩序和制度肯定是通过实践性的公共智慧而建立的，甚至，人类通过创造了外在秩序才创造了内在精神。

1.4 文化与文明，文学与理论

以人生论为核心和特色的中国哲学的定位，是与西方哲学比较出来的自我意识，恐非历史真实，至多只是一面。决定中国文明生死存亡的精神广泛存在于建立时空秩序的思想和实践里，包括制度、农业、史学、历法、兵法、诗词、书画、中医、营造等，正是这些实践智慧创造了中国的文明、社会和历史，并且维持着中国文明的存在，而人生论没有能力创造任何实在，甚至其境界高低还是个问题。仅就哲学而言,在思维方法论、政治哲学、自然哲学、历史哲学和美学中的思想也远比人生论更有建构性。无论人生论多么高明,也不足以兴国富民治国安邦,更不能发明技术和创造制度,无法解释中国文明的持续生存力。不能解释文明的存在论事实,就没有触及根本问题。

选中人生论来代表中国哲学显示出文人之见的局限性。文人关心内心生活、人生意义和彻悟境界,而倾向于忽视作为文明基础和生命力的物质生产、科学技术、政治制度、社会组织、水利系统、医疗卫生系统、建筑与城市等建构性的思想方法和实践。所有建构性的文明努力,从生产、制度到思想,都在试图克服人类的苦难问题,而生活的意义就从中生成,可以说,文明的根本意义就在于克服苦难的实践。追求体悟的人生论是一种有特殊意味的本地文化,却不是具有普遍意义的文明,各种文化各有不可通约的人生理解,无法比较高低。虽不能严格比较高低,但文人式的感悟往往自恋自怜、愤世感伤、消极自高,实无积极意义,尤其是毫无根据地假设自己道德更高,没有比自以为"独醒"更无耻的了。

假如实践能够归化为心理,外在问题能够归化为内心问题,世界早就变成最好世界,人类早就皆大幸福了,可见化道为身、化理为心,无非镜花水月。即使万物的意义皆备吾心,也还是推不出政治哲学、伦理学、历史和科学,也无助于内圣而外王,更没有改造世界的能力。

其实，内圣与外王的关系假设很有疑点，并无可信的理由证明两者之间存在着必然关系，内圣并不是外王的充分必要条件，甚至不是必要条件，至多是或然关系，而且是概率甚低的或然关系。我疑心"内圣-外王"的框架是中国哲学的一个路线错误，即试图把政治哲学还原为心理学，把形而上学也还原为心理学，而这两者在思想和实践上皆无可能，也不是周孔之原儒思路。

这里涉及文明与文化之别。文明与文化一体存在，却是两个概念。在自然秩序的可能性之上创建人为秩序，包括物质生活和精神世界的秩序，称为文明。按中国传统说法，自然秩序是天道，人为秩序是人道。希腊也有类似区分，自然秩序有物理（physis），人为秩序有法理（nomos）。在古人的生活里，文明与文化本无区分。但文明之间的深入交往揭示了文明内部存在着不可通约的文化，于是发现了存在着文明和文化两个层面：可通约的层面是文明，不可通约的层面是文化。可以这样解释：如果一种建构秩序的能力具有异地有效性或移植有效性，或者说，具有脱语境（de-contextualized）的有效性，那么就是普遍有效的文明，否则是本地有效的文化。

一般以"技术上可以衡量"为标准来定义文明，因为技术是可通约的。比如欧洲善建石质建筑，中国善建木质建筑，这两种技术显然都是异地有效的文明，而教堂和四合院的风格属于文化。技术水平只表达了效率，因此还需要考虑精神建构能力的普遍性。具有普遍性的精神能力可以定义为解决普遍问题的能力，而且这种能力可以被普遍模仿，就是说，如果一种文明发现的概念、理论和方法论有能力解决人类的某种普遍问题，那么必定具有脱语境的有效性，同样也可用于解决异地发生的类似问题。即使异地故意拒绝某种有普遍能力的理论或制度，也仍然无法否证这种理论或制度的普遍有效性。精神能力表现在政治制度、社会组织、概念系统、分类学、形而上学、方法论、时间和空间的制度、历史性的体制（regime）[1]以及各种理论对人为秩序的建构中，这些秩序支配了生活的所有方面，不仅是知识和价值观的基础，还规定了生活空间、生活方式、人际交往、共同体，甚至感知事物的习惯。可见，除了技术指标，文明还意味着可普遍模仿的精神能力。

以此来看，"越是民族的就越是世界的"这个口号就颇为可疑。文化特色具有自限的特殊有效性，并不具有普遍有效性，在他者视野里只是一种美学景观或异国风情，即使成为"全世界"都喜欢的旅游景点或商业卖点，也不具有世界性。具有普遍有效性的技术、思想和制度才是文明，而文化未必有普遍性。比如甲骨文，其语言风格是文化，但其语言性则是文明；青铜器的图案是文化，而其制造技术是文明；科举制的考试内容是文化，

---

[1] 这里用的是阿赫托戈的概念，见阿赫托戈：《历史性的体制：当下主义与时间经验》，黄艳红译，中信出版社，2020年版。

而考试制度是文明；郡县制的内容是文化，而作为文官管理制度是文明；孙子兵法自有文化性格，但作为最早的博弈论和战争理论是文明。中国文化中蕴含的文明很多，但基于体悟的文人精神或人生论是文化而不是文明。每种文化各有象征体系，"象征性"是文明，但具体的象征物是文化，比如梅兰竹菊的境界是文化，对于其他地方并不能象征如此境界。文化意味着特殊的"故事"，但故事并不包括科学和理论，通常不会把牛顿力学或爱因斯坦相对论介绍为"故事"。故事更多属于特定历史或地方事迹，相当于人类学所谓的"地方知识"。地方知识对于本地人来说永远动人，对于他者则只是人类学对象。除非故事蕴含普遍理论，否则就只是特殊故事。再好的故事也无法普遍模仿，所以故事是自限的和特殊的。

与此相关的另一个问题是：中国思想属于文学还是理论？这里只涉及分类学而与价值判断无关，事实上，文学和理论同样重要。如果文学容易联想到小说和诗歌而忽略其他文本，也可以把问题替换为：叙事还是理论？或者，修辞还是理论？罗蒂早就认为，真理的概念误导了哲学，其实哲学无望成为反映真理的"镜子"，只是各自有效的文本或叙事。按照这个思路，文学是哲学的合理形式。在当代语境下，可能多数哲学家会同意哲学不是镜子，但恐怕也不同意文学等于哲学，其中似乎仍然有着区别。中国的思想文本看起来更趋近于叙事而不是理论。事实上，中国精神传统的最主要传承形式是历史叙事和诗词书画而不是理论,即使是哲学思想,也往往表达为"一步到位"的金句而没有形成包含分析、论证和推演的理论。

哲学是理论还是文学?这本身就是一个哲学问题。这个问题似乎没有答案,也许哲学在文本形式上可以是文学,但须包含足够的理论性才是哲学。从今天哲学的发展来看,哲学的任务确实不是发现真理,但肯定在于发现普遍有效的问题,或者说是思想无法回避的问题。比如柏拉图的政治循环退化论、商鞅-韩非的赏罚决定论、荀子的合作蕴含冲突论、霍布斯的自然状态论、休谟关于应然和因果的怀疑论、康德的先验论以及知识理性和道德理性、维特根斯坦的游戏论、哥德尔的系统不完全性、福柯的知识-权力结构,等等,太多了。无论是哲学、物理学或数学的问题,其重要性首先不在于深刻(尽管肯定深刻),而在于无法回避的普遍性。哲学、物理学或数学问题自有方法或技术上的高难度,但问题本身是简单显白而普遍有效的。如《周易》所言:"易简而天下之理得矣。"(《系辞上》)

更为深刻的事情属于理性无法分析的神秘经验。文学就包含深刻而神秘的特殊经验。唐诗宋词或者陀思妥耶夫斯基、乔伊斯和普鲁斯特创造的经验就非常深刻,而《诗经》、莎士比亚、托尔斯泰和博尔赫斯不仅创造了深刻经验甚至还提出了哲学问题。然而有哲学见识的文学不等于哲学,哲学终究需要理论来建构思想秩序,如果思想没有创造某种普遍秩序，就很容易在主观性中发生意义消散。我们尚未发现在理论化之外能够为思想建立秩序的方法。

中国思想并非没有理论性，只是被文人学问所轻视。按照年代，《孙子兵法》或许是世界上的第一个理论（类似博弈论），早于孔老，也早于柏拉图。《周易》、《尚书》以及孔子、老子、墨子、管子、孟子、荀子、公孙龙的文本里也包含不同程度的理论性。经学传统和心学传统对学术的轮流统治导致了理论性的退化，经学把思想变成了解释学，心学把思想变成了心理学。但这并非否定经学和心学的价值，只是存在着功能错位，经学和心学属于文学传统，却错位地主持了思想，乃至于把百家思想以及实践性的理论都另存在文人学问之外的档案里，视为次要或旁门学问。农学、天文、历法和中医实际上都比文人学问更具理论性，这是因为，实践性的问题无法大而化之，不是境界或象征或"几句教"所能处理，因此更需要建立思想秩序来分析和解释。几个"博大精深"的概念或几句名言只是模糊感觉，不是思想。没有技术含量的都不是思想，看法而已。

中国的理论是否具有普遍性？这是个更需要分析的问题。我想征用两个例子作为一般隐喻。一个例子是中医。以科学标准来看，中医的概念和解释规则都缺乏可证实性和确定性，然而中医的概念、规则和标准在自身系统内是自洽的而且有实践效果。中医并非私人语言，其模糊度来自"具身性"(embodiment)[1],即身体是参与理解所需的工具。寒、热、温、凉、上火、气虚、血虚、阴虚、阳虚、浮、沉、迟、滑、濡、细、结、洪、和、清、补、消之类概念,以及"脉滑如盘中滚珠"之类陈述,恐非"具身性"不可理解,但这些概念和陈述确实有其外在所指,并非主观幻想。通常的解释是,中医理解的人是一个由各种功能组成的生物学系统,而不是部件组成的物理学系统,中医所谓的心肺肝脾肾都是功能概念,与阴阳五行的哲学假设一致。对人的系统化和功能化理解有着合理性,但阴阳五行的假设却比较可疑,至少缺乏可证实性和必然性。尽管中医的形而上基础有争议,但中医是中国形而上学最成功的应用哲学。可以说,适用于"中医隐喻"的中国理论都属于特殊有效而非普遍有效的理论,例如中国的自然形而上学,包括阴阳五行太极八卦在内,以及美学或艺术理论都属于这个类型。

另一个隐喻是围棋。围棋的元定理具有高度哲学性。围棋先验设定的是非零和博弈,不存在胜者通吃的性质,输赢只是个相对量;另一个元定理设定了万物平等概念,每个棋子的权重是平等的,不存在等级制;再一个元定理是,每个事物的存在及其赋值是完全动态的,每个空

---

[1] 和少英、姚伟:《中医人类学视野下的具身性与多重世界》,《思想战线》2020年第2期,第1—8页。

间位置和每个时间点的意义或权重都是未知数，完全取决于布局、形势和时机的函数关系，意味着空间和时间具有不可分的一体性，并且存在着互相转换的关系。不难看出，围棋的性质、定理和规则所蕴含的思想具有普遍有效性，这一点已由人工智能所证明，人工智能显然读懂了其中的函数关系，因此所向无敌。围棋的隐喻旁证了中国哲学中至少部分思想具有普遍的理论性，尤其是，围棋的思维模式与中国思维的一般方法论之间有着同构性，这种类似博弈论的方法论广泛见于政治哲学、伦理学和历史哲学。可以说，先秦大部分思想都属于"围棋"隐喻范围内符合普遍理性的思想，因此是哲学。

秦汉之后，中国思想中的不可通约成分逐渐增加，很大程度上与经学和心学传统有关。不少学者坚持认为，经学、理学和心学是自成系统的真正学问，我完全同意。但需要反思的是，这些学问里不可通约的成分在自我循环解释中被不断强化，以至于把许多本来的普遍问题转化为依附于特殊文本的特殊解释里的特殊化问题，于是把问题也变成了不可通约的，这就与思想渐行渐远了。这不是中国学问的特有现象，西方学问里也存在类似的自我循环解释。解释学的模式确实能够产生学问，但依附于因此受限于特定解释系统的解释性越强，普遍的思想性就越弱，或者说，越来越像文化而不是文明。

借用维特根斯坦的概念，哲学是"家族相似"的，尽管面目各异，但至少有着部分共同的普遍问题。哲学在特定语言和文化中长期发展而形成各自的"家谱",如以福柯的谱系学对各种家谱进行分析,则会发现存在着不同程度的不可通约性;但如对思想进行"基因分析",则可看出有着共同的普遍问题,因为人类生活的基本问题终究是高度相似的,至少是高度相关的。因此也可以说,从表述层来看,思想呈现出家谱性;而从问题层来看,思想呈现出普遍性。也许,哲学在家谱性上是希腊思想传统的专名,在思想基因上却是对本源问题进行反思的通名。如何将特殊解释转化为普遍理论,是中国思想的一个现实问题。一个例子是,道的概念有着深度哲学性,意味着时间和空间的一体动态,开拓了以"状态"去理解"事物"的维度,可是道的概念尚未从文学转化为普遍理性上可确认的原则。

1.5 分类学的语境切换和结构切换

常言文史哲不分家,其实并非中国特色,而是前现代思想的共性。从古希腊到启蒙运动之前,西方思想也不分家。中国思想不分家被确认为特点,是与现代西方思想相对而言的。切分一切是现代的主导思维方式,现代性的本质就是"分",知识分科、生产分工、主权分立、政治分权、权利分有,如此等等。但切分思维并非始自现代,事实上,人类文明的一个基础就是分类,从文明之始就一直在分。如荀子所言,礼的本质在于分。所有文明都需要分类学,只是现代西方把切分法发挥到极致而成为显著特征。

人类不具备直接理解整体性和无限性的能力，因此切分之术就是分而知之的技术，分类学成为了语言、知识、制度乃至文明的基础。对分类问题的最早反思是孔子的正名或称名实原则，但亚里士多德建立了成熟的分类学。分类学不仅定义了事物和知识的时空安排，还指派了事物和知识的秩序，进而规定了意义关系、价值性质、社会地位和政治权利，由此可以理解为什么福柯把分类学看作秩序的建构。

如果一种分类学通过语境和结构切换而被替换为另一种分类学，就会出现"物种性"的变化和不适。中国思想的分类学被替换为西方哲学的分类学就是一个案例。中国原有的分类学，以概念系统而论，《周易》和《尚书》确定了道、象、变易、天地、阴阳、五行、天下、礼乐、德化、协和等基本概念，儒家增加了仁义、名实、忠恕、中庸等基本概念；以知识生产而论，六艺为基本模型，后转化为五经，又有经史子集之分，如此等等。百余年来引进了西方分类学，在时间上，按照西方哲学的时段来划分新旧思想；在空间上，则按照西方哲学的学科，存在论、知识论、伦理学、逻辑学、美学等，以及学派主义，唯心论、唯物论、可知论、不可知论、经验论、先验论之类，来重新切分中国思想。其得其失，难以一概而论。

中国思想的结构切换与百年来的中国哲学史或思想

史写作密切相关。诸家不同程度地皆以西方的分类为准来重述中国思想，其中所借用的西方概念和结构多以19世纪欧洲哲学尤其德国古典哲学和马克思主义为主要参照。这个选择除了政治因素还另有中国的精神偏好。

胡适通常被认为是"第一个用西方学术方法系统研究中国哲学史的人"[1]。其实谢无量参照西方哲学史写法的《中国哲学史》（1916年）略早于胡适的《中国哲学史大纲》（1919年），但被认为不够哲学化，"没有把历代哲学家的哲学思想清理出来，把经学、史学、文学材料一锅煮"[2]。这是过去的理解，如以当代哲学趋势来看，谢无量的写法恐怕反而更符合哲学的新视域。胡适的写法在他的时代实是大有创意，他以知识论为哲学的最高标准，而政治哲学、伦理学和历史哲学甚至形而上学都被边缘化，诸子百家都被划归为知识论来分析，其效果是化所长为所短，于是先秦哲学以墨子、荀子和公孙龙为精华，而孔老庄孟降为相对次等的思想。此虽为前无古人之见，却使中国哲学经络断裂，失去主体性、整体性和连贯性，实为得不偿失的重构。其实墨子和公孙龙在一般知识论上并无重要成就，倒是一种有价值的原始分析哲学，胡适不知道分析哲学，没有论及这个更有意义的问题。

冯友兰的《中国哲学史》（1931年）虽晚于胡适，但

---

[1] 耿云志、王法周："《中国哲学史大纲》导读"，见胡适《中国哲学史大纲》，上海古籍出版社，1997年版，第3页。
[2] 同上书，第4页。

影响最大。冯友兰直言须以西方哲学为参照系:"所谓中国哲学者,即中国之某种学问或某种学问之某部分之可以西洋所谓哲学名之者也。所谓中国哲学家者,即中国某种学者,可以西洋所谓哲学家名之者也。"[1]但冯友兰不愿意如胡适那般全盘西化,他把西方哲学的分类整理为三部六目:宇宙论(宇宙论;本体论)、人生论(心理学;伦理学)和知识论(知识论;论理学)。其中所谓心理学不是研究知觉系统或精神病的心理学,而是研究与物理相对而言的心之理,主题是康德式的"人究竟是什么"[2]。这个分类并不完全忠实于西方分类学,而是中国化的西方分类学,从中可见冯友兰试图在西方框架内为中国哲学安排一个比较有利的位置,即三得其一的人生论。如忠实于西方哲学的分类学,恐怕并无"人生论"这个学科而只有伦理学。研究人的概念,在古希腊主要属于政治哲学或知识论,在中世纪属于神学,在现代则属于形而上学。至于人生意义,在古希腊并未成为专门的哲学问题,相关的深刻反思见于悲剧(悲剧对命运的展现),在中世纪属于神学,在现代则主要属于文学。可以说,把人生论设为学科,是在西方框架里的中国式改装品,堪称西表中里之创作。

中国学者大多倾向于以人生论为中国哲学之根本和

---

[1] 冯友兰:《中国哲学史》上卷,华东师范大学出版社,2011年版,第6页。
[2] 同上书,第3—4页。

强项,而且以人生论去包含伦理学。与西方伦理学相比,中国伦理学未见优势,双方都是强项,各有不可替代的见识。于是,关于人生的体悟,即人生论,便被筛选为中国思想的"强项"。在人生反思上,中国所以强正是西方所以弱的原因,西方把关于人的命运解释托付给了宗教和神学,而中国无宗教,必就人生而反思人生,因而用力最多。然而人生经验的细微深刻之处更多表达在诗词文章琴棋书画之中,此种艺术化的经验难以理性化分析,因此难成理论。冯友兰借用一个西方概念"审美连续体"来解释中国思想:"在审美连续体中认识者和被认识者是一个整体。"[1]基于这个美学化的思想事实,李泽厚自有理由把中国文化理解为"乐感文化",甚至把美学理解为第一哲学[2],以此赋予中国哲学有别于西方哲学的性质。如要坚持审美化的思想方式,同时又试图把中国思想纳入西式框架,美学为本的思想结构就是一个最有深度的选择。

另一本影响广泛的中国哲学史是张岱年的《中国哲学大纲》(1937年)。张岱年也按照西方哲学标准来取材,理由是"以西洋哲学为标准,在现代知识情形下,这是不得不然的"。[3]但他另有重建中国哲学主体性的努力,

---

[1] 冯友兰:《中国哲学简史》,北京大学出版社,1985年版,第32页。
[2] 参见李泽厚:《实用理性与乐感文化》,生活·读书·新知三联书店,2005年版;《李泽厚对话集:中国哲学登场》,中华书局,2014年版。
[3] 张岱年:《中国哲学大纲》,商务印书馆,2015年版,第19页。

其策略是"以问题为纲"来建构中国哲学史:"在探寻问题的时候,固然也参照了西方哲学,但主要是试图发现中国哲学固有的问题,因而许多问题的提法与排列的次序,都与西方哲学不尽相同。"[1]问题虽有不同,但张岱年仍然采取了宇宙论、人生论和致知论(知识论)的结构,同样以人生论为核心,因为"中国哲学家所思所议,三分之二都是关于人生问题","常常第一句讲宇宙,第二句便讲人生",而且"宇宙的根本原理,也即是关于人生的根本原理"。[2]

1949年后,中国哲学的西化主要通过马克思主义以及科学观点的进步论来完成。以侯外庐为首的集体创作巨作《中国思想通史》(1956—1959年版)[3],是马克思主义原则下对中国思想史的相对最全面的论述,除了按照德国哲学标准而归入哲学的思想科目,更包括了宗教、政治、社会、历史、逻辑以及经学的思想,仅有兵法、农学和中医思想少有论及。可以说,虽未达到中国思想的全视域,但有着全视域的倾向。这种全视域的方法也来自马克思主义的影响,马克思主义在当时是非常前卫的哲学视野,试图将现代性的所有方面都变成哲学批判对象。马克思主义的全视域来自黑格尔,但比黑格尔更宽阔,尤其是纳入了经济学。但全视域哲学在后来很长

---

[1] 张岱年:《中国哲学大纲》,商务印书馆,2015年版,第6页。
[2] 同上书,第275页。
[3] 侯外庐等:《中国思想通史》,人民出版社,1956年版。

时间里被归入可疑的"宏大叙事",现代哲学试图模仿自然科学或社会科学而倾向于专业化,直到思想成为一地碎片才重新考虑到全视域问题。在当代知识背景下,究竟哪一种全视域更能把中国思想转化为哲学问题,仍是需要探索的未来。应该说,至今尚无一种中国写法的中国哲学史。

将中国思想切换到西方的问题语境和结构中,这种努力得失参半,其积极效果是对中国哲学的建构作用。半存于主客不分的"审美连续体"之中的中国思想缺乏系统性和结构性,而且美学化的思想虽有经验内省,却缺乏理性反思——心理反省,不是思想反思——因此难以理论化。反思基于理性化的怀疑论,而缺乏怀疑论才是中国思想的最大短处。庄子灵感式的经验怀疑论并不是理性怀疑论,虽有智慧机锋,却没有开拓能够层层推进的问题链,因此反思止于高明的启示,而没有产生建构思想的理论。西方哲学的每次突破都始于怀疑论,怀疑论实为哲学新问题和新理论的爆发点。典型例子是笛卡尔和休谟。笛卡尔的怀疑创造了我思进而创造了主体性;休谟对因果概念的质疑以及关于实然推不出应然、过去推不出未来的分析是现代知识论和伦理学的序曲,尤其是激发出了康德的先验论。缺乏怀疑论就缺乏新问题,而缺乏理性分析就缺乏理论。怀疑论和理性分析是中国思想的弱项,所以中国学问的结构不完整,善学而不善于问,模仿复制之学远胜开拓之问(先秦除外)。孔子所谓思想二患，学而不思比比皆是，思而不学其实比较少见。就系统化地整理中国思想而言，引入西方哲学的结构使中国哲学有了新结构，实有建构之功，尤其在"学问"中增强了"问"的比重。

从副作用来看，改制为西式结构同时也是对中国思想的解构。中国传统思想的脉络改制为西式结构并无脱胎换骨之奇效，反而把中国思想自身变成了陌生化的他者，西化的结构使中国的思想与经验之间有了隔阂，失去了原生的一致性，于是思想不能充分解释经验，而经验也不能充分支持思想，精神世界的这种分裂或脱节的结果是，中国思想失去了主体能力，却同时拥有中西**两个他者**。从理论上说，他者越多世界越丰富，但把自身也变成他者，却是亘古未有之事。西化的结构转换还把原本一体化的文脉变成互相隔离的学科知识，而使文史哲失去互证互释的思想立体性，切断了整体思想的流动性而使问题的性质发生变性，问题被逐出原来的生态，变得无助、孤立和零碎，读者难免对中国哲学顿生黑格尔式的鄙视。被解构的中国思想为了保住中国本色而着力强化与西方哲学不可通约的人生论，虽有特色，但缺乏普遍意义和力量。人生论对生活没有规范性的（normative）公共建构，终究只是私人境界。

无论中国哲学史的西化写法的建构之功大于或小于解构之失，都还不是最重要的问题，真正的"失措"（aporia）是，至今我们尚未发展出**别的**写法，尤其是还没有在中西合力（不敢说中西合璧）的新条件下自己发明的新写法，而只有能够发明新写法之时，哲学史才得以摆脱迷茫失措的状态而重新安家落户。有一点必须谦虚地承认，在引入西方哲学史的概念之前，不存在中国自己的哲学史写法。有些被追认为与思想史相类的作品，如庄子的《天下篇》、荀子的《非十二子》、司马谈的《论六家》、班固的《艺文志》、黄宗羲的《宋元学案》和《明儒学案》等，皆有一家之见，但未见思想问题的历史性脉络，实为学术的阶段性综述。中国思想中哪些问题在哲学上最有价值，还有待重新发现和识别。李泽厚的努力有着明显的中国意识，他借助马克思的历史唯物论、现代进步论和儒家的混合结构来重新理解中国哲学，试图发现有别于存在论的中国自己的本体论基础——李泽厚的"本体论"并不研究也完全不同于"存在论"，肯定不能翻译为"ontology"，而是试图替换存在论，他的本体论意思是哲学的根本原理。他创造性地发现了"度"的概念和"情本体"[1]，还解释了巫史传统。"情本体"在学界有争论，"情"确实是中国精神世界的一个重要维度，但定位为"本体"就变成了中国传统思想线索的异类。无论如何，李泽厚确实发现了一个长期被忽视的问题。

福柯的知识考古学或有助于发现中国思想的深层问

---

[1] 李泽厚：《实用理性与乐感文化》，生活·读书·新知三联书店，2005年版。

题以及重构哲学史。我们可能尚未充分发现中国思想的"知识型",即支配一切思想而又不在知识表层的深层观念。福柯借用的是古希腊的概念"Episteme",原指关于一般理念的普遍知识,区别于对具体现象的特殊知识或主观意见。福柯的用法显然是转义了,与"理念"(eidos)几乎没有关系,而变成了普遍默认的"思想结构"。尽管福柯不情愿被归入结构主义者,但"结构"还是最合适描述他的对象。这个事情在此无须多论,这里的启发是,埋在文化深处的知识型并不直接表达在表层叙事中,所以是知识考古学的对象而不是解释学的对象。知识考古学是对未知或不自觉的深层思想结构的重新发现,有别于对已知文本的解释。知识考古学反思"知识型",而解释学产生"学问"。思想在于切中要害,学问在于信息量。文人推崇学问而回避思想,但不幸的是,由于缺乏新问题和新思想,学问也在复制中失去活力而萎缩。就传统知识而言,今人的学问功力比古人差之甚远,这一点已显示了因缺乏新思想而导致学问萎缩的现象。

我们通常读到的中国思想来自文人选定的文本,只是中国思想的片面表达。即使是经典文本,也在逐步收缩,大致被收敛为儒家,百家被边缘化,以至于儒家几乎等于中国,至于同样具有影响力的道家,则往往为神秘主义和迷信所用,与儒家的主流位置相对,道家似乎占据了"江湖"。甚至在儒家内部,包括荀子这样的重要资源也被边缘化,儒家进一步收缩为经学、理学和心学。

如此不断收缩，难免掩盖了中国思想的知识型。以我之偏见，中国思想是以方法论为深层结构的，而价值观、世界观和人生观其实在表层，是语境性和历史性的，其灵活性大于坚守性，一个原因可能就是无宗教。只有宗教才更可能形成顽固不移的深层扎根型的价值观、世界观和人生观，仅仅依靠某种解释学的传统很难将价值观、世界观和人生观变成扎根不移的信念。直截了当地说，《易经》和《诗经》是根，儒家是主干，但不是根。

2 中国化的西方哲学

2.1 中国时间表里的当代性

佛教的中国化被认为是中国文化具有宽容性和内化能力的证据。中国的思想空间大于佛教，思想维度也多于佛教，因此有很大余量可以从容安置佛教的位置并加以新解。当引入西方文明，中国遇到比自身更强大而且思想维度更复杂的他者，虽宽容之却食而不化。"宽容"是个容易误解的概念。西方也有宽容（Tolerance）概念，意思是，虽然讨厌异己，但在政治或伦理上容忍了，要点在忍。所以"Tolerance"的真正意思是"容忍"而不是宽容。安乐哲（Roger Ames）建议把中国的宽容译为"accommodation"，即与人方便、宽以待人，要点在宽。这是我见过的最佳译法。宽容之后才有内化，即化为己有。那么，进入中国的西方哲学最终是否能够被中国共享并且化为自身的思想,这是个问题。

西方哲学在同一时间段批量涌入中国造成了思想史上难得一见的景观:无论哪个时代的西方哲学,对于中国全都具有**当代性**。当然,中国会按照西方时间表对西方哲学进行排序,但在中国时间表里,从希腊、中世纪、文艺复兴、启蒙运动到现代或后现代乃至当代的西方哲学,全都具有中国当地时间的当代性。在中国当地时间里,西方时间性被压缩为空间性,被压平的西方时间呈现为一个丰富乃至拥挤的思想空间,形成了所有西方思想都被赋予当代性而成为平行选项的奇观。

如此奇观自有非常之原因,其主因恐怕是后进心理:所有西方哲学在中国时间里都具有当代性,是因为西方在世界上的更高地位暗示了西方思想就像其物质一样更为先进,如此以"空间"上的先进性来定义"时间"上的先进性,于是,任何时段的西方哲学都被认为同样领先于中国,对于中国也就具有同等的当代性。其实,物质与精神未必同步一致,这个非理性的理由并无学术性,不值得讨论。次要原因则比较意味深长。西方思想两次批量涌入中国,一次是晚清到上世纪30年代,另一次是上世纪80年代到今天。批量涌入意味着西方长时间积累的思想同时到达中国,于是具有同时到港的当代性,对于中国都同样具有取经价值。以第二次批量涌入为例,其中虽有部分西方思想在第一次涌入时曾经到达,却在中断后卷土重来而再次具有新意。从希腊哲学到康德和黑格尔，从法兰克福学派到结构主义和存在主义，从古典自由主义到保守主义，从尼采到海德格尔，从现象学到解释学，从维特根斯坦到分析哲学和科学哲学，在80年代同时涌入，接着在90年代又涌入后现代主义、后殖民主义、新自由主义、社群主义、激进左派、福柯、德里达、哈贝马斯和罗尔斯，等等。到2000年后，西方思想就几乎现场同步涌入中国了。80—90年代涌入的西方思想跨度极大，几乎是整个西方哲学史。这个时间变空间的奇观形成了应有尽有的思想市场。

柏拉图、亚里士多德、康德、黑格尔、海德格尔等的经典理论因地位重要而有着持久的吸引力，但并非所有经典都得到平等重视，其中可见中国偏好。对舶来思想的偏好选择是一个十分有趣的问题，这里无法分析了，但可以肯定，在中国的西方哲学景观明显有别于西方本地的哲学景观。粗略来说，马克思、康德、尼采、海德格尔和罗尔斯似乎获得了最为持久而广泛的支持，这似乎暗示，德国的形而上学以及美国的政治哲学最符合中国知识分子的期待。但也有阶段性或时尚性的热点，比如在数十年前黑格尔一度最受重视，80年代初期萨特大受欢迎又很快退场，近十多年来的新热点是福柯以来的法式哲学（不限于法国），然而与之形成明显对比的是，怀疑论、英国经验论、分析哲学乃至声名显赫的休谟和维特根斯坦则一直被相对冷遇，尤其是分析哲学，与玄学、经学和心学传统大相径庭，素为中国学者所不喜。

中国传统精神既求平等又崇威权,心向自我而误解个人,重视心理而忽视逻辑,倾心文学性而不是理论性,善于灵活解释而短于理性分析,倾向"人文关怀"而不是逻辑和科学。这些偏好很大程度上决定了对西方哲学的中国式选择。被选中的西方哲学,往往用来与中国思想互相印证,可见与生俱来的传统是真正顽强的底牌。然而中国思想真正的短板是缺乏理性的怀疑论、逻辑分析和理论化的方法,此三者却被边缘化。这似乎不符合众望所归的"缺什么补什么"原则,其中必有深刻的原因。

今天世界的主要建构,从物质到制度,从技术到艺术,都来自西方,就是说,世界面临着一个西化事实,西方造成的问题变成了世界的共同问题,所以无法回避或拒绝西方哲学,在当代条件下,回避西方哲学等于回避现实。传统中国哲学没有遇到过如此这般的当代生活、社会、经济和政治,也就未曾思考过相关问题。例如对于人工智能的哲学理解,假如只是指出人工智能对人的理解不符合中国传统所理解的人的概念,等于答非所问。人工智能肯定没有义务必须削足适履去做成中国古代所理解的"人",而中国传统关于人的概念也不足以理解和应对人工智能的问题。另外一个类型的例子是,即使在某种意义上量子力学"有点像"中国传统形而上学,比如阴阳或气,也不能把量子力学的问题划归为中国哲学,因为根本上不同而且无关,古人不可能想到量子的事情。不能拒绝西方哲学的另一个与现实主义无关的理想主义理由是，西方哲学发展了基于逻辑的多种普遍方法论，在取长补短的意义上说对于中国哲学的重构非常重要，特别是逻辑分析、游戏分析（维特根斯坦）、博弈论、知识考古学（福柯）、复杂科学方法，等等。方法论多多益善，何况是普遍有效的方法。就方法论而言，中国传统哲学本来蕴含不少方法，比如确实有着最早而不成熟的博弈论（所有先秦哲学）以及复杂动态的方法（《周易》），起点非常优越，但没有获得后继发展，长期以来一直所用只是一种方法，即相当于解释学的方法（无论是我注六经还是六经注我），在方法论上未免很贫困。

2.2 西方哲学的中国化

中国哲学身份疑案的另一面是中国化的西方哲学。这个问题有别于中国化的社会科学。前者已经发生，后者尚未开始，我想以后者为入口而迂回地理解前者。

社会科学是现代西方的发明。社会科学试图模仿科学，但这是不可能也不应该成功的目标。假如成功，必是人类的灾难。社会科学的研究对象是人的行为方式、行为所建构的一切结构，以及行为所依据的主观世界（心理、欲望、信念和文化）。人的行为领域包含无数不确定的自由变量及其不可测的动态关系，相当于极端复杂的函数关系。社会科学徒劳地试图发现这个函数关系中具有相对确定性的"常数"（稳定的模型或确定的规律），以及哪些变量具有更大的权重。即使社会科学引入数学或逻辑表述，也不可能有一个必然解，人的无穷复杂性决定了社会科学不可能成为科学。假如万一社会科学变成了科学，结果将是人类所有行为都可由人工智能来安排、预测和控制，人将退化为动物，可称之为"文明的重新蛮荒化"，虽然这个悲剧并不必然成真，但部分悲剧性结果或可能出现。无论如何，经济学、社会学、人类学等已经建立了规范化的假设和规则、通用的研究方法和操作程序，并有许多富有意义的发现（尽管不是真理）。中国本无社会科学传统，所以社会科学都属于西方。尽管西方建立的社会科学规则未必正确，肯定可以修改，但如果未能达到斯密、马克思、凯恩斯、韦伯、涂尔干、索绪尔、纳什那样决定或改变学科性质、解释规则或分析模型的力度，就不存在中国化的社会科学。是否具有中国特点不是事情的重点，重要的是中国能否建立新而普遍有效的研究范式，目前未见，所以，社会科学至今都是西方社会科学。

与社会科学受限于给定通用规则的情况不同，哲学不是现代才发明的知识系统，而是任何文明随着生活必然遭遇的根本问题而自然发生的反思，虽然是希腊把反思根本问题的思想命名为哲学，但其他文明并非不存在哲学思维活动。中国古代把哲学对象命名为"形而上之道"，与希腊的哲学对象是高度相通的。以命名来进行哲学抬杠其实十分无聊。中国本来就有哲学的丰富思想资源，因此，西方哲学进入中国，并非对思想空地的开荒，中国的形而上学早已开拓了一个有潜力的思想空间，并且提出了与西方哲学相同或不同的问题，这是进入中国的西方哲学无法回避的中国"水土"，因此产生了西方哲学中国化的问题，即如何化身作为扩展概念的中国哲学的一部分。首先的问题是：西方哲学如何与中国传统的形而上学进行合作而开发共同问题和共同创作。另一个问题是，西方哲学如何实现有效的语言转换。语言的意义附加值深如冰山，西方概念转入中文，一方面失去了部分本义，另一方面增加了新的本地含义，因此必须考虑其中的损益。

西方哲学的中国化不可能是佛学中国化的当代重演。一种外来的知识要被化为己有，自身必须拥有比外来知识更大容量的思想空间或能够进行重大改制。西方哲学的思想空间比中国哲学更为广阔，至少多出逻辑学、知识论和怀疑论这三个中国哲学所无的维度，更有现代发展出来的分析哲学、科技哲学以及与多种社会科学混合而成的更多新坐标。中国哲学不可能将西方哲学安置在既有空间里，而西方哲学也不足以反客为主地将中国哲学安置在其空间里，于是形成了互相有吸引力但同时互相排斥的紧张关系。另外，西方哲学自身也一直在更新，不可能像停止生长的印度佛学那样被中国单方面加以改制。因此，合理的长远未来，也许是唯一的可能性，是共同创作一个足够丰富而可共享的思想新空间，即在一种新概念下的普遍哲学。就可见的前途而言，"生活在中国"的西方哲学有可能在中文里对各种概念进行语义重构而成为西方哲学的一个树状分支。如果语义重构是可能的,"中国自己的"西方哲学是否会出现不同于西方线索和进路的演化,或者是否与中国哲学最终混合成一种跨文化哲学,是未知数,也是期望值。

2.3 正宗性,意义续篇和元语言

引入西方哲学属于取经,于是会遇到"真经"或正宗性问题。正宗性假设了原教旨的权威,于是思想就卷入了变相的宗教化争辩。其中有几个问题:(1)仿造版本是否能够复制原版的真义?(2)模仿的思想是否能够比原生思想更好地理解哲学?(3)派生思想是否能够演化出原生思想所无的更好版本?如果(1)是可能的,那么在中国的西方哲学就不属于中国而仍然属于纯粹的西方哲学;如果(2)和(3)是可能的,那么就走向跨文化的西方哲学。

据维特根斯坦理论,一种语言游戏牵动的是整个文化。因此,除非复制他者的整个文化,否则不可能完全如实地理解他者。既然不可能变成他者之"实",就不可能如实,这意味着任何理解都不如实,都是改写,难免篡改。那么,客居在中文里被改写的西方哲学意味着什么,在改写导致的意义分叉条件下,中文化的西方哲学会成为什么样的哲学,这是有趣的问题。当然不排除有的中国学者只用西方语言,不用中文写作。尽管隔离中文未必就能够更好地理解西方文化，但大概可以把只用西方语言研究西方哲学的工作归入属于西方的西方哲学，这种基本上与中国思想情况无关的西方哲学虽然身在中国但属于飞地，就不在考虑之列了，这里只分析中文化的西方哲学。假如西方哲学表达为中文，而翻译不可能连带复制他者的整个生活、历史和思维的意义，翻译的不可能性就意味着理解的不完全性。既然原教旨要求是不可能的，那么，五十步和百步的误解是否真有很大差别？如果不计入文人相轻因素，是否有理由相信五十步好过百步并为自己的五十步而感到一种可疑的自豪？

我们找不到必然证据来证明自己的理解更接近原教旨，也缺乏必然理由来说明改写的限度在哪里，无法确定什么是过度诠释。更令人疑惑的是，改写也同样能够生产有价值的意义，于是改写甚至篡改就成为一种诱惑。排除不着边际的胡扯，"认真的"改写虽与原意有歧义，但并非不相干，只不过在另一个方向上延伸出新的意义，因此，意义分叉未必是歧途，也可能是意料之外的积极建构。假如一种衍生意义有助于形成新问题，那么意义的"歧路"就可能通向一个新空间。以一个旧案为例。据说当年研究西方哲学的若干专家认为李泽厚的名著《批判哲学的批判》是对康德的曲解，因为李泽厚以马克思主义的实践论和现代心理学重新解释了康德问题，使康德的先验论成果消失在实践经验所建构的心理中，所谓"经验变先验"。这种解释确实是把先验论解构为经验论了，而且，先验性也确实很难划归为经验和心理，但无论如何，李泽厚在"误读"的意义分叉中提出了富有意义的新问题，特别是指出了心理蕴含的秘密比通常想象的多。

要求理解的正宗性本是为了确立解读的专业性，但附带的潜在危险是把西方文本经学化，解读的正宗性就可能因此变性为教条，结果在教条化的专业性中反而失去哲学思想的专业性，而教条的专业性显然不等于哲学的专业性。哲学的自由本性决定了思想会不断产生意义变异，类似于基因变异，那么，需要分析的问题是，什么样的意义变异对思想空间具有建构性或有所增益。

严格地说，并不存在"在中国的西方哲学"（除非不使用中文），客居于中文里的西方哲学在翻译中就在某种程度上成为中文化的西方哲学。众所熟知的西方哲学基本概念，如理念、存在、绝对、本体、现象、元（meta）、超越性、超验性、先验性、经验、真理、自由等，在中文里所蕴含的意义与西方本义都有着意义分叉或变异。携带着额外增殖的中文信息的西方概念引起的中国化意义涌现，如此不同于西文原本概念的含义，以至于为了标示出"这个"中文化的概念其实意思是"那个"西文概念，叶秀山就不得不大量加引号，以此拒绝中文意义的腐蚀性并且提醒其原本意义。但无论如何，当西方哲学存在于中文里，就陷入了中国的语境、意义域甚至整个生活的八卦阵，意味着西方哲学与其原本语境形成某种程度的脱节，注定背井离乡，也注定只能在中文里重新生长。

如此，为了确定问题和思想的普遍意义，就需要一种超越语言"巴别塔状态"的元语言。一方面，元语言必须超越自然语言，因为自然语言背负着不可共享的特殊语境；另一方面，元语言又必须是自然语言，因为只有自然语言才有足够丰富的视域和接近事物的能力。逻辑和数学虽是百科通用的元语言，但逻辑和数学只是通用的形式语言，缺乏表达所有事物所需的"实质"维度，因此不足以检测哲学的丰富内容。因此，哲学的元语言只能是合乎逻辑或者说向逻辑看齐的自然语言，就是说，哲学的元语言不可能形式化，甚至不可能完全逻辑化，仍然需要保留自然语言的多种"口音"。参照分析哲学的努力，我想象的哲学元语言是排除了形容词以及在逻辑上无法确定意义的概念的纯化自然语言，因此，这种元语言的代价是缺乏文学性，不能用于表达主观体验，但具有表达任何关系和性质的描述（descriptive）能力，于是元语言可以成为一种检测语言的语言，即检查概念、命题和问题是否具有理性上的普遍意义，类似于哥德尔把数学系统映射为哥德尔编码来检查数学系统的合理性。

维特根斯坦的主要努力可以理解为在寻找一种元语言或者所谓的"哲学语法"，甚至整个分析哲学的努力也可以理解为试图建立一种哲学专用的元语言，其中利用了逻辑和科学化的表述。就其意图来说，分析哲学并不是想成为**某种**哲学，而更想通过"利其器"来成为哲学的哲学。维特根斯坦是史上第一个元哲学家，他发明了元哲学，这可以解释为什么维特根斯坦哲学不是一个学派而是通用方法，尽管分析哲学的两个学派都受惠于他。然而分析哲学的努力没有完全成功，只是部分有效，分析哲学的语言在逻辑化程度上过于苛刻（不包含维特根斯坦，他在逻辑化语言之外另有努力），削足适履地使哲学损失了太多意义，而且视野受限于自然科学的经验知识标准，缺乏哲学所需的全视域，虽善于分析知识问题但不善于分析人文和价值问题。无论如何，分析哲学是一种有重要价值的方法论遗产。目前哲学的元语言尚属于想象，相当于想象中的哲学坐标，指望用来查询、定位和检测思想是否具有普遍意义。如果一个概念或命题在元语言中可以被理解，就具有普遍意义，也就一定能够保值地转换为另一种自然语言，而通不过元语言的意义检测的概念和命题，就意味着无法摆脱不可通约的原生语境而属于文学。

可以想象，通得过元语言的意义检测的西方哲学概念和命题就肯定可以脱离原语境而异地生长，成为重植于中文中的哲学。这可能是西方哲学中国化的关键一步。而更关键的另一步是，对西方哲学的研究需要从复述西方哲学转入分析问题和理论推进，从文本为本转向问题为本。就目前来看，有不少研究西方哲学的论著文章仍以复述为主，文至结尾，其实仍然是开头，尚未开始对问题的研究。

如果一种思想能够在异地重新生长，必定意味着能够发展出"意义续篇"，而不是止步于复制。如果一种思想始终仅仅是学习和模仿的对象，那么意味着尚未消除异己性，仍然不能化为当地的思想技能。这种情况不只存在于西方哲学研究里，其实对中国古典思想的研究也同样存在着以复述为主而没有进入问题的局限性，如前所述，中国古典思想在现代学术条件下也变成了被陌生化的他者而只能被复述。意义续篇在历史中经常发生。欧洲哲学就整体而言是古希腊哲学不同风格的续篇，更典型的续篇是，犹太教、基督教和伊斯兰教虽同源，但各自创造了新问题和新传统。佛教的中国化也是一个意义续篇，但这个续篇有一个疑点，省略了因明学的佛学在思想性上恐怕是釜底抽薪的损失。可以类似地想象，假如我们发展了一种放弃逻辑论证的中国自己的"西方哲学"，会是什么样的状况？逻辑相当于西方哲学的骨架，抽掉骨架就解构了。中国思想整体的解释学化，包括经学化和心学化，导致在古代放弃学到因明逻辑的机会，并且在现代继续回避逻辑分析和逻辑论证，这是一个需要反思的问题。

3 结语：哲学之城

3.1 思想的公共自由空间

有个颇为可疑的说法认为，科学发源于哲学。事实上科学恐怕更多受益于逻辑学和数学（特别是几何学）的发明，与哲学只有次要相关性，主要是借用了形而上学概念以便概括经验。然而哲学概念对于经验科学在不同程度上是误导，科学的成熟过程也是不断抛弃形而上学概念的过程，例如对科学最有用的因果概念也被修改为在经验上可以理解的相关性和概率。不过，社会科学确实来自哲学，而试图模仿科学。社会科学把可能"有答案的"问题从哲学中独立出来，而把"无答案的"问题留给哲学。社会科学从哲学分裂出去，虽然大大缩小了哲学的领域，但反而使哲学的真正性质前所未有地清晰起来：哲学问题都是永无定论的，所以哲学需要知识而哲学自身却不是知识，需要学问却不是学问，不是"述"而是"作"，即发明可能的思想维度，除此之外，哲学无事可做。

既然哲学不是一种地方文化或地方知识，而是恰如其名地探索一切智慧，那么必定以普遍理性为主体而以思想的一切可能性为对象。哲学一方面试图化时间为空间，为时间建立空间性的秩序（事物的概念化），同时又试图化空间为时间，让空间具有动态性（概念的历史化）。这个状态使哲学呈现为一个思想的无限城市。所有的思想道路终将汇集于一个公共的自由空间，即哲学之城，就像大城市一样具有无穷可能性和复杂性，任何问题都可以暴露，所有矛盾同时存在。城市不怕矛盾，只怕缺乏可能性和活力。当哲学之城容纳一切思想而成为世界性的，无论什么地方的哲学就都可以进入哲学之城。

康托的无穷集合被想象为一个内在一致而有无限容量的宾馆，能够入住无穷多的客人。哲学可以被想象为无限容量的城市，但不需要一致性，因此，哲学之城就像城市一样藏污纳垢充满矛盾而产生活力。无论是逻辑性或动态性的，无论是概念或意象，无论是化时间为空间的空间性思维，还是化空间为时间的时间性思维，只要提出了普遍而必要的问题，或无法回避的问题，就都具有思想的增值性。哲学之城是制造思想问题之地，永无定论的问题是维持思想活力的条件。

因此哲学之城也是未来之城。通常认为哲学研究永恒的问题，但更合理的定位是：哲学研究事关未来的问题。从逻辑上看，永恒蕴含未来，但在存在论上，应该反过来说，未来蕴含永恒，因为没有未来就没有存在，或者说，没有未来性，存在就死了，不存在一种永远不变而没有未来的存在。我们只是假定并且相信某种问题是永恒的，但不可能事先证明其在无限时间中的永恒性，永恒性永远有待未来的证明，而未来永远是未知数，因此，未来性蕴含永恒性，只有总是属于未来的问题才具有永恒性。

一个可持续的哲学之城以未来问题为对象，也总以未来问题来重新解释传统，而这是传统得以存活的唯一方式。在事件发生的时间顺序里，传统先于未来，但在问题的时间顺序里，未来先于传统。不能被未来激活的传统终将死去。在今天，那些携带着未来消息的问题，全球政治、世界治理、人工智能、基因技术、虚拟世界、量子力学、跨学科复杂科学、跨学科社会科学、跨文化人文知识，如此等等，都预告了在未来世界里的所有事情将越来越具有普遍相关性，而且，未来世界将产生每种文化都未曾遭遇的新问题。未来消息的一个暗示是，现代性或启蒙思想所建构的制度、思想和价值观非常可能部分退场或改版，因为现代的思想和建制无法回答未来世界提出的新问题，现代性与未来性并不完全兼容。如前所论，现代性之长技在于切分一切，因此，现代世界的存在论基础是"边界"（权利）和"支配"（权力），而未来世界的存在论基础是普遍相关性（普遍关系化的存在方式）和共在性（时空和资源共享）。未来世界将为科学和技术所定义，当代科学和技术倾向于以普遍相关性去理解万物并且系统化地控制万物，因此，未来世界的存在方式是万物的智能互联，存在论的基本问题将是关系和共在。

无论我们是否喜欢这种未来，思想只能接受未来，因此思想迫切需要视域革命和方法论的革命，新的哲学问题将越来越具有世界性、共同性或跨文化性。人工智能将大幅度提高思想的普遍交流能力，各种文化的概念、语言、知识生产方式也将因此趋同于人工智能可理解的方式以便达成互相理解。这是个喜忧参半的前景。思想的高度可通约性将推动世界的趋同化，而趋同性却暗含着无聊化。因此,哲学之城需要普遍语言也需要特殊语言,需要一致性也需要矛盾,需要文学和哲学既冲突又和解,在普遍性和特殊性的经常性冲突和经常性和解中发现思想的机会。在哲学之城中,哲学的地方身份将变得不重要,这里正在讨论的中国哲学身份问题将消失于无形,正如维特根斯坦指出的,有的问题没有被解决而是消失了,而消失就是"解决"。

3.2 永远从头开始的哲学

哲学只有"当代"一个时态,所有哲学都具有当代性。始终的当代性一方面蕴含未来,同时又意味着不离本源。哲学的当代性就是本源的当代性,哲学在每个当代时刻都回到本源。只要人类没有变成另一个全新物种,哲学就不可能离开思想的本源,只能不断让本源呈现出当代性。在人类的初始状态,生活的所有根本问题已经同时涌现出来,否则生活从未开始。那些构成生活基因的本源问题定义了生活,任何思想都没有能力超越本源的界限,所以说,除非发生物种革命,否则思想不可能超越本源问题。生活通过开拓可能性而让本源保持当代性,因此,本源附体于生活而始终在场,思想对可能性进行开荒时始终携带着本源的力量。所有本源问题都指向"作"而现身于生活的所有创作之中。先秦许多典籍都记载了先王时代值得铭记的对生活可能性的拓荒之"作",这种集体记忆说明了一切问题都始于"作"(创制）。[1]对未来可能性的开荒——所谓"作"——就是本源问题的在场证明。本源问题就是具有未来性的问题，如果失去未来，就是不存在，所以，哲学永远从头开始，总是以当代状态去展现本源。

哲学史的概念因此变成了一个疑问。教科书式的大多数哲学史都从思想的中间环节（比如希腊或春秋）讲起，即从文本上可确认的哲学史讲起，并且误以为思想的中间环节是令人惊讶的"突然"起源，不仅省略了在此之前未分化的综合思想（比如荷马或《诗经》），更省略了不见经传而存在于考古学中最早的思想问题。事实上，思想没有令人惊讶地突然发生。苏格拉底或孔子都不是哲学问题的开创者，其他人也不是。从希腊或春秋讲起的无源头哲学史遗忘了思想的初始条件和真正的本源问题，而本源问题必须证明人类从混沌状态到有序状态的思想开荒，包括基本概念和方法的发明。缺乏思想考古学的哲学史是不完整的。

思想考古学早就开始了，例如《周易》、《礼记》、荀子、霍布斯、福柯、罗尔斯、奥尔森、艾克斯罗德等，在不同路径上设想并分析了人类生活和思想的最可能或最合理的普遍初始状态，当然，未必都是真实的初始状态。与历史考古学不同，思想考古学的对象不是隐藏着

---

[1] 参见赵汀阳：《第一哲学的支点》，生活·读书·新知三联书店，2013年版，以及《惠此中国：作为一个神性概念的中国》，中信出版社，2016年版。

的文物，而是贯穿一切人类时间而始终在场的本源问题。历史考古学寻找古老事实，抵达事实是历史考古学问题的终结；思想考古学寻找本源问题，而哲学问题却永远是问题。每一种哲学都从头开始，哲学之城需要思想的所有可能性，所以需要每一种哲学。

（原载《哲学研究》2020年第7期）

第二部分

争论

{四}

时间和历史的概念

弗兰索瓦·阿赫托戈与赵汀阳对话*

西方的"时间"

（法）弗朗索瓦·阿赫托戈

尽管时间是世上最难以捉摸的事情，但不同的人类团体——无论他们身处何方，以何种身份——都从未放弃寻找理解它的方式，甚至想将其规训。圣奥古斯丁常被人引用而至今著名的沉思，最终达到了取代对时间进行反思的结果，就是说，他免除了"到底何为时间"的疑问，他说，对于时间，谁能给出简洁的解释呢？谁能用语言阐释它，或用思想捕捉它呢？我们的言说唤起的是什么？又是什么比时间更令人熟悉和为人所知？……

---

* 弗兰索瓦·阿赫托戈（François Hartog），当代法国著名历史学家，年鉴学派"新史学"代表人物。本文的两组对话由英文写成，贾祯祯和王惠民译为中文。——编者

什么是时间？如果无人问我，我尚且知道；如果有人问我，我便不知了。那么，该如何来阐释时间所构成的"绝境"（aporia）？这里的"绝境"即为字面意义：无路可通。理解时间的一个常见方式是设定关于生命有限的人类短暂时间经验的对立面，从而达到关于至上者、不朽者、神圣者的永恒不灭的时间观念。众多宗教、神话学、宇宙论便建立在这一思想裂隙之上。

因此，希腊神话中存在一个置于宇宙起源之初的原始时间之神克罗诺斯（Chronos），这是奥尔甫斯（Orphic）神谱中的情况。时间因而神圣化为一个"不会老去"的事物，不灭不朽。作为统一与永恒的一条原则，它表现为对与之相反的人类时间的彻底否定。人类时间是变化的，它消失、湮灭并导向死亡。对于阿那克西曼德——一个公元前6世纪米利都学派的前苏格拉底哲学家来说，克罗诺斯并未被神化，但是存在一个与正义相关的"时间秩序"。他写道，事物依据必然性代代毁灭，依时间秩序公正对待彼此并修复不公。时间与正义不同，但它即使不是某种媒介，至少也是使正义展示自身，并使不公被修复之物。这里我们能够把握到作为判断的时间周期的第一个开始。这一设定的有关时间与正义的关系，将为许多世纪之后，"历史"作为世界法庭观念之可能做出贡献。即使在阿那克西曼德与黑格尔之间，也有着一整个基督教时间的组织结构，并在最后的审判中达到顶峰。

此外，在希腊，克罗诺斯仍是一个混乱之所或显露误解之处。一方面克罗诺斯作为时间，其词源未知；另一方面，作为一个神话人物，克罗诺斯是乌拉诺斯和盖亚的儿子，并以阉割其父亲（应其母之明确要求）而闻名。他因此获得权力，与瑞亚结婚，并自此开始小心谨慎地吞食其刚出生的孩子，以免反过来被其中一个废黜。我们知道这个故事的剩余部分，宙斯最终让克罗诺斯经历他留给其父亲的相同命运，并因此成为众神与人的主人。我们身处最高权威的神话语域，这一语域与时间无关或仅消极相关，因此吞下自己的孩子是中断它的最好方式。然而，时间克罗诺斯与神话克罗诺斯之间的混淆仍然发生了。作为一般时间的克罗诺斯，持久地被视为那个吞食或掠夺的人，以土星的面貌吞没他的孩子或以时间老人的形象手持镰刀。

希腊人又对时间进行了一次趋向行动的非常重要的划分。是的，他们把时间分为时间克罗诺斯与卡伊洛斯（Kairos），前者为一般时间，指流逝的与可被度量的季节之类；后者为意想不到的时间，包含可被把握的时机、利好时刻和决定性瞬间。知晓如何明智调动克罗诺斯与卡伊洛斯是成功行动的保证。二者之间存在着一个差别，此差别并非是存在论的，只是质性的不同。从一般印象上说，卡伊洛斯是转瞬即逝并非人人可以察觉的机会窗口，否则拿破仑便不会赢得奥斯特里茨战役！在第一组区分之外，希腊人又添加了第二组区分，这一组范围更为有限，由卡伊洛斯与克里斯（Krisis）组成，希波克拉底医学派尤其精于此道。首先，克里斯指判断。从该概念在疾病上的应用来说，这意味着指明病程朝向好或坏的改变时刻，它取决于医生知道如何定义"最关键的日子"，同时知道何时是对其进行干预的利好时机。在卡伊洛斯与克里斯之间，存在着语义的近似。

如今这三个概念从希腊世界传到了《圣经》被译为希腊语的世界。如我们所知，《圣经》是三大启示宗教即"经书宗教"，亦称"亚伯拉罕宗教"的基体。显而易见，如果没有犹太先知和《启示录》，便不会有《新约》和基督教时代。同样，如果没有这些经书以及公元7世纪生活在阿拉伯地区的犹太教、基督教及多神教的崇拜团体，便不会有伊斯兰时代和《古兰经》。

为了只遵循基督教时间，《新约》的作者们接受了这三个概念，并加以修改。如果时间克罗诺斯保留了普通时间的观念，克里斯则通过命名为最后的审判或主的日子，通过被指定为卡伊洛斯，而被给予了更强烈的意义。在犹太教的《启示录》中，将正义与邪恶永远分开的审判之前，是《启示录》中的末日动乱。第一批基督徒，一个小的犹太末日教派，以弥撒亚已经到来之故，继承了这一体系并深刻地改变了它。时间克罗诺斯没有改变，克里斯也没有改变——最终序列确实是天启、审判与时间的终结——但卡伊洛斯变成了核心概念。事实上，卡伊洛斯被指为道成肉身的时刻。基督是这一时刻，甚至是卡伊洛斯本身。他就是那个独一无二的事件，那个切进一般时间并将其彻底变成一个新的时间的事件。时间转变为以基督为中心的时间，并愈演愈烈直至基督成为世界时间的核心。这一进程的结果便是，克罗诺斯即一般时间，被挤压在道成肉身与近于审判的两大边界之间。在两者之间，只有当下，没有真实的历史。因为如果一切尚未完成，一切便已然完成。因此有必要被转变，被觉醒，为即将到来的末日做好准备。伴随这三个观念的崭新序列而来的，是一个历史性的基督统治的具体成形，它可被定义为一种末日的现世主义。道成肉身开启了时间的终结，根据奥古斯丁的说法，它开启了世界的暮年并等待着时间与世界的终点。但这个令人恐惧同时令人期待的终点，只有上帝知道它的具体时刻，以至所有的猜测都被禁止。然而，猜测从未停止，教会也从未停止对其加以谴责和严厉镇压。

在不同人类社群所使用的时间与历法的巨大多样性中找到定向，第一步便是建立共时性——这一战斗是与另一战斗同时进行的，这位君主与另一君主同时在位等。这是第一批希腊编年史学家与历史学家的任务。因此，通过确定奥林匹克胜者的名单，他们建立起一个共享的时间度量工具，每个城邦都可将自身置于其中。这是泛希腊的，不是任何人的财产。基督徒需要做的工作更多。对他们来说，这不仅是同步性的问题，还是同步化的问题。对他们而言，基督占据着过去、未来所有时间之同步协调者的伟大地位。道成肉身之后，一个彻底不同的新时间得以开启，它的使命在于通知其他所有人，无论他们在哪，无论他们是谁，都需被通知。并且，这一时间必须持续至恰在末世动乱之后的最终的审判日。这便是为世界历史所设置的那两个限制。

在公元2世纪与10世纪之间，这一新的时间观念逐渐征服了罗马西部，包括之前便继承这一观念的一些王国和部分欧洲大陆，从公元16世纪开始，它继续殖民到其他世界各处。那些传教士，无论是天主教徒还是新教徒，确实都是基督的使徒，但同时也是这一时间结构的使徒。通过传播基督，他们带来真正的时间的真理。依据基督教时间，人必须真正理解一种被祈祷和日课所强调的日常纪律和一种历法（首先是礼拜仪式的），同时也须真正理解一种普遍的年表与历史神学。转变世界即为时间的终结而工作。

在这一简短的西方时间观念谱系中，我们必须为一项影响深远的技术发明腾出空间——这就是14世纪的机械时钟。想要精确地知晓时间本是不自然的，但事实是15世纪的城市和修道院皆配备了时钟。对马克·布洛赫来说，度量时间的进步构成了一种真正的文化革命。那么，这是如雅克·勒高夫所想的那般，从"教会时间"过渡到"商人时间"的阶段吗？未必，因为教会这次并未拒绝使用时钟节拍来分割并计数日夜。比如在中国，尽管经过利玛窦的努力，机械时钟在社会上引起了一些好奇，但它仍被视为一种"复杂的怪物"。17世纪一本中国的小册子写道："彼之钟表远逊吾人漏壶，钟表难制，易显乖差，岂不糜费？"小时的概念对于工作的组织尚不重要，何论分钟。

接下来便是关于克罗诺斯即一般时间如何逐渐逃离它的两个守卫者——卡伊洛斯与克里斯，即道成肉身之时与审判之时——而获得自主权，并随着现代时间观念扩张其版图至整个西方世界及其之外的方式问题了。我在这里只保留两个特性。如果克罗诺斯逃离了卡伊洛斯与克里斯，他们并不会因此而消失，反而可以说他们能够在时间克罗诺斯的控制与为之服务下持存。事实上，现代派用他们来思考时间的断裂，从革命开始，他们发展出一整套对于危机的分析，时至今日仍然相关。此外，18世纪末，现代时间观念确实遗留了《圣经》年表的桎梏。传统的六千年时间已经站不住脚了：地球的过去必须以数百万年计，而未来朝向无限前景而展开。这样的时间尺度只会削弱道成肉身与大审判的两大里程碑，在保留其神学意义的同时，他们在其长期居于统治的一般时间领域失去了地位。然而对于所有那些有点"开明"的人来说，它们离开历史进入了寓言。从那时起，现代历史政权具备了成功的可能性。1793年，法国的革命者致力于建立纯粹的共和党的新时代与新历法。如我们所知，革命失败了，但历法保留了下来。

19世纪末与20世纪初的几十年间，人们对时间进行了激烈的辩论。时间克罗诺斯试图扩展他的帝国。由此，1884年华盛顿特区会议最终导向了这一决议：人们决定使用格林威治子午线作为建立统一世界时间（GMT）的基准子午线，并将地球划分为24个时区。这项筹备已久、进展缓慢、引起抵抗的行动，由美国、加拿大与英国发挥主导作用。因为被孤立，法国最终只得放弃"他们的"巴黎子午线。格林威治子午线成为了时间的同步协调者。自此以后，每个国家都可以建立自己的时间，每个自己的时间同时也是所有人共同的时间。理论上说，任何一条子午线都可以作为基准，但恰巧格林威治子午线，那个穿过当时统治帝国势力中心的子午线被选中了。换句话说，这个统一的、平均的时间从根本上说是西方的甚至英美的时间，即便它是以其"实用性"与"现代性"的名义进行推广的。

同年，历法改革方面也进行了很多工作。欧洲、美国和世界其他地方成立了很多项目。20世纪20年代，年轻的国际联盟接手了这一议题，并希望朝着一个标准化的"世界历法"体系迈进。它将伴随并促进贸易和当下全球化进程，还将成为世界和平的工具。西方世界之外，有一部分精英阶层同样支持这种进化论式目标。圣雄甘地支持这项改革，就像他希望"为所有国家创造统一货币并向所有人补充如世界语这样的统一语言"一样。然而最终这项历法改革并未像时间改革一样施行。为何如此呢？因为我们并非只是或主要是以一般时间的形式使用历法，而是以一般时间和宗教时间的混合形式使用历法。事实上，我们看到了宗教当局的奋起反抗，梵蒂冈甚至拒绝对此予以讨论。三大经书宗教建立起统一战线。星期五、星期六、星期日或将变成"游牧的"日子——面对这种反对意见，各种政府都放弃了。待希特勒掌权，战争已近在咫尺，也就无人再讨论这个话题。正如我们后来看到的那样，资本主义与这种统一的历法形式是互相适应的。

如其本身专横跋扈，时间克罗诺斯在19世纪至20世纪进程中，并未摆脱危机以及多少有些严厉的质疑：在某些时刻，未来摇摆不定，但它并未沉沦，甚至在两次世界大战之后，直到未来失去动力之前，都设法恢复并证明自身仍是某种威胁的承载者，现代派（暂时）来给这个新的时间经验一个命名。

时间的来历

赵汀阳

时间的概念有其两面：对变化现象的经验，还有因此推想的那种贯穿于一切变化中不可见也不可逆的过程。变化或变化的过程都是神秘的，于是时间成为一个最古老也最神秘的形而上谜题，至今仍然有待解释。不过，自爱因斯坦以来的当代物理学，不承认我们通常用以理解日常经验的形而上的时间。在1922年的巴黎辩论中，爱因斯坦对认为时间是心中的"绵延"的柏格森说，"哲学意义上的时间"并不存在，只是一个错误的想象。那么，给定"科学意义上的时间"是真实的或几乎为真的，可问题是，我们看不见真实时间，仍然确实需要以"我们的时间"，即以人的生活为准的时间来安排生活。"我们的时间"或者说"人文时间"仍然是一个哲学或文化问题。

在古老的甲骨文里已经出现表达时间的许多中文词汇，如春、秋、日、月、年等，是表达自然变化的时间，同时还有表达历史性质的时间概念，如昔、来、古、今，甚至有了一般时间概念：时。稍后又出现了形而上或宇宙论的概念：宙。

"时"的原始含义是四时，但不是四季，而是春分、秋分、夏至、冬至。四时很稳定，所以"时"字（旹）由"止"和"日"组成，表示确定日期。《管子》曰："时者，所以记岁也。"（《管子·山权数》）《墨子》对时间给出了哲学解释："久，弥异时也。"（《墨子·经上》）《庄子》的解释更有形而上含义："有长而无乎本剽者宙也。"（《庄子·杂篇》）《淮南子》的表述成为后来的通用定义："往古来今谓之宙。"（《淮南子·齐俗训》）这些直观定义与柏拉图的理解有某种相似性，柏拉图把时间看作"表现永恒的意象"，以有序时间的数列无穷性去表现永恒性。

时间的永恒性在于无穷性，常与流水意象联系在一起。孔子有"逝者如斯夫"的名言。流失的是时间还是事情？如果时间永远流走而又永远到达，每个此时都充满时间，时时如一，那么，时间就没有流失，而是事情流失了。无独有偶，赫拉克利特也有个流水的隐喻，最早见于柏拉图的《克拉底鲁篇》："相传赫拉克利特说：万物皆动而无物驻留。他将万物比作河流，他说你不能两次踏进同样的水流。"对于赫拉克利特，流变的也是万物而不是时间。

年月日是外在时间的纪年，而过去、现在和未来是意识内在时间的纪年。过去已不存在而未来尚未存在，都只是意识内部的意象，真实存在的是现在进行时。年月日用于记事，却对时间本质无所说明；过去、现在和未来是时间意识的自我解释，只是解释了意识自身，但同样无法解释时间本身。无法回答时间是什么的奥古斯丁似乎最早敏感地意识到时间是属于我思的主观状态，康德把时间定义为意识的内在形式，而胡塞尔相信意向性在内在时间中建构了意识对象。总之，时间意识是自我意识的先天条件。但我们不会满足于内在时间，仍然试图理解神秘的"真正的"时间。如果不能理解时间，就无法理解世界。

中国也有关于"吾心"的哲学，但没有关于纯粹内在时间的理论，原因可能是中国哲学对时间的兴趣主要在历史性上，即兴趣所在是具有人文意义的变化而不是无意义的流失。时间本身不可理解，但变化是时间的可理解的意义，或者说，时间化为历史才具有意义，而有意义的变化就是时间的人文函数值，因此，变化才是人类生活的时间问题。对于人来说，时间的流失并不是需要解决的问题，导致生活状态的变化才是问题所在，正是变化造就了存亡兴衰的历史和未来。如果时间不是表现为历史性和未来性，就只是无意义的存在状态。总之，时间本身是物理学问题，而时间的历史性意义是哲学问题。《周易》研究了变化，把时间问题变成历史问题："神以知来，知以藏往"，"一阖一辟谓之变，往来不穷谓之通"（《系辞上》），《易》之为书也，原始要终"（《系辞下》）。

昔与来是一对古老而重要的时间概念。昔与来是对变化的记忆和预告，是初步的历史意识。甲骨文"昔"的字形为🌀，上部是水波纹，下部为日，暗示对过去大洪水的记忆，用于标志过去时；"来"的字形为🌾，象征麦子。麦子生长暗喻可期待的收获，因此暗喻可期待的未来可能性。在此，未来的概念溢出了自然时间：日出日落的明天不考虑人的意见如期而至，而麦子是人对未来的预告，但也需要天气的同意，因此意味着不确定的命运。

昔与来的历史意识尚属于史前，仍然不离自然变化。真正以人为事件为标志的历史时间是另一对概念：古与今。甲骨文的"古"字形为⛰，上部原形是立表测影以正位定时，表达了中心与四方；下部为口，口言之事皆为前事。两者结合，其意是口言四方值得铭记的事件或自古建立的规章制度，所谓古也。甲骨文"今"字为 ▲，象征王者发号施令的铜铃。颁布新法令的时刻就是"今"，意指从今往后必当如此。可见，今的意义不仅是此时，更是以"作"开来的时刻。能够称为"今"的创制必定意味着一种生活或一种制度的开始，因此，"今"是蕴涵未来性的当代性（contemporariness）而不是意识的当下性（presentness）。未来是被当代性所蕴含的变数，所以历史时间里没有尚未存在的未来。按照古今的历史时态，如果一种生活至今尚未发生重大改变，没有新作，在历史性上就仍然属于"古"，尽管在时间上是现在时；而如果一种古老制度或精神历经社会变化而常新，就在当下的"今"中保持着那时的"今"而始终具有当代性。在古今的历史时态中，一段自然时间可以很长而其历史时间很短；或相反，一段自然时间很短而其历史时间很长。

古今的历史时态很接近阿赫托戈的"历史性体制"概念。[1]古今概念意味着理解变化的角度从发生（happening）转换为生成（becoming）。生成需要关键时机，接近希腊的"kairos"，它是历史的一个创建点或转折点，也是传统精神的重返点。比如科学技术革新、革

---

[1] 阿赫托戈：《历史性的体制》，黄艳红译，中信出版社。2020年版。

命、建国、立教、生产方式变革或思想革新等具有划时代意义的时刻。生成需要创作，即选择未来。在形而上学的意义上，人创造历史类似于上帝创造世界，尽管创造历史与创造世界相比微不足道，却同样展开了一个关于开端或本源的问题，而其答案是一种关于历史性的时间哲学：为一个可能世界选择一种可能时间。

历史时态取决于文明创作的事件，所以，创作成为理解历史时间的关键概念。甲骨文的"作"字为 ，选中成为"作"的意义原形必是开创生活的要事。有两种最为可能的推测：（1）徐中舒认为，根据图形可以猜测"作"字是"作衣之初仅成领襟之形"[1]，因此代表制衣。原始人类创作了衣服，这是生存方式的一次重大革命，所以，制衣有资格用来象征创作；（2）曾宪通的理解同样从图形入手，认为"作"字更可能是农具耕地的形象，而耕作更有资格代表创作。[2] 我倾向于后者。农耕的发明确实是生存的最大事情，应该是初民更容易联想到的创作。我想补充另一个具有历史性的重要理由，农耕带来的谷物生长更接近"作"的关键意义：创制未来。农耕应该是人类第一次化时间为历史的实践，把不确定的未来变成一个可期的计划，所以意义特别显眼。从存在论上说，"作"创作了未来就是化时间性为历史性，使本

---

［1］徐中舒主编：《甲骨文字典》，四川辞书出版社，2014年版，第888页。
［2］曾宪通：《"作"字探源——兼谈"耒"字的流变》，《古文字研究》第19辑，1992年，第408—421页。

来只有物理时间的存在具有了历史时间,这是为时间重新立法。《周易》有关于远古伟大之"作"的历史综述,主要包括制度、文字、网罩、农具、市场、舟船、牛马的使用以及兵器、房屋等事物的发明(《系辞下》)。不过现代考古学确认某些"中国发明"其实是从中东引进的,例如马的使用,还有小麦,甚至可能包括青铜器,因此我疑心甲骨文的"来"字原形未必是小麦,或为更早的小米。

与"过去—现在—未来"三分法的自然意识结构不同,"古—今"二分法表达的是关于时间的历史秩序,所以不包括未来——未来尚未到场。过去是个知识论问题,未来是知识无法解释的存在论问题,是一个关于变在(becoming)而不是关于存在的问题。"古今"二分的历史意识也旁证了《周易》形而上学关心"变易"的理由,只有变易创造了新的意义。"作"使均匀时序变成起伏时刻,在此,时间的意义就是历史。中国哲学对无历史的存在缺乏兴趣,因此中国的形而上学与历史哲学是一致的。

博尔赫斯在《小径分岔的花园》里想象一个古代中国建筑师设计了一个迷宫般的花园,那是时间分岔的隐喻。那个中国建筑师不相信单一绝对的时间,而相信"存在着无限的时间系列,存在着一张分合平行扩展的时间之网。时间总是不断分岔为无数个未来"。博尔赫斯精准地理解了中国的时间形而上学。

历 史

赵汀阳

1. 一个用于表述"事"和/或"史"的字

在汉语中,历史这个词的本义是"事件"(event)和/或"记录"(record)。在最早的文本中,这个词可以理解为用一个字表达两种含义,或者是两个字同一个读音:"事"和"史"。两字同音似乎形成了一个隐喻,暗示事和史本为一物,就是说,事情有事功才是重要的,于是,值得被记录的事功才成为史。这说明了一个关于历史的概念:事仅存在于史之中,不被记录的过往不是事,或者说,历史的事是人之所见,并非发生之所是。关于历史,我的第一个问题是,是否存在一种对所有人都具有同等意义的普遍历史或共同历史?

如果要举出一个文化间误解的典型案例,我愿意说是历史。在思想中,或许可以构想一种属于全人类或全世界的普遍历史概念,但这只是理论设想,实际上被书写出来的历史,几乎都是讲述某个民族或某个文明的历史,其他事情只是相关项。这种建构了某个民族或文明的画像的历史叙事,多少类似于一个人的自传。正如没有谁会完全相信别人写的自传一样,除了专门学者,也没有多少人会对他者的历史有较真的兴趣,除非与自己的历史有某种关系。即便对其他历史有所了解,外人眼中的他者历史也与他者自己所接受的历史大不一致。关于历史问题，很少有共识。

这个问题与关于历史真理的知识论无关，而是反映了文化与政治承认的难题。其实，历史的真实性要远远少于人们的预期，因此，研究真理的知识论并不能充分表达和解释关于历史的问题。即使以探求真相之名去发现事实，历史也更多是诉说了关于某种命运和精神的故事，解释了某个民族或文明的建构性的来龙去脉，即我称之为"历史的历史性"的那种建构性。由于对事件和事功的重要性怀有相异的看法，不同的历史性有着不同的文化变量，历史的概念也就是各不相同的复数。我承认这种理解比较保守，略有些历史主义的倾向，与现代的进步史观、当代的全球史或世界史视角相去甚远。不过话说回来，真正共享的**世界**迄今为止还不存在，也就还没有属于世界的世界史。

2. 以历史为本的文明

历史学家章学诚（1738—1801）在发挥他对中国文明的一般性诠释时，提出"六经皆史"的说法。[1]这个说法得到广泛认可，被认为是对中国思想的一个最好的解码方式。所谓"六经"，即《易》《书》《诗》《礼》《乐》

---

[1] 章学诚：《文史通义》卷一，"易教"上，上海古籍出版社，2008年版，第1页。

《春秋》(这是历史记录的最早通用名[1])。六经创作于公元前4世纪以前,部分内容甚至早至公元前12世纪,它们就像《圣经》之于西方思想一样奠定了中国思维方式的基础。如果按照现代分类学来看,《易经》讨论了哲学,《尚书》是政治观念,《诗》就是诗歌,《礼》关注的是伦理和社会规范,《乐》研究的是音乐和歌舞(已失传),《春秋》则是第一部编年史(从公元前722年记录到公元前481年)。章学诚另有深层发现,他将历史视为六经的"本质"或密码,指出"古人未尝离事而言理"[2]。这意味着以史言理,而非以理言事。章学诚准确地把握了中国思想重经验实践轻先验逻辑的思维特征。

沿着他的思路,我想可以说,中国文明的根基正是历史。这在结构上不同于以宗教为本的众多文明,例如基督教以来的欧洲文明,伊斯兰文明,或以哲学为本的古希腊文明,或以法律为本的古罗马文明,也不同于基于个人主义的现代文明。不过犹太文明似乎更为独特,它的基础是历史与宗教合一而成为律法,这可能是最为坚实的文化结构。

3. 历史何以成为中国文明的根基

这个问题关系到中国早期历史上的一次文化改革,

---

[1] 在中国最早的历法中,一年分为春秋两季。于是"春秋"成为古代历史著作的通用名称。
[2] 章学诚:《文史通义》卷一,"易教"上,第1页。

即约4500年前的"绝地天通"事件。[1]那时属于传说时代,历史记载不详,但这个故事在稍晚的信史里有多处提及,很可能是真实的。中国先民曾经如此热衷于巫术占卜,以至于百姓对巫术的热爱超过了劳动。由于人人成巫,秩序混乱,帝王颛顼对此很不满,决心重建社会秩序和宗教权威,于是颁布法规禁止地上的人擅自与上天建立私人联系。宗教因而被确立为帝王的特权,只能由官方权威加以阐释。一些现代历史学家认为,这次文化行动破坏了从巫术自发演化为真正宗教的社会条件,因此中国没有发展出宗教。如果真是这样的话,那么可以说,"绝地天通"事件导致中国很早就开始了世俗化。

在此之后,官方巫术逐步走向职业化和专业化,对巫术占卜的研究和实践经验都被详细地记录下来,成为兼备天文地理知识和占卜统计学的档案性学问。根据殷墟的考古发现,90%甚至更多的甲骨文记录的都是占卜事务的经验,这种记录的档案性已经显示出最初的历史性,就是说,历史性的思维通过"历史性的"占卜记录潜入到中国人的精神意识之中。

人文主义真正成功地替代巫术宗教的地位要到公元前11世纪之后,决定性的事件是敬德惠民的周武王击败了极重祭祀神明、敬天不辍的商纣王。周人目睹了商朝

---

[1] 参见《尚书·吕刑》《国语·楚语下》。

并没有因为占卜最勤祭祀最隆而得到上天佑护的回报。显然，商朝的覆灭证明了巫术占卜的无效，这激发了周人去构建一种人文主义的新理论，其中关键的转变是将天意伦理化，并将德行的价值置于祭祀之上。于是，总结政治、经济与治理经验的记录被认为是更有教益的，历史经验意味着更具实用性的"教训"。这个论证良好的人文主义终于在根本上切断了发展宗教的进路，并将历史思维确立为中国精神世界的根基。

4. 何种事件算是伟大变革？

在一个以历史为本的文明的思想观念中，行动的分量重于言辞，经验的意义多于理论。用哲学化的语言来表述，即是"**作为**"（facio）高于"**思想**"（cogito），而且，**作**也理所当然地包含了思。一个基本理由是，没有变易就没有历史，而**作**是导致变易的始因。毫不奇怪，作为六经之首的《易经》发展出来的正是关于变易的哲学。考虑到《易经》的基本观念形成于公元前12世纪，它可以称得上是世界上的第一个历史哲学理论。按照章学诚的理解，它甚至还可能是世界上最早的史书，记录着上古先人创制历史的伟大事件。

现在，第三个问题是，何种事件可以算作伟大变革？中国的历史哲学在考察事件时，通常会在两组概念里协同地理解历史性，即"作"与"述"、"古"与

"今"。[1]时间是变化着的流逝过程，历史却是确立意义的事件变化——意义以"创造"（creations）为根据——但与上帝的创世无关，而是指人类做出来的那些改变生活形式的突破性创制，也就是存在秩序的设立与新事物的发明。一些古老文献，比如《易经·系辞下》和《世本·作篇》，列举了公元前12世纪以前的伟大发明，比如农具、轮子、渔网、舟船、制布、兵器、房屋、天文历法，等等，还有一些更重要的伟大发明，比如文字和政治制度——但没有提及宗教，这说明中国的历史概念有些倾向于实用主义，甚至没有提到被认为是助推中国发展出集体性社会的治水工程——这一点确实奇怪，难以给出合理解释。也许早期历史学家忽视了水利工程技术的重要性？不得而知。有些遗漏不要紧，要点在于，只有那些引发伟大变革之"作"才被认为值得被"述"而构成历史。

在孔子时代（前551—前479），中国经历了一次重大转折：从维系了1300多年的"三代之治"（夏、商、周），转向霍布斯式的纷争世界。孔子在乱世现象背后看到了发生在深层的隐微而重大的变化，一种从未有过的对政治、社会甚至文明的概念和体系造成巨变的隐蔽变革，孔子称之为"礼崩乐坏"，他意识到，一些事情表面上是小事，却会有深远的严重后果。

---

[1] 相关论述参见《时间》一文。

正是这种新的变革引出了对历史概念的重新定义。在孔子之前，历史一直用来记录那些有着秩序立法之功和技术发明之功的建设性或积极有为的事件。然而后来发生了一些破坏秩序的事件，摧毁了效法天道的人道礼仪秩序，将原本与天道一致的历史改造为有违天道的非历史。孔子很重视新经验的出现，并为此发展出一种伦理化的历史概念，即历史叙述应当以向善的伦理化诠释来编撰。传说孔子本人亲自编辑修订了第一部编年史《春秋》。这种做伦理化解读的叙事方式直到今天依然是中国主流的历史写法。

5. 司马迁的理论

凭借《史记》，司马迁确立了他作为中国最著名历史学家的名望，他发展出一种新的历史写作，即一种将直到他的时代之前出现的所有重要事件、关键人物、伟大观念都兼收一处的"复合历史"。这部无与伦比的天才之作带有"流动性"的叙述视角，从特定语境下对事件的客观叙事和分析，可以转向对人物与行为的戏剧化主观描述。司马迁意在言说历史的意义，无意于鼓吹任何意识形态。

司马迁很清楚地意识到自己志在写作一部包罗万象的宏大历史。他自述："网罗天下放失旧闻，考之行事，稽其成败兴坏之理，凡百三十篇。亦欲以究天人之际，通古今之变，成一家之言。"（《汉书·司马迁传》）他考察了历史关键时刻所造成的深远影响,并且注意到,历史变革与时间节奏之间似乎有着难以解释的神秘呼应关系:"夫天运,三十岁一小变,百年中变,五百载大变;三大变一纪,三纪而大备:此其大数也。"(《史记·天官书》)我想,如果布罗代尔得知与他时空距离如此之远的一个中国历史学家,曾经在某种程度上预演了他的长时段理论,应该会大有知音之感。

假如休谟是对的,那么历史不能推知未来。我相信休谟的想法部分是对的,但不完全对。事实上,人类生活的基本问题自始至终是递归存在的,或者说,生活的根本问题在所有时代都在场。也许更恰当的说法是,历史说出了在未来还会递归地发生什么问题,但无法说出未来不会发生什么事情。

西方的"历史":第一选择

弗朗索瓦·阿赫托戈

为勾勒一个比较框架,我将把这个简短的介绍集中在我所提出的关于历史和历史书写的第一选择上。在西方文化中,古希腊常被视为诸多事物起源的沃土。希罗多德不是被称为"历史之父"吗?即使我们知道历史及其书写并非源于古希腊,而是始自更为遥远和古老的东方。[1]按：因为中国最早的历史文本并不署名，无人知晓中国的历史之父是谁。但孔子被发现是中国最早期历史文本的第一位编辑者，因此我们称其为历史的"第一编辑"。

在埃及文化中，连续性是至关重要的，因此他们的皇室名单能够回溯至公元前四千年末。埃及人最初是在木质和象牙制的碑牌上雕刻象形文字，后来，他们编写在莎草纸上的集册就是第一部编年史的来源。这些编年集册记载着历任国王的显赫事迹（或至少是当时被认为重要的事）。然而，或许埃及文明最为显著的特征在于其土著性（希腊概念），只要回顾历史，埃及人只能看到他们自己和众神，并无他人。众所周知，他们的纪念碑有些独特：并未表达出对过去的兴趣，而是展示出对永恒的渴望，一种对物质或石化的渴望。而这与古希腊史诗及其对"不朽荣耀"[2]的赞颂形成鲜明对比。按：中国的历史概念设定了一个全世界的视角，这得益于他们的"天下"哲学观，但由于其他区域被视为不甚清晰的"四海"，实际上其历史也仅限于本土的经验和知识。因此古代中国历史很少讲述遥远地域的故事，但仍有一部名为《山海经》（约公元前2世纪）的早期人类学作品展示了中

---

[1] 弗朗索瓦·阿赫托戈：《希罗多德的镜子》，J.劳埃德译，伯克利，1988年。《历史的证据》，巴黎，2005年，第21—42页。
[2] 扬·阿斯曼：《文化记忆：早期高级文化中的文字、回忆和政治身份》，慕尼黑，1997年，第169—174页。

国人的世界图景。这部作品认为世界当中有一块辽阔的陆地，它长14000公里，宽13000公里，陆地四方被大海环绕，四海之外，还有未知的八荒之地一直延伸至世界尽头。这无疑是一种想象，但有趣的是，对这块陆地大小的描述竟与欧亚大陆的面积相接近。第二个区别在于，中国的历史观念并非基于永恒而是建立在不确定的变化之上，这或许是因为中国哲学并不相信任何完美之物，而这暗示了一个非常重要的退步观点。

在美索不达米亚，公元前三千年末的阿卡德君主政治是第一个将国家统一于其权力之下，并招募抄书吏书写历史以证明国家权力合法性的政治团体。这种历史编纂是皇家的历史（只有国王创造历史），是纪念碑式的历史（使其在巨大碑文中彰显自身），同时也是专有的历史（掌握在知识分子阶层、精于书写之人手中）。[1]同样在东方，古希伯来人的圣书总是从根本上被认为是历史。然而，尽管《圣经》自始至终充斥着怀古的纪念要求，但它其实从未展示出对于真正历史的任何兴趣。对它来说，首要的威胁是忘却先祖的经历和对真理的信仰。以色列"接受了成为祭祀王朝与神圣国度的命令，没有任何地方显示它将成为一个史学家的国家"[2]。按：这或与中国的情况类似，然而中国人将祖先经历视为最好的参照，但并

---

[1] 让-雅克·格拉斯纳：《美索不达米亚编年史》，巴黎，1993年。
[2] 约瑟夫·哈伊姆·耶路沙米：《纪念：犹太历史与犹太记忆》，华盛顿，1982年。

非总是真理。

那么我们应当把希腊人置于何处呢？这些人从未被神启造访，亦不知纪念的必要与义务。这些居住在东方国度边境上的狭小定居地的人，难道不是努力将自己充作"先来"的"后到"者吗？但不得不说的是，他们其实从未声称自己是历史编纂领域的第一人——希罗多德从未向大众宣布他是历史的第一位创造者。

他们确实是后到的人。因为相对近期的（公元前8世纪）仅存或重新发现的书写，采用的是叙利亚-腓尼基人的字母表。希腊人又过了大概三个世纪，才开始书写他们自己的历史。然而希腊世界既不知道文本是一种启示，也不知道书写是专家阶层的专门领域（迈锡尼王国同样如此）。从认识论意义上说，希腊人一直在知识形式上赋予看超越于听的特权。看，亲眼看以及知，是一回事。从存在论意义上说，它们在世界中的存在是毋庸置疑的——这是不证自明的。在，在那，看，以及知，对希腊人来说是一体的。[1] 按：这一点最为有趣。有一些证据显示，中国传统将听置于看之上。孔子曾说："朝闻道，夕死可矣。"而另有一些证据却表明看在听之上。《易经·系辞上》曰："圣人设卦观象，系辞焉而明吉凶，刚柔相推而生变化。"

---

[1] 莱米·布拉格：《亚里士多德和世界问题》，巴黎，1988年，第28页。珍妮·施特劳斯·克莱：《雅典娜的愤怒：〈奥德赛〉中的众神与众人》，普林斯顿，1983年，第12、13页。

1. 占卜与历史

让我们暂时回到古代的美索不达米亚。无须在这个方法简单因而无可置疑的首个伟大的皇家历史编纂模式上停顿,我想简要关注的是某种可能将占卜与历史连接在一起的交流。在那里,占卜在决策过程中起着重要的作用。占卜者是如何工作的?他们积累并分类神谕、制作清单、汇编实例,并创建了真正的图书馆。[1] 占卜者为一种穷尽性(收集所有的案例)的理想所指导,并一直在寻求先例。他们工作的方式与法官相似,换句话说,占卜在成为有关未来的科学之前,首先是关于过去的科学。按:现在更有趣的问题出现了,这竟与中国从占卜到历史的传统如此相似。

我们在古城马里(叙利亚的伟大宫殿)发现了一系列神谕,它们可以追溯至公元前两千年初,以至现代研究者称之为"历史的神谕"。为什么是历史的?因为它并未采用占卜的典型形式:"如果动物(牺牲,羊)的肝脏是这样,那么国王(未来)将要以同样的方式夺取城池。"相反,这些神谕以如此方式表述:"如果动物的肝脏是这样,那么国王已经以同样的方式(一个非常精准的方式)夺取了城池。"这一由未来发展为完成时态的段

---

[1] 让·博特罗:《症状,体征,书写》,见让-皮埃尔·韦尔南编:《占卜与理性》,巴黎,1974年,第70—86页。

落着实令人惊讶,而想到这些被提及的事件被(现代人)认为已经真实发生,就更是如此。这便是一些叙利亚学家欲将这些神谕看作美索不达米亚史学开端的缘由——先是占卜,而后历史(如果忽略神谕关于肝脏的前半部分的话)。[1]一些汉学家对中国史学(从占卜到历史)也持同样的观点。[2]

我在这里保留的唯一观点是,占卜与史学这两门学问似乎共享或共处(足够和平)于相同的知识空间。当然,它们能够且已然被相同的知识分子所实践。对于美索不达米亚国王来说,他前来寻求帮助,神谕便帮他做出决定。对于被咨询的专家——那些抄书吏来说,他们关注、誊写、研究历史神谕,为的是在他们的清单上添加一个新的神谕结构,并增加他们储备的先例。按:中国的知识空间同样如此。

我们可以通过考察著名的《大年鉴》将这一探索扩展至古罗马,这些年鉴因曾消失而变得更加著名。大祭司每年都需要撰写一部编年史(板)挂在屋前,西塞罗将这种直白又简单的誊写阐释为罗马历史学的开端。重新审视这一棘手的问题发现,这些每年年末提交的文件都必须具备显示出城市及其神祇关系的作用。[3]这一工作被留给大

---

[1] 格拉斯纳:《美索不达米亚编年史》,第26—28页。
[2] 汪德迈:《中国历史上的占卜想象》,见马赛尔·德蒂安编:《神话的抄写》,巴黎,1994年,第103—113页。
[3] 沙义德:《城市时代与牧师历史》,见《神话的抄写》,第149—158页。

祭司，他将按其职能编写并"在其板上保留事件的记忆"。他扮演了一个时间大师的角色。什么事件？什么是一个事件？胜利、失败、灾难、预兆——人们首先需要决定某些（奇怪的、不同寻常的）事物是不是预兆，如果答案是肯定的，那么其次，合适的答案会是什么（如何"禳救"它）？为完成此工作，祭司同样需要档案并寻找先例。

这一编纂可以被恰当地称为罗马的"官方"历史或"宗教"历史。但值得注意的是，这项工作当中的时间性是公民的或者政治的，报告每年都需要为新的执政官书写，并设法解决以下问题：我们与神站在何处？我们是否完成了必要之事？我们应当做什么？如前所述，大祭司是一个拥有档案的人，这些档案以研究先例（尤其有关预兆）为指导，但大祭司关注的重点是如何处理当下，他每一年都要向新的执政官提供一份关于城市宗教状况的报告。按：中国同样如此，只是神被替换为道。道是包括神在内的万事万物的恰当存在方式。

希腊城邦的第一选择则非常不同。占卜确实存在，神谕的收集也确实存在，然而希腊人的史学走了一条不同的路径，并在随后成为西方现代意义上的"历史"。这种史学以史诗为前提，希罗多德曾希望能与荷马一较高下，但最终却成为了"希罗多德"。

2. 作为生成矩阵的史诗

在希腊，一切都以史诗为开端。通过史诗，希腊人与特洛伊人对抗十年的特洛伊战争成为位于历史边缘的"轴向"事件。起初它只是希腊事件,然后成为罗马事件,最后成为整个西方的事件。虽然如今特洛伊战争遭受争议甚至被否认,但几个世纪以来,它确实是某种公共的参照基点。[1]修昔底德认为,在任何范围内考量,这都是希腊人"共同"承担的第一项事业。事实上,正是这一点让他们被看作"希腊人"。回顾一下,波斯战争(公元前5世纪)将特洛伊人变成了野蛮人(荷马所说的未知教派),同时将希腊远征变成对亚洲的首次且决定性的胜利。五个世纪之后,维吉尔将在特洛伊战争的灰烬与对伊涅阿斯的流放中重新为罗马人发现他们历史的开端。十九世纪之后,黑格尔仍将特洛伊战争作为欧洲对所谓"亚洲原则"的胜利,并加以庆祝。

奥德修斯的旅程即将结束,同伴皆已死去,他在淮阿喀亚人的宫廷被当作贵宾对待。在国王举办的宴会上,奥德修斯请吟游诗人德默多克演唱著名的《木马》篇章。[2]从这个意义上说,当英雄立于吟游诗人面前,并被演唱英雄自己的冒险时,阿伦特看到了至少诗歌意义上的历史范畴。她写道:"曾经纯然发生的事情现在成为了历史。"[3]确实,我们见证了对这一事件的第一次讲

---

[1] 如摩西·芬利:《迷失:特洛伊战争》,见氏著《古代各面:发现和争议》,企鹅出版集团,1972年,第31—42页。
[2] 荷马:《奥德赛》第八卷,第487—520页。
[3] 汉娜·阿伦特:《过去与未来之间》,纽约,1954年,第45页。

述（它是如此构成的）：历史的第一次创造。它伴随着这一特性，即，奥德修斯的在场证明了"它"确实曾经发生。这是一种前所未有的甚至反常的结构，因为在史诗中，吟游诗人所吟咏之辞的真理性完全取决于并仅仅取决于缪斯的神权——她是灵感本身，也是真理的担保人。更进一步，阿伦特视此情形为历史与诗歌的范例，因为"与现实的和解，宣泄（净化），通过记忆的眼泪而发生。这种净化在亚里士多德那里是悲剧的本质，而在黑格尔那里是历史的最终目的"[1]。

"缪斯啊，请告诉我吧，那个有着许多策略的人……"这是史诗开幕的公约。缪斯女神，作为记忆之神的女儿以及灵感的来源，是唱诗的保证者。随着第一次历史的出现，口述世界的王国结束了。散文取代了韵文，写作占据了主导，缪斯女神随之消失；取而代之的是一个新的世界和一个新的简练叙事的出现："哈利卡纳西亚人希罗多德通过探究学到的是清晰阐明（他的历史理论）……"并非效力于什么特别的力量，他从第一个词语开始便定义和主张这种以使用其姓名为开端的叙事形式。他是他叙述（理性）的作者，也正是在这样的叙述中，他建立起自身的权威。矛盾同时蕴含在这一事实中，因为这一崭新主张的权威尚未完全建构起来。这种叙事策略，既是希腊思想史上这一时期的典型特征，同

---

[1] 汉娜·阿伦特：《过去与未来之间》，纽约，1954年，第45页。

时也标记了同东方史学的决裂。如果希腊人真的发明了什么，那么他们发明了历史学家，而非历史。这种自我确证和书写模式离纯粹的历史现象非常遥远，然而，他们是标志，甚至是这一思想史时期（公元前6—前5世纪）的识别特征，因为他们目睹了"自我主义"在艺术家、哲学家与医生间的兴起。[1]

这种新的叙述形式和独特的形象并非从真空中产生。希罗多德为波斯战争承担了荷马为特洛伊战争所做的一切。书写历史意味着从一场冲突开始，并通过找到"起源"，从双方的立场讲述一场伟大战争的故事。与《圣经》从时间开始之初讲述一个连续的故事不同，第一批希腊历史学家找到了一个起始点，并将其自身限制在叙述一组特定的事件中。[2]

同吟游诗人一样，历史学家也处理记忆、遗忘和死亡。古时的吟游诗人是精通赞美的大师（克里奥斯），是给在战争中光荣死去的英雄献上不朽颂歌的颂辞分配者。希罗多德只是试图确保人们行为的痕迹、他们生成的历史纪念碑不会消失，不会停止被述说和庆祝。如果历史学家不停地提起史诗，那他会比吟游诗人讲出更多谦虚的断言。[3] 就好像他知道有关不朽的古老承诺除非

---

[1] 杰弗里·劳埃德：《智慧的革命》，伯克利，1987年。
[2] 阿纳尔多·莫米利亚诺：《现代史学的古典基础》，伯克利，1990年，第18页。
[3] 希罗多德：《历史》第一卷，第1页。

作为一种否定,作为一种推迟遗忘的承诺,否则将永远不会再被说出。同样,吟游诗人的专门领域包含"英雄与神的行为",历史学家将自己局限于"人的行为",而这个时代本身就被定义为"人的时代"。他补充了一个选择原则:选择那些伟大和引起惊异的事物。由此,他给自己提供了一种衡量事件差异与组织世界多样性的方式。

历史(historia),这一象征性的词汇,逐渐固定了下来(尽管对修昔底德来说,他费尽全力从不使用它)。它是一个抽象词汇,从动词调查(historein)发展而来。就调查一词全部的意义来说,它意味着亲自出场和亲自看。它表达的更多是一种思想状态和一种方法,而不是某个领域。这是一个专属于希腊思想发展史上特定时期的词汇。历史(historia)一词起源于有学问的人(histor),而有学问的人与看(idein)和知(oida,idein的完成时态)相关。因此,有学问的人在史诗中出现过几次,他的在场并不作为目击者,而是作为裁决者,又或者是作为一个争执语境中的担保者而出现。也就是说,他从未亲身濒临险境。按:"调查"表明报告或消息。

希罗多德既不是吟游诗人,也不是有学问的人,他只进行了调查。他既不拥有学问渊博之人的天然权威,也未从吟游诗人的神视中获益。他只有历史,这是一种特定的调查形式,也是他自身史学实践的第一步。作为一种替代品,历史以一种类似于缪斯无所不知的神视来运作，缪斯女神知道所有的事，因为她的神之本性允许她无处不在。这位只行动于自身权威的历史学家，试图从现在开始"继续她的叙述，为大城市同时也为小城市言说，因为有很多曾经伟大的城市如今已经衰落"[1]。

如果（这样定义的）调查同时唤起了吟游诗人的智慧并与之决裂，希罗多德也诉诸第二种对于知识的记录，即占卜的方式。希罗多德进行调查，但他同时进行示意（semainei），也进行展示、揭示、象征。示意用于某人做出报告，此人能够看到其他人未看到或不能看到的事物。这一动词专门用来指示神谕知识。[2] 自从史诗问世以来，那些通晓现在、未来与过去的先知便被描绘为有学问的人。据称，克里特岛的著名占卜师埃庇米尼得斯，并未将自己的占卜技术用于可能会发生的事，而是用于那些已经发生却仍旧模糊不清的事。在这里，占卜也是一门关于过去的学问。我们同时也想起赫拉克利特的思想公式，按照公式，神谕既不言说，亦不隐藏，而是"示意"。[3]

在序言中，正是在希罗多德第一次说"我"的那个时刻，他进行了"示意"。根据他自己的个人知识，他揭示并标识出第一个对希腊人采取进攻行动的人，这个人就是吕底亚王国的国王克罗伊斯。作为第一个征服希

---

[1] 希罗多德：《历史》第一卷，第5页。
[2] 马赛尔·德蒂安：《阿波罗手中之刃》，巴黎，1998年，第138页。
[3] 赫拉克利特：《残篇》，第93页。

腊的人，克罗伊斯被标识为"负有责任的"，或"罪恶的"（aitios意为责任）。希罗多德当然不是占卜者，但通过这一调查和标识，他将自己归于某种自身的神圣权威之下。因此，即便这与我们之前在美索不达米亚看到的情况非常不同，占卜与希罗多德的历史仍具备某种内在的共性。

调查、示意这两个动词像两条横纵交叉的路，在这一交叉路口中，古代与当代的知识相交相会，并被希罗多德本人的工作以一种独特的方式所证明。这是两个思想的工具，通过它们，我们可以超越视觉，在更广阔的空间或时间中"清楚地看到"。它们同时也刻画和塑造了第一位历史学家的思想风格，希罗多德不是吟游诗人，也不是占卜者，他介于二者之间，成为了"历史之父"希罗多德。在他之后，一系列新的决定最终导向了一个新时代即现代的建立，同时也导向了一个新的历史观念——一个大写的历史的出现。这个大写的历史作为包罗万象的进程，迄今一直是西方世界的主要信仰。

关于时间和历史对话文本的互读讨论

赵汀阳

关于时间，我一直有个疑惑。时间似乎可以是一个解释万物之存在的形而上观念，或至少是一个如康德的先验形式那样可以用来理解万物之存在的知识论方案。今天的流行观点认为，时间或能够被物理学正确地解释，就是说，时间观念被发现是一种物理而非形而上的概念，时间在相对论意义上成为"相对的"，不再存在同步的时间概念了。物理学很可能是对的，至少我们相信它是对的。但我的困惑是，我们如何能够脱离对一种形而上的普遍时间观念的依赖，来理解一切相对时空的存在？如果排除了普遍时间的概念，恐怕也无法谈论"相对的"时间，也许只能说有如此这般的运动。但这样说似乎很难理解和解释生活，我想说，形而上的时间也许不存在，但心灵却无法抗拒时间的形而上观念，即便时间并不真的存在或与其形而上的概念没有相似之处，但形而上的时间概念是有用的。

另外，我并不认同宗教概念体系里的历史观念，历史并不能被化约为一种宗教的价值或功能，如果历史被宗教解释，那就只是宗教，没有历史概念了。同时我对中国的"量子式"历史观念也感到一些困惑，因为不断变化着的变化本身会将一切意义或价值都置于不确定性之中，这样的意义就消失了。历史需要自己言说。因此我提出一种"存在论的"历史观念，用"存在论事件"来解释历史意义。存在论事件在决定性的时刻（kairos）创造了存在的形式和秩序，比如语言、农业、交通、逻辑、数学、科学技术、政治体系、国家、工业、互联网等发明。阿赫托戈教授，对于您的评论，我深表感谢，我想请教一个与您的理论相关的问题：您对如今"当下主义"之后最有可能出现的下一个历史性体制有何预期？

弗朗索瓦·阿赫托戈

赵汀阳教授指出了中国时间观念的显著特征，即坚持其根本的"历史性"维度——经由"变化"观念的重要性（时间通过一系列"重大变革"而被理解）以及对"创造"（作）这一核心概念的使用，人们得以为未来留出余地而将时间性转化为历史性。

相较而言，我指出了西方时间观念的突出特点，即深刻地被基督教的历史性体制，以及时序（chronos）、时机（kairos）与危机（krisis）三个观念间的互动影响所塑造。如今我们正在进入一个完全不同的精神世界。全球变暖重新将世界末日的威胁带回西方世界，而世界末日的概念对于中国人或印度人却似乎不能说明什么问题。从天启中借鉴的历史体制被再次激活，即时性点击造成成倍增长的当下主义，正受到一个被视为危险与日俱增的未来的挑战。

当下主义的历史性体制已经被证明是不可持续的，在它之后的问题不再是一个关于厘清过去、现在和未来三个"陈旧"范畴的问题，而是一个关于将异质的和不可通约的多元时间性如何成功结合在一起的问题（一方面是互相冲突的世界里不一致的时间性，另一方面是与整个地球体系联系在一起的时间性）。这样说来，博尔赫斯充满交叉小径的花园将变得更为令人迷惑！这是存在意义上的挑战，非惟对西方而言。

（原载《哲学研究》2023年第1期）

{ 五 }

柏林论辩

天下制度的存在论论证及疑问

2019年11月4日，柏林自由大学哲学系举办关于赵汀阳《天下的当代性》德文版（Suhrkamp出版社）的讨论会，汉斯·费格教授主持，赵汀阳对每个发言人的问题做出回应。讨论涉及天下体系的基本原则和逻辑基础、应然和实然、平等和民主、人权和义务、博弈论应用等问题。与会者包括：汉斯·费格（Hans Feger，柏林自由大学哲学系主任，教授）、斯蒂凡·戈思帕（Stefan Gosepath，柏林自由大学哲学系教授）、安乐哲（Roger Ames，北京大学教授）、拉夫·韦伯（Ralph Weber，巴塞尔大学教授）、孙向晨（复旦大学教授）、露易丝·缪勒（Luise Müller，德累斯顿工业大学教授）、沃尔特·范库和（Walter Pfannkuche，卡塞尔大学哲学系主任，教授）、格拉汉姆·帕克斯（Graham

Parkes，维也纳大学教授）、克莉丝汀·纽豪泽尔（Christian Neuhäuser，多特蒙德工业大学教授）、罗宾·西利凯特斯（Robin Celikates，柏林自由大学教授）以及赵汀阳。《世界哲学》杂志2020年第3期刊出了讨论会的部分论点及赵汀阳的回应。在此对会议组织者、与会人、译者王惠民及《世界哲学》杂志一并致谢。

开场发言

一个宪法性的天下

赵汀阳

我先要感谢来参加讨论的每一位学者。除了书中的观点，我想补充介绍近来的一个设想，即对天下体系或可能有意义的"智慧民主"（smart democracy）概念。

对"天下"概念的重构，是基于天下作为3000年前中国的政治起点，与欧洲的作为政治起点的古希腊城邦形成具有互补意义的对比。天下概念表明了中国的政治思维始于"世界"问题而不是"国家"，这是一种早熟的世界治理政治想象。当今世界的全球性政治局势和技术条件与民族国家体系已经不相适应，因此我想通过重启天下概念思考未来的世界治理，试图论证一个为了所有人并属于所有人的世界秩序。它不是一个乌托邦，而是一个可能实现的共享世界，可称为共托邦（contopia）。

对天下概念的重构缘于两个理由：第一，我曾长期信任康德的和平理论，后来发现它经不起亨廷顿的文明冲突理论的挑战。康德式和平适用于具有相似价值观、宗教与政治体制的国家之间，而文明冲突是落在这些条件之外的严重问题。第二个理由是，对于处理世界政治，国际政治是失效的。国际政治不过是由威慑、制裁、干涉、平衡、冷战与战争等敌对策略组成的无效博弈，不能解决任何深刻的冲突。

我不同情对政治概念的一些常见的误导性理解，我认为真正的政治不是寻找和确认敌人，战争也不是政治的延续。事实上，制造敌人和发动战争正是政治失败的证明。政治必须是化敌为友的艺术，否则等于无所作为，只不过重复了自然状态。我试图回归超越对立的天下概念，设想一个在世界宪法保证下的和平世界体系。直到今天，世界仍是一个停留在"原初状态"的非世界，与霍布斯的自然状态相去不远，充满了对抗、敌意与文明的冲突，在其中，无政府状态的世界与组织良好的国家极为不协调。这是一个缺乏世界性的失效世界。天下体系意图构建一个政治世界，从而有效解决世界规模的问题，应对科技、经济、气候与文明等方面的风险。可以看到，产生于17至19世纪的现代理论已经计穷力竭，难以应对当今及未来的新问题。

天下体系建立在共在存在论（ontology of coexistence）的基础上，包含三个宪法性的概念：（1）世界的内部化，即所有人和所有国家都内含在一个共享体系内，使整个世界都变成内部而不再有负面外部性；（2）关系理性，即相互敌对最小化优先于排他利益最大化的理性思维方式，因此与追求个人利益最大化的个人理性形成反差；（3）孔子改进（Confucian Improvement），即任何一个人的利益得到改善，当且仅当，其他所有人也必然获得利益改善。这是对一切人无例外的利益改善，因此优于帕累托改进。也可以表达为，孔子改进等价于每个人同时实现帕累托改进。

未来的天下政治还需要"智慧民主"的助力，那是一种基于箕子思想的民主概念。伟大的政治家箕子曾为周朝的天下体系提出过一种民主"决疑"方案，虽从未在历史中得到实施，却留下关于智慧民主的初始构思。箕子的方案要点在于寻求人心与天意的一致同意。其投票方案设定了5票，其中，3票代表人心，包括君主意见1票，多数大臣意见1票，多数民意1票，另有2个加权票，由2种占卜代表天意。在文明早期，占卜被视为可信知识，类似今天我们对科学的信任。在当代语境下，占卜的加权票自当替换为科学的加权票。箕子方案的要点是，如果集体决疑能够具有可信性，那么民主制度本身必须自带智慧，而能够自带智慧的民主必须是一种**知识**

加权的民主。

箕子富有启发意义的投票规则大致如下：

R1：如君主、大臣、民众以及2种占卜一致同意某项提案，意味着它是最优选择；

R2：如果提案只得到1张人心票，无论来自君主、大臣或百姓，而同时得到2张占卜票的支持，那么这项提案是有条件合理的；

R3：如有1张占卜票不支持提案，即使得到人心票的全数支持，也只适用于可控的国内环境，而不支持任何对外的冒险行动；

R4：如果2张占卜票都反对提案，即使获得人心票的全数支持，也断不可行。

显然可见，知识的加权票被赋予了比人的意愿票更大的权重。这意味着，知识加权民主的目的是让知识引导民主，以帮助人们做出更加理性的决策。经过优化的知识加权民主可以用于新的天下。在非君主制的条件下，5票可缩减为3票，只留下1张人心票来代表多数民众的意愿，如同现代民主所为，保留2张知识加权票，由2个知识委员会做出民主决定，即科学委员会和人文委员会。知识委员会的成员从德高望重的科学家和人文学者中选拔出来，代表了免于政府和政党控制的可信知识选票。投票程序包含两个步骤：首先，人民按照意愿选出预选的选项；然后，知识委员会给出知识加权票，赞同或否决预选的选项。因此，它定义了分立的权力：民众决定什么是可欲的，知识委员会决定什么是可行的。如果民主被如此设计，便似乎具备了内嵌于制度本身的智慧，而将人心的盲目性降至最低，仅凭制度本身便可有效避免非理性的选择，所以称为智慧民主。

普遍主义 vs. 天下–中国的康德

汉斯·费格

在讨论对普遍主义的不同理解时很容易陷入文化相对主义。我不打算寻找康德传统中的"西方"普遍主义与儒家传统中的"东方"普遍主义（天下）之间的相似性，而准备尽可能尖锐地展现两者的差异。在《真理与方法》中，伽达默尔曾说："向他者开放就意味着承认我必须去接受某些反对我自己的东西，即使没有任何他人要求我这样做。"[1]

康德以个人作为起始点来实现自由的普遍化，并将道德原则（绝对命令）视为决定一个人行为的意志准则。有人可能会为其贴上"无约束的自我"（unencumbered self）的标签，就像桑德尔曾如此批评过罗尔斯。但道德原则绝不仅仅是一个私人操作，并非限于为了个人行为

---

[1] Hans-Georg Gadamer, *Wahrheit und Methode* (Tübingen: Mohr, 1975), p. 343. 中译文摘自伽达默尔：《真理与方法——哲学诠释学的基本特征》，洪汉鼎译，上海译文出版社，1994年版，第464页。

的自我决定。在康德的语境下，自我规定的道德理论同时也是政治自由概念的基础。不论是康德的道德法则，还是他的法律原则或政治正义的策略，都必须通过自我规定的道德理论来获得在其背后的人类意志自由的理解。甚至一个行为的可归责性（imputability）以及法律的能力也都必须奠基在行为的自由性之上。缺少了可归责性，一个做出"行为"的人永远不能"被视为一个后果的事主"[1]。

与之形成明显对比的是，中国传统思想不将个人视为自我规定而自治自律（autonomous）的个体，而是作为"关系系统"中的一员，通过责任与关心来定义其自身。"ethics"（伦理）在汉语中的意思就是"人际关系的准则"。由于每个人生来就被社会赋予了责任和义务，因此他无法通过"无知之幕"（罗尔斯）来实现正义。根据新儒家杜维明的解析，中国的个人位于人际关系构成的同心圆的中心，圆圈之间相互产生影响和交集。人际关系圈从家庭开始，扩展到工作和生活中接触到的老老少少，到朋友，到共同体，到国家，最终到整个宇宙。[2] 这些关系所遵循的规则不是法则（laws），而是以关系为指向的基于特定社会条件下的伦理准则和礼仪（rituals），

---

[1] Kant, *Metaphysics of Morals* VI, 227. 中译文参考《康德著作全集》第6卷，第249页。

[2] Tu Weiming, *Confucian Thought: Selfhood as Creative Transformation*. Albany, 1985.

它们表达了人们的互相关心、善意和同情、感激以及社会和谐的状态。儒家伦理的普遍性假设是无边界的，它要"观照天下一切事物"（大概是"以天下为己任"。——范仲淹）。这个目标不是去实现一种具有普遍性的合体（unity），而是世界的整全性（wholeness of the world）。康德意义上的普遍性在中国从未被提及过。

如果将中国式的"天下体系"与康德的普遍主义做比较，不仅矛盾和差别变得显著，原则之间的对立也凸显出来。康德的道德哲学建立在作为"一切道德法则和责任的唯一原则"的意志自主自律性之上。这个自主自律性不是善良行为的规范根源，它仅仅是规范得以具有约束力的内在本性，但康德不是"意愿道德"（morality of intention）的理论家。中国的传统道德理想却基于共情、利他主义的规范和礼仪，目标是培养和实现至高美德——仁，一种经验性的目标。其中，道德模范即是处于国家等级制中最高位置上的人。正是通过这种方式，儒家的伦理价值成为了独裁统治借以维持自身的手段。

赵汀阳

关于中欧思想的路径区别，您的讨论富有深度。我将接着展开讨论。

哲学观点通常受到所使用的存在论"单位"的影响和导向，那些类似基因的基本单位决定了什么被定义为最重要的事情，并暗示哪些是值得思考的问题。欧洲现代哲学以个人为基本单位，中国哲学则常因个人概念的缺失而被诟病。中国传统哲学确实缺少作为政治单位的个人概念，但如果说中国概念里没有个人的位置，则恐怕言过其实。在中国传统语境中，一个人不被称作个人，而是把"己"定位为"身"。老子根据生活形式将基本分析单位依次列为"身，家，乡，邦，天下"，这与现代欧洲的"个人，共同体，民族国家"系列形成错层对比，可见关注点之不同。身不是政治单位，而是生命单位。政治单位是政治权利的载体，而生命单位则是经验与道德的载体。缺乏个人概念解释了为什么中国哲学缺少自主自律性（autonomy）的概念。如果我没记错，定义了绝对个人的自主自律性概念在欧洲也并非十分古老，它的定位多半要归功于康德，也许可以追溯到笛卡尔、路德或更早的哲学家那里。对此您必定比我更了解。自主自律性的缺席确实曾为中国带来很多灾难，我很同意应该将个人自主自律的概念移植到中国哲学中来，因为它是一个好社会不可或缺的因素。

不过，某物的缺失并不都是文化弱点。您对伽达默尔的引用很说明问题，它反映了对他者根深蒂固的恐惧。如以福柯的知识考古学眼光来看，这应该是基督教异教徒概念的遗产。很庆幸中国文化中缺少异教徒概念。对他者的恐惧决定了基督教式的普遍主义是单边普遍主义，会助长文化自闭，拒绝接纳其他文化的思想，这比意识形态对立的"柏林墙"还要严重。我之所以主张兼容性普遍主义（compatible universalism），就是试图论证，最好的可能世界应当像莱布尼茨认为的那样，由"最丰富的事物集合"组成。兼容普遍主义不是价值观而是方法论，用于建构最丰富的事物共在关系与共可能关系，以及发展各种哲学与价值观的兼容关系，同时否认任何特殊价值观的独断地位。

康德的绝对命令称得上是伟大的智慧之作，但康德忽视了主体性之外的可能性。如果可以的话，我愿意将绝对命令扩充为三个种类，以便容纳不同情境的问题。第一种绝对命令，当然是康德版的个人绝对命令，基于主体性的自主自律性。第二种绝对命令，则涉及主体间的共同知识，即考虑到其他主体的一致同意。比如，"在交流中不要使用私人语言"就可能是一条主体间的绝对命令。哈贝马斯为他的"理想言说条件"定义了若干此类绝对命令，尽管他没有使用这个概念。第三种绝对命令，是以逻辑互蕴关系（iff）为形式的关系绝对命令，说明的是普遍必要的共在关系。"存在即与他人共在"是一条关于人类存在的先验真理，由此我推出一条道德的新金规则：人所不欲，勿施于人。这与传统的金规则相比有着微小而重要的改进。能否说，改进版的金规则也算是一条绝对命令？我想强调的是，如果个人自主自律性的绝对命令是合理必要的，那么人与人关系的绝对命令同样是合理必要的。最符合关系绝对命令的逻辑形式是互蕴关系，p当且仅当q。其伦理法则相当于孔子的

"仁"原则,即任意二人一致同意的最优相互关系。仁的关系与逻辑的互蕴关系具有同构性,因此仁可以理解为伦理性的互蕴关系。天下体系的伦理性就建立在关系绝对命令之上。

您很正确地指出罗尔斯的"无知之幕"在儒家社会中不存在。其实,作为一个实验性的理论情境,无知之幕从未在任何现存社会或历史中存在过。这个理论影响广泛,但并未令我信服。且不说博弈论在解释人类社会时并不需要无知之幕的假设,即便按照罗尔斯自己的规则,无知之幕的逻辑结果也很可能背离罗尔斯的初衷,引向始料未及的结论。依据罗尔斯条件和博弈论算法,至少有两种合理结果:一个是罗尔斯自己的结论,包括著名的"有别原则"(principle of difference);另一个更合理的解却是彻底平等——每个人都获得相等报酬或分配份额,几近共产主义社会。这对罗尔斯来说是个坏消息,他显然不要共产主义。可正是在他的"无知之幕"条件下,如果严格遵循博弈论的风险规避原则,"每人都获得相等份额"才是每个人的占优策略,于是"共产主义解"才是更可能的逻辑结果。我有点疑心罗尔斯暗中默认了加入"无知之幕"博弈的各方人士都是自由主义者,他们事先对自由主义深有了解。不幸的是,这将意味着罗尔斯理论是自我挫败的,因为违背了所有参与者"对一切无知"的理论约定。

天下提出的问题

安乐哲

"天下"是中国人的常用词,日常用来表示"世界"。同时,"天下"也是中国传统经学中的地缘政治概念,有着深刻的历史和哲学意蕴。现在这个技术性术语被认为是用来思考正在演变中的新世界秩序与世界治理模式的中国式框架——称为"天下体系"——它的意义得到了广泛讨论。尽管对天下概念有多种阐释,但可以确定的是,在中国的过程宇宙论中,这个概念缘起于中国对国际关系的生态化理解,它承认在一切经济与政治活动中各国之间有着相互性和互相依存性。作为"世界"的天下将"活力关系"(vital relationship)置于首要地位,而将民族国家这种分离的主权实体当成是活力有机关系的次级分化(second-order abstraction)。

以天下为结构的中国来自哪里?这个问题吸引了中国历史学家们的关注。现在摆在我们面前的这本专著里有当代哲学家赵汀阳给出的一个答案。赵汀阳敏锐地注意到,那些最具影响力的解释中国的理论不仅将中国硬装进西方的概念和范畴中,还不乏刻板成见。因此,他同时向中西方学者发出"重思中国"的挑战[1],并提出了

---

[1] 赵汀阳:《天下体系:世界制度哲学导论》,人民大学出版社,2011年版,第1页。

独具一格的中国"旋涡"模式来诠释天下的身份认同在中国的中原大地上逐渐被建构起来的历史过程。

天下认同的形成是由一系列相互关联的"文化诱惑"所驱动的，其中最重要的因素是中国的书写文字，还包括承载着可共享文化的经学文本，以及从核心文化中发展出来的政治神学。正是这些具有号召力的因素将中原以及周边地区的不同族群卷入旋涡之中。旋涡模式早在3000年前的夏商周时期便开始成型，接着以不同形式延续，直到清朝结束。赵汀阳在书中提出的新颖而令人信服的论点，不仅告诉我们该如何理解中国，也帮助中国来更好地理解自己。

将古代中国视为无外天下的旋涡模式，赵汀阳的理论当然激发了我们去重思经学文本中的关键哲学概念，并以此来读懂不断演变的中国文化传统。我们或许还可以在更广泛的领域应用这个理论，将它作为理解我们这个时代的地缘政治格局的一种新视角，进而预见未来的可能性。这个有着文化诱惑力的旋涡模式将如何来帮助我们去思考有着崇高目标但又令人忧虑的欧盟？欧洲，在当今时代苦苦寻求自我改变却带着顽固的、具有分裂性的威斯特伐利亚思维背景的欧洲，将如何才能形成一个在经济、政治和文化秩序上有"欧洲特色"的天下？

赵汀阳

感谢您对旋涡模式的分析。您的问题难度很高但很吸引人：欧洲是否可以发展出一个欧洲特色的天下？我恐怕没有足够的智慧来回答您的这个问题。在我看来——不知是否可以坦率地讲？可能会政治不正确——欧洲曾经错失了本可以成为巨大旋涡的两次机会：第一次是拿破仑时代的法国，如果当时法国能够组织起类似于欧盟的组织，而不是忙着向欧洲其他国家开战的话；第二次是"一战"之前如日中天的德国，但前提是它需要实行民主改革。当时的英国更有实力和影响力，但英国与欧陆似乎在某些方面很难协调。不知道我说的对不对？我也许想多了。

对于当代欧盟来讲，旋涡式的机会似乎已经失去了，它的集合力过于薄弱，而且，其中一个"集合力"似乎是美国，并不能代表欧洲自己的利益。真是抱歉，这样说得罪欧洲了。又如您所言，还有着包括威斯特伐利亚思维在内的很多老难题。欧盟略为有点类似于周朝天下体系之前的松散邦国联盟。在中国的酋邦时代晚期（尧舜夏商），各地有着相似的上天信仰，有着各不相同的地域文化，相互间建立了密切交流，人群在其间自由迁徙或移居，但在经济和军队上是独立的，在那时，盟主是众小邦共同推尊的最大酋邦。当然与欧盟有着更多不同之处，欧盟是建立在高度发达的民族国家之上的现代体系，有着严格的契约关系。在国家级别的问题上，比如说如何建立良好治理的国家，以及如何以帝国主义手段在国际博弈中谋求国家利益，欧洲都有着最成熟和完善的政治思想，但是，无意冒犯地说，在对世界级别的政治理解上，欧洲思想走入了误区，即，试图用国家尺度来丈量整个世界，将国际政治混同于世界政治。其中一个原因就是缺少像天下这样具有世界性（worldness）的概念，因此未能以世界看世界，未能超越国家视角而形成一种理解世界共同利益的世界概念（worldism）——有别于推广自身的世界主义。欧洲帝国主义的失败正是因为试图以治理国家的手段来统治整个世界，这与世界规模的问题格格不入。请允许我重提天下概念的一个特点，即古中国试图以治理世界的方式来治理国家。周朝发明天下体系，理由是天下应当是天下所有人得以共在的"共可能"世界（借用莱布尼茨概念），这样才能够"配天"——这是一种不能得到科学证明但具有先验合理性的政治神学。周朝的成功在于它能够容纳多文化，吸收前朝的经验和遗产，因此造就了"郁郁乎文哉"的周文明——这总让我想起莱布尼茨所说的表现为"最丰富集合的共可能存在"的最好可能世界。我不确定未来欧洲是否会成为一个政治天下，但建立一个"文化天下"应该很有机会，因为欧洲在知识、思想和艺术等领域依然具有优势地位。

至于现代中国，我认为它与欧洲之间已不再有对立性的差别。现代中国已经成为一个跨文化文明，部分地含有西方文化，西方文化已经被植入为中国的内部要素。如果依旧以传统中国的模样来看中国，恐怕会产生误解。

当然，某些显眼的"中国特征"依旧存在，尤其在方法论和哲学中。比如中国的形而上学认为，一个事物宁可保持不完美的状态，才有更多空间来应对不可预料的变化，而完美的事物由于没有变化余地而变得脆弱，往往难以长久，我称之为"不完美主义"；另外还有应变性的思维方法论，如老子所言，应当永远像"水"一样随形而成，才有最大的生存机会；还有中国人对众多神明的同等敬仰，这与一神教传统形成对比。我在《一神论的影子》这本与法国人类学家阿兰·乐比雄合著的书中，讨论了一种"扩展版的帕斯卡赌注"，意思是，在风险规避的理性计算下，如果帕斯卡给出的信仰上帝的理由是正确的，那么就有同样的理由敬畏所有神。这能够解释为什么中国不难接纳其他宗教和别处的哲学。不过天主教徒乐比雄告诉我，他一点都不欣赏帕斯卡"像商人一样精于算计"的赌注。

对《天下的当代性》的几点评论

拉夫·韦伯

我的关注点或有些奇怪。这与对周朝至战国时期的天下体系论述有关。在本书中，赵汀阳出色地引用了西方各种理论（从霍布斯到沃勒斯坦），但当他反复强调那个几无中断地贯穿于先秦乃至整个皇朝历史的大一统传统（monolithic tradition）时，或为至少存在于精神中的天下理念提供历史证词时，赵汀阳几乎只引用了中国学术成果。事实上，欧美汉学界也有大量研究成果。尤其在许多新的出土文献被发掘之后，一些专家甚至建议应当彻底重写中国的早期历史。赵汀阳似乎不在意这些西方研究，而更愿意引用老辈大师以及中国大陆的新近学者。

其中的原因可能是因为非大陆的学者对中国大一统传统持有更多的批判态度。当赵汀阳引用大量古籍（包括儒家、道家、法家以及墨家）来描绘周天下时，他最终的落脚点是一幅大一统的图景。当某些文本在观点上出现不一致时，他常常将争论视为补充：孔子没能达到的，老子能补充上；韩非子不足的地方，《管子》能补全。当然，根据出土文献，将战国时期各家进行区分的传统做法是有问题的，但从不尽相同的各家学说推断出它们共享了相同的问题和理论，这也不妥当。在我看来，赵汀阳为了能够最终得出一个含纳一切的天下体系，有意略过了差异。尽管援引了很多历史材料，但书中的历史似乎是"非历史的"（a-historical）。赵汀阳不信任对经典文本的流行阐释，而是不断地告诉读者《道德经》或《荀子》中的某句话的真实意思是什么，好像它们全都能被解释为有利于大一统世界观的理论证明。

对天下理论的构想，我有一个与之相关的哲学问题想要讨论，即关于 *is*（是，实然）与 *ought*（应是，应然）

之间的关系。赵汀阳似乎试图以某种方式消解 is 与 ought 的区分。一方面，天下体系是（is）很重要的，并能有效地抵御西方的国家体系，后者在赵汀阳看来是经不起当今世界问题的挑战的；另一方面，当代中国应当成为（ought to be）天下的新核心，并引领未来的世界秩序。这层含义没有直白地表露出来，但全书的设定以及对儒家的引用（比如，孔子改进）都暗指了这个方向。不过，对 is 和 ought 之分的最明显消解还是体现在天下概念本身中。虽然天下体系存在于周朝，但"天下"的含义就是天空下的一切，即整个世界，因此这个世界依旧有待成为天下，因为天下的品格是无外的，它的目标被设定为兼容性的最大化与一切人的可共在性（co-existentiality）。在赵汀阳的概念化天下中，存在着一种完美主义倾向，使得天下体系的历史版本（比如周的实例）与未来的可能形式（比如赵构想的未来世界秩序）看起来都还不够完美。这种介于 is 与 ought 之间的概念不仅在许多方面都很有吸引力，还提供了一个在理论上进可攻退可守的回旋空间。

赵汀阳

感谢您提出了富有建设性的批评，可以看出您阅读了很多中国经典。我首先要解释关于出土文献的事情，您似乎认为它们代表了更真实的中国。的确，新发掘的文献揭示了一些长久以来未知的真相。比如，有一篇出土的早期文献显示，儒家与道家之间的对立不像人们原本以为的那样严重——尽管两者在主要观点上依然有分歧。然而我不认为出土文献比传世文献更重要，因为历史本身是被历史性地建构出来的，历史不断在自我发展和自我创造，就像一个人不断被自己的言行所重构。埋藏了2000多年的早期文献确实讲述了某些失落的真相，但长久以来广为人知的流行文本同样存活了2000多年，这意味着中国人的思维方式早已在传世文献的影响下被塑造成形，就是说，中国思想的格局不是被遗失的文本而是被一直在世的文本所定型的，是那些传世文献决定了中国的结构和精神。所以我愿意更多地参考传世文献，以及物质性的考古发现，比如被发掘的遗迹（城市、建筑和甲骨等），来解释动态历史的中国。并且，直到今天也没有任何证据证明传世文献的真实性不如出土文献，一些早期的历史记录反而证实了传世文献至少与出土文献同样古老。对于两者产生差异的原因，一个较为合理的猜想是，当年原始文献在传播的时候，不同的手抄副本就出现了些许差异。正如我们看到的，两种文本间往往只有少量字句不同，估计是抄写者添加或删减了某些内容。我当然不是贬低出土文献的价值，它们毕竟让我们认识到中国被遗忘的部分，但必须承认，它们无力说明在长久历史中形成的中国。

另外，我所以没有太多引用西方汉学家的学术资源——对此要表示歉意——是因为我试图建立一种基于中国原版概念的独立理解,而不想纠缠于西方语境下被重构的中国概念,后者不太符合中国思想,还忽视了其中很多理论意义——很抱歉,说得过于直白了。例如,天下体系曾被费正清诠释为"帝国朝贡体系",这与事实出入比较大。天下体系终结于公元前221年,远早于所谓"帝国朝贡体系"的明代和清代。还有,大一统君主制的中国(前221年—1911),甚至包括现代中国,常常按照西方概念被似是而非地描述为"帝国"。开玩笑地说,此类套用属于"指鹿为马"。事实上中国是一个无法用西方帝国或民族国家概念来定义的大国,如何定义中国对于中国人自己也是个未决问题。一个方便于西方人理解的中国简化形象或许无伤大雅,但对于学术研究却无所裨益。当然,有些西方学者对中国的理解是深刻的,比如汉斯·费格教授准确地发现了中国文化中缺少自主自律性的概念,这的确是中国思维中的严重缺陷。坦率地讲,西方哲学给我的教益要远多于西方的中国研究。

除了差异,中西思想之间也有些具有学术意义的巧合事例。比如,早期中国的"智者"公孙龙,他对政治哲学不感兴趣,在那个时代是个怪人。在《指物论》开篇,他写道:"物莫非指,而指非指。"我从中读到了分析哲学的序曲。还有早期的战略思想家孙子,分析了"知己知彼"问题,这似乎是我读到的最早意识到"共同知识"概念的博弈论理解。遗憾的是,此类有学术价值的问题几乎从未被引入到"中国研究"中。

现在来回答您最强劲的问题,即关于天下理论中"*is*与*ought*之分的消解"。从休谟那里,我们了解到应然(ought to be)无法从实然(to be)中推导出来。我非常喜欢这个观点,但它仅仅对知识论或科学问题有效,对形而上问题恐怕无效。至少有两个事例超越了这个区分:一个例子是上帝,他创造了自然(physis)或万物,对上帝来说,*is*与*ought*是同一的,他仅凭绝对意志即可创造实在,于是,上帝的伦理学、美学、逻辑和知识都是同一的(维特根斯坦似乎猜到了这一点),一切都等同于他的意志;第二个例子是人类,尽管人的创造与上帝的创造相比微不足道,但人在历史和文明的创造中分享了上帝的创造性光辉,与其所为具有某种同构性,即*is*与*ought*在人类发明的制度、伦理、政治和历史中同样合二为一。当然,人类的意志不能直接化为实在,但有能力选择那些确实是(*is*)可能的应然选项(*ought*)。因此,一种能够解释人类行为的存在论必定同时是"创世论"(creationology)——请原谅我生造了这个奇怪的术语——意思是,*is*与*ought*在人为创造中是同一的,只是在知识论中才分裂为两个问题,因为知识遇到了主观性之外的实在。能否说,存在论与形而上学总是赋魅的(enchanting),而知识论和科学则是祛魅的(disenchanting)?两者都是必要的,但要根据问题的性质来决定选择使用知识还是形而上学。

关于赵汀阳的"天下"问题

孙向晨

从历史角度看,"天下"是一个未被实现的理念。从春秋时期开始,中国才出现比较清楚的历史记录,那时周朝已经式微,变成了东周。在那段时间里,诸侯国之间发生了数不清的战争。事实上我们没有足够史料来重构"天下"时代,它更多地像是儒家的一个理想。西周的历史或许是天下时期,但太模糊了,而且时间也不长,仅持续了275年。"天下"的理想太过脆弱,很快就崩溃了。如以持续时间而论,罗马帝国与天下相比更为持久,治理更有成效。春秋战国时期可以视为天下走向衰败,同时也是更稳固的国家逐渐被建立的过程。正如赵汀阳所讲,秦汉时期实行的是"国家政治",是借"天下"之名的专制主义。[1] 古典天下思想的逻辑残余保存在中国经典之中,尤其在孔子对周礼的推崇的文本中,但儒家的理想从未实现过。"天下"只是一个传说,尽管历史中不乏以之为名的口实。即便在古代相对独立且封闭的环境中,"天下"也没能实现。

---

[1] 书中并没有将秦汉称为"专制主义",原话是"秦始皇建国是中国政治的一个分界线:告别天下体系和世界政治,开始了以国家作为绝对权力的国家政治"。相反,书中部分质疑了"专制"的说法。参见赵汀阳:《天下的当代性:世界秩序的实践与想象》,中信出版社,2016年版,第125页、第136页脚注。——译者注

"天下"虽然在本性上具有无外的品格,但实际上反映的依旧是个体与全体的关系。古代世界虽然不存在现代意义上的个体,但每个诸侯国都可以被视为一个独立的"单元"(unit)。现代的"individual"逻辑同样可以适用于古代诸侯国。每一个"individual"都有独立且分离的自然倾向,以至于霍布斯在构建基于个人的国家之后,不得不在《利维坦》的结论处附加一条自然法:由于主权在和平时期保卫了您的权利,那么在战争时,您也必须保卫您的国家。这是"霍布斯困境",也是现代个人主义的困境。像荀子一样,斯宾诺莎认为虽然合作对人类来说是"生就的"(genetic),但人们却很难成为一个"整体";接着,卢梭的"公意"出现了,提供了一种整体维度。然而,"公意"不久便成为了现代专制主义的温床,这实际与秦朝的统治逻辑不谋而合。在接下来的2000年,秦汉的"天下"(同时也是国家),就如赵汀阳在书中反复分析过的,暗合了"专制主义"的冲动。因此,尽管"天下"有其理想主义的维度,但它的现实恐怕是更为专制的。

赵汀阳

感谢您的内容丰富的点评。周朝是否可以作为天下体系的范例,尚无定论,但肯定是一个实例。周朝的历史究竟是怎样的,对于天下理论并不那么重要。哲学的意义在于传承和发展伟大的概念和原理,而非考证历史真相，那是历史学家的工作。

我信任古代文献所记载的周朝历史，因为那是认识那段古史的唯一资源。周朝的历史是从周创立之初便开始记录的，虽然在其后几百年间经历了丢失、修改和编纂，但所剩下的文献肯定是超过了2000年的古文献。有一件事毋庸置疑，周朝发明了无外的天下概念，这个理论概念为政治设定了世界秩序的目标；另一个事实是，周朝设计了与天下概念相配的世界系统，即由一个世界中心（王畿）与许多附属国（诸侯）共同组成的网络结构。这是一个天才的发明，虽然不完善，显然需要重大改进才能适用于未来世界。我必须承认，天下理论的许多前卫观念与古代情况有差距，但无论如何，周的天下概念是理论起点。而且天下理论本来就不是历史论述，只是有一些史料的理论。有的西方学者质疑周朝人是否真的想出过如此先进、如此现代的理论时，我实话相告，天下理论是我的发明，但天下概念的确是周的创造，是事实而不是文学。当然，您可以说周朝从未实现过它提出的天下理念，因为它的统治区域甚至小于现代中国。但天下概念所蕴含的普遍原则、目标和结构，对于理论而言，比它的实践成就重要得多。

关于周朝天下究竟持续了多久，我与您的看法有点不同。虽然周的实际统治仅维持了275年，但天下政治模式却延续了800年，直到秦始皇建立了新体制才算结束。春秋战国时期，那些强盛的诸侯国成为一时霸主,但它们未曾想过建立新制度,反而都试图成为天下新主,尽管没有成功。它们的失败缘于缺乏获得普遍民心的"盛德"。早期中国有一个政治传统,天命的资格要由伟大德行来确认。贝淡宁(Daniel Bell)将这种政治机制总结为"贤能政治"(meritocracy),不同于民众政治(democracy)。有一点值得一提,最重要的德行还不是个人品德,而是对社会与文明做出意义重大的创制,前者只达到仁,后者才达到圣。传说中的上古圣王和名臣,要么发明了政治制度或礼乐,要么教会人们使用火、建造房屋、耕种、造船、编织渔网,要么创造了文字系统、书籍、历法等重要事物。天下的故事走向终结时,秦始皇本来也想重建天下体系,大臣李斯最终用一个无法抗拒的理由改变了他的想法:一个强大的集权国家虽然比无外天下要小,但统治者实际掌控的权力却比天下之主更有力,因此能够避免重蹈诸侯分裂争战的覆辙。

天下与游戏规则

露易丝·缪勒

我的第一个问题是关于关系理性和"孔子改进"(Confucian Improvement),或者说孔子最优(Confucian Optimum),以这些理念为指导的社会合作如何能够产生并保持稳定。在赵汀阳看来,完整的理性有两个组成部分:个人理性和关系理性。关系理性意图将共在置于首位,将共同利益置于优先地位,它与报复性相反,试图寻求相互伤害的最小化,以及彼此间利益与合作的最大化。我认为将它称作一种合作博弈的策略是恰当的,其理念是,通过与他人合作,我们可以获得比自己独自行动所能争取到的更好结果。比方卢梭曾举的例子,猎鹿博弈:几个人去打猎,每个人都能独自打到一只兔子,但如果想打到一头鹿,他们必须合作,因为谁也不能独自捕获到一头鹿。在博弈论中存在的一个最大问题是,对于个人的最好选择与对于所有人的最好选择如何才能合并在一起?它们究竟是不是可兼容的目标?如果不是,如何能将两者兼容?换句话说,如何建立最优的合作博弈,使得所有人从中受益?

"孔子改进"本身恐怕难以解决确保合作的问题,虽然它承诺了好结果的最大化,但为了有效地运行,我们还需要确保所有他人都能遵照关系理性的策略行事。因此,我的问题是,一个基于关系理性的合作系统将如何产生并保持稳定?有人或许会认为,有助于保持互利合作体系的唯一方式是构建一个中央政权来保证规则的有效性。比如说,中央政权会惩罚每一个拒绝选择"孔子改进"策略的人。"孔子改进"是否需要通过这种方式来获得稳定性?类似于中央政权的东西是不是必需的?

不过,我感觉赵汀阳在书中试图通过其他办法来解决相互保证的问题。比如，他认为"互相拯救最为积极地表达了相互利益最大化原则"[1]。这是否说，集中控制并无必要，我们可以依靠非强迫性的动机，比如利他主义？或者，我们是否应该以集中控制为起始条件，之后寄希望于演化为利他主义？或者是否存在某种机制——比如对关系理性策略的自发性靠拢——来保证每个人的合作行为？总结一下，我的第一个问题是："孔子改进"需要什么条件才能得以出现并保持稳定？是否需要政治权力的干预，还是某种心理禀赋？如果脱离了外在强制与利他主义，稳定的合作是否能自发产生？

第二个问题是关于包容性（inclusion）与共在（coexistence）如何公平实现的条件。天下的一个主要理论发明是无外原则，一切都被包含在内。假定它已经被我们接受——我甚至敢说，很多来自广义的自由主义传统中的哲学家和政治理论家实际都会同意不同版本的无外原则，并且我们都同意追求互利的全球合作是必要而且重要的。那么，最为紧要的问题不再是全球合作是不是可欲的，而是在什么条件下，它是可欲的？合作的公平条款是什么？令人心生敬意的共在到底有什么规定？

一些抽象原则，比如互惠效用的最大化、"孔子改进"等，并未让我们对共在的具体实质条件有足够的了解。这恰恰是关键所在：我们如何断定何种条件具有实

---

[1] 赵汀阳：《天下的当代性：世界秩序的实践与想象》，德文版，第276页。

质上的公平性？其中一个问题是，好处（advantage）该如何定义？我们以什么作为基准线来定义什么是好处？我很想知道赵汀阳对这些问题是怎么看的。是否存在一些公平共在所需的必要条件（在"孔子改进"之外的）——物质上的、制度上的或其他方面的？如果有，它们是什么？概括地说，第二个问题就是：什么是公平的一体化或共在的必要条件？这些必要条件是否能够从合作的逻辑中推理出来？或是否需要通过民主程序来选定？

赵汀阳

我很感谢您提出的这些富有挑战的难题，它们让我意识到自己的局限。在此，我可能不得不求助一些纸上谈兵的哲学"花招"来回答您的问题了，而您的一些涉及实践细节的问题可能终究难以回答。

关于您的第一个问题。如您所知，稳定的社会规则要么来自高度成熟的自发习俗，要么来自强大权威所制定的秩序或法律。前者基于人们的默认共通意识（tacit consensus），后者源于支配性的权力，两者皆是社会自然演化的结果。与之相比，现代性却是极不寻常的冒险，现代性试图将社会、人类、文明全部纳入人造的非自然计划之中，让启蒙了的自主性掌控一切。"觉醒的"反思主体将一切自然生长的事物都视为反人类的、不合理的、不公正或不公平的，于是现代性成为一个持续的革命活动，在这个意义上，现代性可谓重新定义了人的概念和生活。但是，当我们欣喜于现代取得巨大成功的同时，也会意识到同样严重的副作用。当每个人的主体性被赋予同等的绝对权利时，一切问题变得不可解。如果我的理解没有错的话，现代性并没有向上帝告别，也没有废除独裁性，而是将每个人都塑造为神，并将"独裁制"转移到每个人的绝对权利之中。这对个人是好事，却有一个悖论：我们都厌恶加诸自己头上的独裁统治，却很乐意在个人权利所定义的边界内成为一个小独裁者。如今，互相竞争的权力和权利、诉求和需求以及自以为是的话语体系已经让割裂的、破碎的社会不堪重负。我并不是在批评个人权利——事实上个人权利对每个人都很重要——而是为现代性的自我挫败困境感到忧虑。

现代人对政治权威有着强烈的恐惧感，担心失去主体性的自由。政治权威有可能做出最坏的事情，但令人尴尬的是，民众也没有好到哪里去，其实政治威权人物在成为统治者之前就是民众的一员，而许多民众的愿望就是成为威权人物，他们是同一种人。孔子和柏拉图的观点在今天肯定不受欢迎（两人如果能见面，很可能会成为挚友）。我提起这一点并非怀古之情，而是说我们需要反思还有什么是更好的选项。在现代条件下，我们绝不需要专制权力，但问题在于，同样不能寄希望于自发的结果（比如"真正有效"的市场），也难以寄希望于现代民主程序（不论是代议制还是全民公投制），因为自私的众人同样可能做出非理性的选择。稳定的合作确实是难题。

另外，寄希望于利他主义恐怕也不可靠，这种品质不仅罕见，还缺乏足够的韧性（robust）来经受各种挑战。利他主义者恐怕永远无法生成一个稳定的社会秩序所需的足够规模人群。您的问题涉及了一个几乎无解的现代问题，即，现代解构了传统社会，却没能建立起足够稳定的新社会。当然，现代社会在开始时生机勃勃，但随着时间推移，它的内在矛盾愈加成为自身发展的阻碍，而恶化的市场与败坏的民主却无法自救。毁灭旧制度比建立新秩序要容易得多。幸亏我只是一个纸上谈兵的哲学研究者，如果我是负责建立好社会的政治家，恐怕会被急死。对于实践上的问题，我并无足够的智慧来提出具体对策。

就理论而言，我想再次强调的是，尽量将一切可能世界纳入思考范围，至少要包含最好与最坏的境况。这个标准让我们看清楚为什么有些著名的理论，比如罗尔斯理论，并没有普遍有效性，因为它只适用于自由主义者组成的发达社会这样的特例，却没有能力去解决较差可能世界中的问题。我不信任威权制度，因为它蕴含着独裁的危险；但也不信任民主，因为民主已被充满谎言与欺骗的公共意见所裹挟而沦为了"代主"（publicracy）。就是说，现成的每一种制度都有严重缺点，我们需要去想象新的制度。所以我期望一种能够达到"孔子改进"并且基于关系理性的制度安排，并期望一种基于"自带智慧的民主"（smart democracy）的世界宪法。所谓自带智慧的民主即"知识加权民主"，它让知识而不仅是大众来参与投票，让理性知识（episteme）而不是意见（doxa）来决定宪法。请不要忘了，至今尚无任何一个现存宪法是经过一切人同意而决定的。我的理解是，宪法应当是政府与一切人以及一切人与一切人订立的契约。由此来看，没有任何一个宪法获得了完美的合法性证明。100%的同意是几乎不可能的，因此，相对最接近普遍同意的制度应该是理性决定的制度。

您所提的第二个问题十分深刻。请允许我给出一个相对抽象的形而上论证。我的确试图从人类的存在论"语法"中演绎出共在的必要条件。简单地说，我的第一步论证是：一切问题都始于思想的"否定"功能，归功于语言中否定词"不"的发明。Being（存在）是一切问题的前提，但Being本身不构成哲学问题，因为关于Being的唯一分析命题是"Being is Being"（存在即存在），这是一切问题出现之前的纯粹必然性，但它本身不是问题。关于Being，如果试图说出任何超出这个分析命题的实质内容，必定是虚构的"综合命题"或小说，所以研究Being的形而上学是说不通的。真正的问题是从 *Becoming*（变在）开始的，有变化才有问题。当人学会说不的时候，哲学才得以出现。通过否定词，人类发明了"可能性",进而发展出关于选择、自由与未来的意识,于是人类为自己制造了"这样去在还是那样去在"(to be this or to be that)的选择难题,因此才将"如何存在"(to-be)变成存在论问题,其极端表现形式是"生存还是毁灭"(to be or not to be)。

我的第二步论证转向了实存(existence),即 Being 在场的实际可能性。海德格尔很正确地将此在视为在世之在(being-in-the-world),而不是胡塞尔式的处于世界之外的纯粹我思。对于人来说,去在(to be)必求永在(to be for long)。我将其视为一个"准"分析命题(因为引入了生命有限性这个不纯粹条件)。进而,去在(to be)意味着与他人共在(to be with others),这是自明的事实。因此,从存在论上讲,人的存在(existence)以共在(co-existence)为前提,或者说,共在先于存在。

第三步论证的是共在的最佳策略。为了在与他人共在的条件下永在,确保相互安全的风险规避原则就在理性的价值排序中占有首要地位。这就必然需要"孔子改进"原则,即任何人的利益改善必须同时必然地导致**每一个人**的帕累托改进。这种基于关系理性的思考方式将相互敌对最小化的努力置于个人利益最大化的追求之上。

但这只是一个纯理论论证,仅仅确定了理论上的出发点,并不能必然推出有效的实践策略。"合作逻辑"作为纯理论上的理性原则,我愿意承认是脱离实际的。人性和生活情境都太复杂，变量多到无法理论化，预测社会变化的难度恐怕超过预测地震和传染病。

您的建议和批评正是我非常需要的。

若干技术性的疑问

沃尔特·范库和

关于个人理性的局限性，好像不很清楚。一方面，书中宣称，如果理性以追求个人利益最大化为目标，个人与个人之间就难以建立相互信任和稳定共识；另一方面，书中也承认——由于优势策略是有限的——当聪明才智被用尽时，博弈就会达到稳定的策略均衡。这意味着，即便缺乏信任，稳定性也可以存在。另外，个人理性为什么就不能产生信任呢？我想到了麦基（Mackie, *Ethics*, Ch. 5.4）和高梯尔（Gauthier, *Morals by Agreement*, p.183）说过：为了克服囚徒困境以及避免在合作中被排除出局，对于每个人来说，最优的理性选择是采取有节制的最大化（constrained maximization）策略。有节制的最大化者为了获得他人的信任，就只好让自己遵守基本的行为法则，而如果这样的行为是有利可图的，那么，以这种理论为首要教育内容的社会就能够基于个人理性而被组织起来。如果以上论证是成立的，那为什么还需要额外增加关系理性？究竟什么是关系理性能做而个人理性做不到的事情?

还有就是关于合法性的三个层次,似乎存在着循环论证。大概是这样:

L-1:一种规则体系是合法的,如果每个人都同意。

但由于这是不可能的,因此⇒

L-2:一种规则体系是合法的,如果大多数人都同意。

但由于民主程序并不能保证最符合大众和个人利益的选项被选出,因此⇒

L-3:一种规则体系是合法的,仅当它能表达民心。[1]

可是,民心意味着对每个人都有利的律法或伦理准则,因而会被所有人接受。这样的话就回到了L-1,并再次面临一致同意的不可能性问题。

在我看来,从中可以引出四个推论:

1. 在大多数情况下,我们只能满足于多数人支持的规则。

2. 为了使多数人暴政的风险降至最低,每个人必须有参与决策制定过程的兴趣。

3. 在大规模共同体中建立参与机制的合适方式是商议民主,它能保证每个人在经典意义上的政治自由。

4. 在大型社会中(在一个无外的世界国家中更是如此)总有一些少数群体,他们的目标和信仰会被多数人

---

[1] 赵汀阳:《天下的当代性:世界秩序的实践与想象》,德文版,第41页。

的民主所无视。为了不让少数群体被社会抛弃,有必要允许移民(或在世界国家中自由移动),同时允许在一个国家内部实行地域化的法律,就是说,当不同地区的人在某些事情上的目标和信仰存在不一致时,一个地区用一套规则,另一个地区用另一套规则。

最后,您的正义概念是什么?在"新天下的词典"一节的2.2.1,正义概念似乎与"孔子改进"有关。它声称:一个系统得到帕累托改进的同时,也必须保证每个人都实现帕累托改进。对此我有一些疑问:帕累托改进不能代表正义标准,因为甚至奴隶制也可以有帕累托改进。每个人都实现帕累托改进又意味着什么?其次,孔子的口号"己欲立而立人,己欲达而达人"也不能必然导出正义。一个资本家也可以通过为别人提供就业和收入来实现他的目标,但这没有使资本主义社会变得公正。还有,对孔子的正义原则的证明是什么?其基本观点似乎是,每种事物都通过保持一定的平衡才得以存在。照这样说,照顾弱者的原因并不是出于平等理念,而是为了建立互利系统来维持平衡,以使每个人都得以生存。[1]然而,生存、相互利益以及系统稳定性似乎是很弱也很模糊的标准,它们可以通过不同的途径得到满足。作为存在论原理的平衡概念是否足以限定地给出特定的分配秩序?

---

[1] 这其实是老子的原则。详见《天下的当代性:世界秩序的实践与想象》德文版,第275页。——译者注

赵汀阳

感谢您直奔要点又充满挑战的问题。我来试着解释。

关系理性的优势是能够排除最差可能性，即不利于共存的战争和敌对策略。这个问题也正是个人理性的弱点。让我们来分析一下，如果表达为简略的模式，个人理性可能带来三种结果：（1）1＋1＝2。意思是，每个参与者都得到了公平公正的利益分配。虽然好，但几乎不可能，因为没有哪个游戏规则对每个人都是完全公平公正的。（2）1－1＝0。这意味着同归于尽或两败俱伤的敌对行为。（3）2＋0＝2。意思是赢者通吃（通吃有点夸张了，实际上可能是大吃，比如1.8＋0.2＝2）。与之不同，关系理性试图实现1＋1＝3。这在数学上是荒谬的，但在存在论中是可能的。它说明的是，如果能将个人理性难以达到的共享幸福最大化，这种积极的关系就能够创造超出个人所得的额外受惠。比如说，相爱所带来的共享幸福明显超出了"公平公正"的利益分配。这个例子有点讨巧，那么可以换成更常见的友谊或互惠合作，比如充分互信的合作不仅能够把交易成本降低到几乎为零，还可通过互助而增加更多的发展机会。最重要的是，关系理性排除1－1＝0或者2＋0＝2这类令人失望的情形。在关系理性中，每个人的幸福都是共同关系的函数值。比较乐观的设想是，通过"孔子改进"的制度安排，每个人都将会比单纯使用个人理性获得更多幸福，至少更多受益。

简单总结一下，首先，关系理性的最大优势是排除战争和冲突，也就排除了最坏可能性；其次，互惠关系可以发展出循环性的"礼物"制度，包括物质上或精神上的礼物。基于关系理性的"礼物"并非出于慈悲或怜悯的慈善行为，而是考虑到最优结果和最小交易成本而做出的互惠激励或及时的互相帮助。格雷伯（David Graeber）在《债：第一个5000年》一书中讨论到，作为循环"债"的礼物关系最早建立了文明与人文制度的核心要素。这个人类学的发现与孔子主张作为人性基础的仁-义循环相呼应。仁通常被粗心地翻译为benevolence（仁慈），实际上仁的理论意义是：（任意两人之间的）互相关切。而义的理论意义是"人的义务"（human obligations），而不是通常译成的"righteousness"（正直）。

我来试举一些关系理性的例子，但临时想到的也许不是最恰当的：（1）在中国的传统乡村社会中，邻里会彼此帮着建造房屋而不索取费用；（2）当农作物成熟时，为了不误时节，邻居会轮流互相帮忙收割，同样不计报酬，也不计较受益多少；（3）年轻人结婚，朋友们会以随礼方式给新人钱，资助他们购买生活必需的物品。不过这些事情基本上属于过去时，自从上世纪90年代全面市场化以来，循环礼物的传统已逐渐消失，被认为是个人自由的负担。循环礼物的要点是，它不见得是对称或均衡的，回礼未必有同等价值，可多可少，礼物的目的是建构亲密关系，主要不是完成一项经济交易，当然实际上发挥了经济作用。互惠关系显然有助于降低每个人的风险成本。循环礼物基于"人义"（与保证自己利益的人权形成互补），意味着，做人即分享（与分割形成对比[1]）。这说明了在形而上学基本设定上的差异：人是由关系所塑造的，而不是各自独立的个人自己决定的。

现在回答您的第二个问题。我必须承认，我的基本假设的确存在着循环论证。以前我迷信逻辑，很怕陷入循环论证，后来不怕了，因为发现循环论证可能是哲学理论难以避免的现象，而且未必是错误。循环论证在逻辑中肯定不能接受，然而现实不是由逻辑组成的。逻辑是数学的法则，却不是生活的法则。逻辑只有一维时间，而现实则有多维度的时间，就像博尔赫斯所形容的"时间的分叉"。如果一个哲学理论以现实为条件，那么很可能在基本观点即前提、假设和定义中存在着循环论证。其实即便是一个数学系统也可以在基础概念上存在循环解释，比如希尔伯特（David Hilbert）精妙的几何学系统，他的系统基于循环定义的基本概念，因此摆脱了欧几里得传统依赖的所谓自明的直观解释，对于系统而言，自明性其实是不完美的证据。

您说的没错，民心的确是个问题，是个未被清晰界

---

[1] 英语"个人"（individual）以"分割"（to divide）为词根，即"不（in-）+ 可分割（divisible）"。——译者注

定的传统概念,它的含义像卢梭的公意一样模糊。在我的语境中,民心意味着对人们普遍有好处的事物就能够获得普遍接受。很抱歉,这仍然是模糊的。但有一点可以明确,民心所向与众人所欲有所不同。比如教师试图传授给学生好的知识,却未必是学生想学的。显然,欲求(wants)有可能背离需要(needs)。我对民主的疑虑也在此,民主基于人们之所欲,可是"好事物"数量有限,远少于人们的欲求,满足不了人们以权利之名提出的合法诉求。如果跟随大多数人的欲望,世界终将陷入枯竭与毁灭。能够拯救世界并且保证所有人生存的是理性,而不是公众意见。民主如今退化为"代主",不再是真民主了,所以我尝试在理论上寻找一种有足够能力防止集体非理性的"自带智慧的民主"。

关于您的第三个问题。对孔子原则的理解容易被流行的译法所误导,更准确的翻译应当是"to be established if let others established, to be improved if let others improved"(己欲立而立人,己欲达而达人)。这个原则可以进一步演化为"孔子改进"。您很正确地指出,即便是"每个人都获得帕累托改进",也未必能够保证一个完全公正的社会。我猜您是想到了平等问题。许多当代哲学家给平等概念添加了太多内容,平等概念已经过于臃肿,现在似乎已经不敢说哪一种事情不应该平等了,但这反而把平等变成了多种互相冲突的目标。现在恐怕需要把平等从相互矛盾因而难以实现的大量诉求中拯救出来，否则哪一种平等都实现不了。我们不必期望"孔子改进"能够产生一个完美公正或全面平等的社会，"孔子改进"没有那么大的能量，不过我坚持认为，比较而言，"孔子改进"好过其他各种福利改进方案，无论是帕累托改进还是卡尔多-希克斯效率（Kaldor-Hicks efficiency）。

令我感到担忧的是，当代理论沉溺于政治正确，沉浸在现代性的"蜜糖"中的我们恐怕难以意识到它所蕴含的严重潜在威胁。自我宠溺（self-spoiled）的现代理论缺乏广谱的适应性，没有考虑足够多的可能问题，难以胜任未来的挑战。一件好事如果太好就有可能好到不现实，比如，平等只有在合乎理性并且可行的前提下才会成为真正的好事，就是说，平等不能只考虑伦理要求，还需要考虑世界的存在论状态，包括经济条件。顺便一说，上帝恐怕不需要伦理学，他只凭借想象力和美学就可以创造世界，或者他另有一套我们不能理解的超验伦理学，而他的超验伦理学很可能与美学是同一的，如同维特根斯坦所说。

对天下理论的评论

斯蒂凡·戈思帕

赵汀阳论证说，关系理性不仅是我们的需求，而且在理性上也是生存需要。他声称，以私利最大化为内涵的个人理性观念不足以解释理性概念。一个行为，如果仅仅对个人利益的最大化进行理性算计,并不能被证明是理性的,相反,只有把他人的理性回应纳入计算,他的行为才称得上是理性的。无人能在这个世界上独存,每个行为都会影响到他人,被影响的利益相关者会以这样或那样的方式做出回应。既然所有行为都一方面影响着他人,另一方面也承受着对影响的回应,因此双方都要考虑行为的后果。仅当没有他人干涉并改变其可能结果的危险时,一个行为才被视为最为理想的理性行为,因而行为者需要在一开始便将所有受影响的人的利益考虑在内,只有这样,个人行为才是充分理性的。因此,赵汀阳的结论是,个人理性只有当它能够必然导出集体理性才是真正理性的。[1]一个人必须理性地考虑个人与他人之间的交互关系,个人理性在逻辑上要求转变和发展为集体理性。根据他的说法,只有借助能够在交互关系中依然普遍有效的广义上的集体理性观念,人类作为一个整体才能够解决合作中的挑战。这个重要的洞见——在我看来——与广义上的理性选择理论是一致的。由于赵汀阳将我们同时作为个人和集体的生活看作"重复博弈"(iterative games),个人理性的确能够导向集体理性。然而他又认为哈贝马斯的交往理性过于理想化了。这就有了一个疑问:赵汀阳设想的理性到底怎样才能具有集体性?理性考量究竟是从个人视角出发,还是像集体代

---

[1] 赵汀阳:《天下的当代性:世界秩序的实践与想象》,德文版,第34页。

理人那样从整体考虑的集体视角出发？

赵汀阳的"孔子改进"说很好，可同样也很理想化。假设所有的参与者都能展现出足够长时段的理性思考，他们确实会寻求一种所有相关人一致同意的契约。但这仍然不会自然而然地关切到所有参与者的平等和互相尊重。如果实力不均，以至于一个成员可以在相当长时间内统治和支配其他成员，那么，维持这种统治关系就会成为那个优势成员的理性选择。如果这种统治关系被高效的意识形态用似是而非的正当性加以掩盖，那么精明的统治者就对那些为讨得自己的一点利益而屈从统治者的人拥有着不平等的支配权。这种情形就恐怕很难说是普遍令人满意地改进了所有人的利益。"孔子改进"无疑是对"帕累托改进"的一种改进，后者的要求太弱了，具有普遍性的"孔子改进"确实更优，但与"帕累托改进"一样有个问题，它同样缺少道义上的必然条件来确保它要么是对所有人的平等改善，要么能够将所有人改善到平等的福祉水平。

不论作为政治概念的"天下"看上去多么诱人，我们都不应当在政治上过于天真。天下是追溯至孔子思想的古老概念，建立在美德伦理的基础上。孔子的美德伦理有个一般性的疑点，它的等级制假定：父亲最清楚怎样做是对家族最好的事情，类似地，政治权威最清楚怎样做是对百姓最好的事情。于是儒家要求统治者应当将百姓的愿望考虑在内，并且满足他们。可是就像对待家族中的小孩,我们很难确定那些服从者是否有足够的思想水平和实践上的独立认识来判断父亲是不是一个好的领导者。然而另一方面,如果人民真的有足够的知识,从一开始还有什么必要去服从政治权威?孔子思想中的等级制元素预设了在知识和美德上的不平等,它是蕴含在儒家思维方式中的一个至关重要的组成部分——对我来说,这同时也是十分严重的问题。

赵汀阳

非常感谢您富有启发的评论和深刻问题。

我并不主张用关系理性来替代个人理性,而是试图将关系理性作为一个新元素纳入理性的范畴之中,使得关系理性与个人理性在理性的列表中并置存在,两者不可或缺。康德定义了理性（reason）的两个组成部分:纯粹理性与实践理性。在此之后,经济学、政治学以及博弈论却将实践理性窄化在个人理性（individual rationality）范围内,而且把道德因素从中剥离出来,变成单纯算计性的个人理性。这样的理论不足以建立一个好社会,因此我试图重新定义实践理性,但不是回到康德。道德化的实践理性力量太弱,难以对付大多数的实际场景,包括政治、经济以及日常生活的问题。

首先,康德所要求的无条件的道德理性是不切实际的,在社会的大多数情况下都难以为真,所以需要转而重新考虑有条件的理性。其次,完整的实践理性概念至少包含三种理性：个人理性、集体理性、关系理性。也许还可以加上哈贝马斯提出的交往理性，但交往理性似乎是个人理性在交往情景约束下的应用，缺乏独立意义，暂且不算在内。三种理性彼此独立，无法相互还原或被替代，所以我不会用关系理性来替换个人理性，也不能让个人理性变成集体理性。但我确实认为，个人理性远不足以给出生活问题的答案，集体理性是共同体决策所必需的，而关系理性则是解决冲突或敌对行为所必需的，用来平衡个人理性的自私。

您很正确地指出集体理性是从未解决的问题，的确，它不是公意，也不是团体的观点。在经济学和政治学中，集体理性被认为是个人理性的加总。但令人失望的事实是，个人理性的加总不能必然产生集体理性——不仅未必是理性的，甚至往往是非理性的。另外，怀有敬意地说，即便是哈贝马斯的理性商议也仅能摆平微小的误解和矛盾，而难以解决文明冲突或宗教对立之类的大问题，因为严重冲突暴露的不是思（minds）的分歧，而是心（hearts）的鸿沟。不讲理的人心问题显现了个人理性和理性商议的局限性。简言之，个人理性的弱点源自它的自我主义和个人主体性所限定的单一视角。我很赞同古希腊人信任知识胜过意见的做法，可是现代思想常常混淆知识与政治或知识与权利的问题，就好像个人权利蕴含了知识标准。关系理性应该有助于跳出自我主义和大众主义的陷阱。关系理性意味着我们需要将事情放置在与一切人的一切可能关系中来看待。比如说,爱是一种关系而不是一个意见或意愿。任何可能生活都只能存在于关系之中。

您提到支配性权力可能采取的理性策略所蕴含的危险,我完全同意您的看法。一位出色的中国作家,刘慈欣,在他的科幻小说《三体》中提出一个令人不安的问题:如果充满外星文明的宇宙是一个零道德的社会,即一个极端的霍布斯情境,我们该如何应对?我想说,道德和伦理是人间奇迹,它们只存在于人人是弱者的社会中。尼采说得对,只有弱者才需要道德。感谢上帝让人人都是弱者,这是人类的"存在论运气"。正缘于此,人类才能发展出文明,特别是理性,来对抗专制强权。

"孔子改进"对每个人都有益,但不意味着它能使每个人都达到"相同水平的福祉"这样的高要求。而且一切人在一切事情上的平等可能会导致"文明的热寂"——尽管宇宙热寂说尚未获得最终的证明,但它在理论上是个警示,提醒我们不要对平等怀有过分的热情,它就像甜蜜的毒药,在满足每个人的同时也可能毁灭文明。中国有个古训说"维齐非齐"。更具现实感的"孔子改进"只是有希望避免个人主义造成的问题,包括囚徒困境、搭便车问题、公地悲剧以及反公地悲剧,但它不能保证每个人都得到同等的幸福。天下体系并不许诺一个所有人走向至福的乌托邦,而是期望一个可实现的充满和平与共享的共托邦世界。这当然不是完美的世界,但完美本身就是一种危险。根据"不完美主义",一个完美的事物会因为完美而脆弱。

我还想说,我特别同意您指出的儒家伦理中存在的严重问题,尤其是等级制。我在重新构思天下体系时的工作之一便是剔除旧天下理论中的等级制与中心霸权;并且也试图避免让理论沦为道德主张,因为天下终究是个政治概念而独立于伦理判断。

世界的世界性

格拉汉姆·帕克斯

读到你说天下是"一个具有世界性的世界"(a world of worldness),还有"世界的世界化"(a worldlization of the world),我就在想,这与海德格尔在《存在与时间》中提出的"世界的世界性"(Weltlichkeit der Welt)这个存在论观念如何可以联系起来。海德格尔的理论在现代西方哲学传统中很有独创性,当他说到对特殊事物的加总将永远无法达到对"世界"的完整理解时,他的进路就与天下理论的假设颇为亲近。他认为,理解世界必须从生成意义的整体化"参照语境"(Verweisungszusammenhang)出发,从完整的"关系系统"(Relations System)出发。在我看来,这似乎与作为政治领域的思想出发点的天下理念不谋而合。

赵汀阳

感谢您提及海德格尔的创见。我在《第一哲学的支点》这本关于形而上学的书中讨论过他的思想。我很认同他将存在论焦点落在作为"在世之在"(being-in-the-world)的"此在"之上，这不同于在世界之外来观察世界的胡塞尔式自我。我也同意您说海德格尔将世界视为"关系系统"(relational system)的理解方式与中国的形而上学产生了很好的呼应。不过，我们要处理的问题不同。海德格尔哲学成功地解释了个人的在世之在，却不能用于解释政治与社会性的共在(coexistence)。关于个人在世之在的理论还不是对人类社会共同问题的解答。基于此，我试图理解政治的存在论问题，通过共在问题去发现"无外"与"普遍共可能性"原则的存在论合理性，所以我是在"为世界而世界"(a world for the world)的意义上去理解世界的世界性。

启蒙、民心和尊重

克莉丝汀·纽豪泽尔

在对现代性的单面性进行批判时，赵汀阳的观点似乎与霍克海默及阿多诺的《启蒙辩证法》颇为相近，比如，他同样批评了无脑的消费主义与精神性的缺失。在我的理解中，霍克海默和阿多诺着重从两个方面批判了启蒙运动。为了实现他们的宏伟计划，扫清所有恐惧背后的理由，启蒙运动试图彻底摧毁所有神话，其中包括那些本应当保留的，即对不可控制的、不可理解的、不可名状而只能敬畏的事物的感觉。另外，他们认为启蒙运动只是一个智识上的运动（intellectual movement），忽略了真正有效的启蒙所需要的物质前提和必要的社会结构。

所以我想问的是：首先，如果需要的话，天下是要建立某种全球性的神话，还是仅仅是一种本地化的神话？是否需要某种手段来确保它本身所具有的理性不是单面性的实证主义理性？其次，天下需要什么样的物质前提？谁会拥有这个世界？生产手段将如何分配？收入会怎样变得平等？

赵汀阳提到的"民心"，我不是很清楚究竟是什么，又如何在全球层面获得民心。它似乎对天下的实现至关重要，因为它能够让一个政治制度在民众心中具有合法性。有时候赵汀阳将它与公意联系起来——这就意味着一种对各种基本价值具有极强包容性的话语体系。那么，什么样的结构，怎样的行动者能够推行这样的话语？它是否由区别于英语统治下的哲学的另一种全球性哲学所构成？赵汀阳还说，民心是一个普遍性的价值体系，因而会得到普遍接受。但是，什么样的价值可以做到不仅被理性纳接，还能够被所有人的人心接受？人权大概可以是一个候选项，但在现实层面，赵汀阳很正确地指出当前的人权系统已被滥用，它对于许多国家来说并不适用（不过他对罗尔斯的理解有点粗鲁，罗尔斯毕竟还是区别了流氓国家和受难社会）。那么，何种程序能将人权转化为民心，或至少接近民心，进而使其成为天下的坚实基础？

还有关于尊重的问题。相互尊重似乎是天下的组成因素，其中包括对文化与宗教多样性的尊重。这里存在一个大问题，对我来说不太清楚的是，每个人应得的平等道德地位（moral standing）在天下体系中将如何获得认定？并且，这种道德地位包含多少内容？是否包含了每个人的平等权利？如果是的话，究竟是哪些权利？明确了这一点就能够为宗教与文化多样性的内涵划定界限，这件事情如今常与某些当代实践混为一谈，比如性别歧视、宗教自大与文化势利眼（cultural snobbism）。

当代天下区别于古代天下的一个前提条件是，人们要求被视为社会中的或至少是他们自己的社会圈子中的平等成员。数字化交往导致了社会比较与社会区分的全球化。由于这个原因，小范围社群内的尊重，比如家族的或国家的，已经不再能满足人们对平等尊重的需求。在这样的情形下，天下将如何确保每个人都能够得到平等的尊重？在我看来，这似乎是民心的一个重要方面，对天下的建立十分必要。

还想提出一个关于商业公司的问题。赵汀阳在书中多处批判了技术权力的兴起，可是却从未提及商业公司。在我的理解中，公司是我们这个时代最强大的行为主体之一。在200个最大经济体中，超过2/3是公司。公司最完美地表现了在竞争环境中寻求自私利益的主体结构，似乎应该是天下体系的对立面。因此，存在两个问题：1. 天下体系将如何在商业公司的阻力下被推行出来？或者公司能否被转变为天下体系的助推器？ 2. 公司能否在天下体系中存在？如果是的话，它们将如何被安排和加以控制？在天下－国－家的结构中似乎没有找到它们的位置。如果公司不被容许存在，大型的经济事业又将如何被有效地组织起来？

赵汀阳

非常感谢您提出的这些关键的问题。

关于前两个问题，我想说的是，天下体系是为了解决世界级别的问题而设想的。如您所知，没有哪个世界级或全球性的问题能够在本地层面获得有效的控制和解决。无论是核武器、气候变化还是全球经济危机和尖端科技（人工智能和基因工程等）。因此，天下旨在创造一个世界身份，而不是属于中国的地方性身份。天下理论考虑的是一个容纳世界与所有人的普遍兼容理论，目标是达到类似于康德理论设想的普遍性。虽然，天下是一个取自古代中国哲学的概念，但不意味着它为中国所专有，提出这个理论的人可以偶然地来自世界的任何地区，列支敦士登、瑞士、巴西诸如此类。天下应该是所有人共同拥有的网络体系，而不是由某个国家所能支配的。天下体系的特殊性就在于它的制度性质决定了谁也没有能力统治他者，因此只能合作共在。假如关系理性真的落实为制度安排，就基本上取消了帝国主义的可能性。

我完全同意您说的启蒙不应仅限于智识层面的运动，其实启蒙运动以来的思想资源已经枯竭，越来越难以回应当代问题了。关于天下体系所需的必要物质前提，我相信至少会包括多种新兴科技，即互联网、人工智能、量子技术、可控核聚变以及全球通用货币（可能是数字的）等等。这些技术会对整个世界而非某个国家或地区带来全面的改变。科技会造福于所有人，但也可能带来严重危害，所以我们既需要技术，又必须保持警惕。事情总会有意外，比如，与早先的估计不同，互联网并没有成为一个充分民主和自由的虚拟社会，相反，它重复甚至也在放大社会偏见、隔阂、谣言、仇恨以及对抗，制造了一个"后真相"的世界，人们的隐私和自由处于时刻可以被侵犯的境地。如今我们怀着巨大的期许和深深的忧虑在等待人工智能、量子计算机与基因编辑的时代来临，这些技术创造福利的能量巨大，但也能听到以技术统治为其手段的新专制到来的脚步声。我们当今身处于这样的境况：技术越来越新，而政治秩序、制度或体制却相对落后，难以应对新技术带来的挑战。因此我相信，技术越是发展，就越需要一个与新的挑战具有同等规模的世界体系。天下体系是在这些挑战的压力下的理论构造，它与民族国家不构成冲突，而是在已有的国家体系之上加上一个另一种性质的系统，包括世界宪法及其制度安排。

用卢梭的公意来类比民心确实不恰当，我很后悔引用卢梭。民心概念本来就缺乏定义，大概是指能够满足所有人的必需因而获得普遍同意。民心是符合理性的，必需品的范围明显小于人们的欲望所求。过多的免费午餐会使人们被惯坏，劳动应当得到尊重。免费午餐似乎与人权存在某种关联。人权肯定是必要的价值，人的义务也同样是必要的价值，我们需要以人义来平衡人权。

请允许我就人权问题多解释几句。无论理论上还是实践上，天赋人权的观念都蕴含潜在的灾难性后果。如果杀人犯被判处7年徒刑，这是道德灾难而不是人权的胜利，因为这意味着我们要接受7年牢狱＝一辈子生命这样荒唐的算法。我支持废除死刑，但同时坚持认为对罪犯的惩罚应当充分考虑到无辜受害者的损失，否则被害人的人权又如何体现？因此，我主张以"预付人权"替代有理论漏洞的天赋人权，或可改进人权概念使之更为健全。简单地说，预付人权意味着：（1）用有条件权利替代无条件权利；（2）每个人出生就被预付了一切人权；（3）如果某人侵犯别人的人权，他的相应人权就失效，或者说，如果某人放弃了尊重他人人权的义务，就视同自动放弃他自己的相应人权。您应该不难看出，预付人权的重点在于恢复权利与义务的平衡关系。我相信义务甚至是更关键的因素，因为义务在逻辑上可以必然导出（entail）人权，但反过来则不行。权利仅在弱的意义上蕴含（imply）义务，即只在"实质蕴含"（material implication）意义上有效，因此权利不能必然推出义务。在义务和权利的关系中，人义才是人权的逻辑基础。

您担心天下体系中的权利平等问题，我想，在个人层面，必须尊重每个人的预付人权；在文化层面，天下体系必须为一切文化保留充分发展的空间。但平等概念也是一个不清楚的概念，缺乏明确的限制性。比如说，以反歧视为名的政治正确暗中赋予了一切事物以相同的价值，但在实际生活中，没有人会取消价值排序。我们痛恨歧视，可是价值排序已经意味着某种歧视。平等概念依然是个疑问。

您提出的关于公司的问题最有意思，也特别重要。很惭愧，我对公司缺乏研究，但同意您对公司的深刻理解。我没有足够能力预见资本主义的未来，但对未来有个想象——不是预言——所有在历史中高度发展的文明基因很可能都会在未来得到继承或复兴，而且很可能形成相互补充的混合文明，就是说，无论资本主义、社会主义或其他主义，其基因都不会完全消失。不知道会不会这样？

三种世界主义？自由主义，民主和天下

罗宾·西利凯特斯

对世界主义（Cosmopolitanism）的解释有着多种

相异的理论进路。众所周知,它的原意是"世界/宇宙的公民"(源于κόσμος/kosmos,即世界或宇宙,以及πολίτης/politês,即公民)。第一种政治性的世界主义是全球正义世界主义(Global Justice Cosmopolitanism)。它是自由主义的世界主义理论的中心论点。卡尼(Simon Caney)将它称为"司法性的世界主义"(juridical cosmopolitanism),定义为:"我们都是同一世界的公民,因此都应该被包含在一个共同的分配正义体系中。"[1]至于为什么如此,通常有两种答案。第一种指出,全球交互系统已经让所有人参与其中并形成了相互依赖。第二个答案强调一切人作为人本身的平等尊严,而民族、阶级与种族都被视为偶然特征,从分配正义的角度来看都是无关变量。另有一种政治性世界主义,称为全球民主世界主义(Global Democracy Cosmopolitanism)。这个理论认为,世界需要某种全球政治体系,可能需要世界政府、世界议会和世界法庭。全球民主世界主义通常主张联邦制,有着非等级制的分散政权的政治模式,而不是中央化统治的"全球主义"(globalism)[2],从而可以避免康德担心的"最可怕的独裁统治"。

---

[1] Caney, Simon, "Cosmopolitanism and Justice," in *Contemporary Debates in Political Philosophy*, ed. Thomas Christiano & John Philip Christman, Wiley-Blackwell 2009, p. 389.
[2] Walzer, Michael, "International Society: What is the Best We Can Do?", *Ethical Perspectives*, 6 (1999), pp. 3-4, 201-210.

以我的理解，赵汀阳的天下理论展现了一个真正的世界主义理想，它主张一种全球性的秩序模式，既不是源于民族国家，也不是源于作为权利主体的孤立个人（这是西方传统下的世界主义进路的起点，在西方传统中，要么是国家中心主义，要么是个人主义）。不过，还存在一些基础性的问题需要讨论。在我看来，天下的鲜明政治特征凸显了两个问题：第一，政治合法性（political legitimacy）和伦理正当性（ethical rightness）之间到底是什么关系？假如前者追随后者，政治合法性就不能算作一个有着独立规范和程序的范畴，那么天下将因此是一个道德理想而不是政治理想了。借助"民心"来论证反而进一步强化了这个疑问，而不是给出了令人信服的解决方案。第二，伦理正当性、和谐以及人类共同利益等概念到底是由谁以何种方式来做最后的界定？进行界定难道不就是一项政治活动吗？也就是说，当今世界的伦理正当性、和谐以及人类共同利益应该是什么——这是真正政治性的世界主义的核心问题——难道不正是一个有待解决的政治问题？赵汀阳认同"多元化的现实"——天下既是多族群又是多文化的共存——这意味着他的理论进路必定面临由"深度多元性"（deep pluralism）带来的潜在政治冲突。这种冲突无法通过求助于规范性的参照标准来获得解决，比如伦理正当性、和谐、共同利益等等，因为它们都是事先（ex ante）被定义的而独立于冲突的事件，而正是可能发生的政治冲突削弱并阻碍了多元化现实的发展。求助于儒家的等级制与精英统治的观念——基于卓越的知识和美德——或许能够为赵汀阳所用的理论和历史框架提供自我说明，但这种说明会再一次让他的抱负——即提供一个真正政治性的无外秩序愿景——大打折扣。尽管天下概念有助于引导我们发展出一种多样性而非同质性的世界主义，天下理论在重思世界主义的过程中依然面临许多难题。

赵汀阳

感谢您提出了深入要点的问题。

首先我认为天下体系似乎不能视为世界主义（cosmopolitanism）的同类项，尽管两者有着部分重叠的想象或目标，天下可以与世界主义进行互有收获的比较，但有两个关键差异：（1）天下的目标不是把所有人变成世界公民，即仅仅属于世界而失去地方认同或单纯以人为身份的"世界公民"。我认为世界公民是个虚构概念，除非与外星文明形成对比。（2）天下不是一个无国家的世界，不是创立一个世界国家，而是将一个新世界加在旧世界之上，旨在添加一个覆盖性的新体系。就是说，天下不是一个背离传统、历史与过去的现代计划，也不是后现代式的对一切标准的解构。天下体系设想的未来世界将由两个政治层面构成：天下体系和国家体系。关键在于，天下体系是一个网络架构，以关系而不是以个体来定义政治单位，并且试图解决和控制世界规模的问题，比如世界和平、文明冲突、核武器、气候变化、能源和资源、人工智能、基因科技、互联网、全球金融、义务与人权等一切世界规模的议题，并不有违国家对国内事务的裁定权。就是说，天下体系只用来解决那些全球性的问题。如果天下体系具有统治一切的权力，那就危险了，我自己会害怕的。

关于政治合法性与伦理正当性之间的关系，我不否认天下的伦理正当性，但更强调天下的政治合理性，尤其考虑到世界和平、经济体系和技术效率。这意味着政治理性是天下体系的首要特征，而伦理价值只是副产品。我完全同意您说的伦理推不出政治合法性。事实上，天下的三个"宪法性"概念，即世界的内部化，关系理性和孔子改进，都是政治性的，甚至包括了经济学的考虑，完全独立于伦理诉求。伦理虽然重要，但如您所说，伦理价值不足以论证政治合法性。

您提到和谐概念。将"harmony"作为"和"的翻译广为流行，但似乎是个误导性的译法。中国早期政治文献中的"和"，意思是"协和"，即兼容性（compatibility），主要涉及所有人或一切邦国在政治上的兼容关系。另外，在形而上学上，"和"指的是不同事物在存在上的兼容性。我个人愿意借用莱布尼茨的概念将其译为"compossibility"（共可能性），这个词清楚地表达了人或事物的共在可能性。以兼容性或共可能性来定义的和的概念，表达的是存在论上的状态，是一个单纯的理论概念，并不代表特定文化的特殊价值。我相信无论政治还是伦理的价值都不能由某种政治或伦理来定义，而最好能够根据存在论的理由来定义，否则如您所说，本身又变成一种政治了。

最后我想再次感谢每一位教授的深刻讨论和重要的启发。很抱歉我没有足够的智慧也没有足够的时间来回应每一个问题。

（原载《世界哲学》2020年第3期）

{六}

全球正义如何可能

梅丽莎·威廉姆斯、莱纳·弗斯特与赵汀阳的对话

本文为2020年9月10日由洛杉矶托马斯·曼中心和北京歌德学院共同组织的线上国际会议报告，主题围绕民主制度的可能改善策略和全球正义进一步的发展方向。美国的M.威廉姆斯、德国的R.弗斯特和赵汀阳三位哲学家应邀参加了这次对话。威廉姆斯主张协商民主，弗斯特专注于"对正义的正义辩护"和社会运动的理论，而赵汀阳则试图从"智慧民主"的角度发展另一种民主概念。全文由北京歌德学院翻译，徐慧敏整理。

尼古拉·布劳默

（Nikolai Blaumer，洛杉矶托马斯·曼中心的策划总监）

女士们、先生们，身为洛杉矶托马斯·曼中心的策划总监，我热烈欢迎各位今天来到一场关于民主和全球正义的真正全球性辩论会。梅丽莎·威廉姆斯（Melissa Williams）、赵汀阳、莱纳·弗斯特（Rainer Forst）今天从多伦多、北京和法兰克福与我们视频连线。这三位享誉世界的哲学家将从他们不同的文化视阈和思想视角出发，在世界政治新秩序的视野下一同探讨全球正义这个议题。

或许可以先与大家分享人们对过去一年以来全球疫情大流行的印象。世界减速了，而对于国际秩序来说，一些转型的进程似乎发生了相当快的加速。根据一项全球马歇尔基金会进行的新研究，在大西洋两岸，越来越多的人已将中国视为国际关系中最重要的角色。在这个语境下，更好地了解中国政治思想史就格外有益。更重要的是，需要一同开发对于公正的全球秩序的共同理念。极少有政治思想家会比在座诸位更有能力进行这样的交流，如赵汀阳、莱纳·弗斯特和梅丽莎·威廉姆斯。我感谢各位参加这次对话，感谢本诺·赫兹和泰勒·杰克·安德森给予的支持，以及我们在歌德学院北京分院的合作伙伴们，尤其是北京歌德学院的院长柯理先生，现在我想请您发言。

柯理

(Dr. Clemens Treter，北京歌德学院院长)

非常感谢亲爱的尼古拉。女士们、先生们，尊贵的诸位主讲人。尼古拉最早向我提议，邀请莱纳·弗斯特和赵汀阳就民主议题开展一场对话，我当时立刻就对这个倡议感到振奋，因为两位学者对民主制度以及实现民主的方式可能持有不同的看法。看法的差异源自其各自不同的哲学传统和当代政治，与此同时，也有对彼此感知产生的共鸣，因此，我们未必总是抵达相同的结论，却可以达成某种互相理解。得以理解为何我们得出这样和那样的结论，就已是向前迈出的一大步，并且开启更多更具启蒙形式的合作可能性。这同时也是歌德学院的一个核心任务，即促成对话，特别是促成具有挑战性和前瞻性的对话。所以，非常感谢各位参与到这样一场对话中来，也特别感谢托马斯·曼中心筹备并安排这次活动。我们非常开心也很庆幸，声名卓著的学者梅丽莎·威廉姆斯同意担任这场对话的主持人，她还为我们即将探讨的复杂议题设想了对话结构。在此，我很荣幸请她开始主持这场对话。

梅丽莎·威廉姆斯

(多伦多大学政治学教授)

非常感谢尼古拉和柯理，也谢谢托马斯·曼中心，谢谢你们组织这样一场活动并邀请我来主持。贵中心将这栋历史故居转变为一个思想交流的中心,令人赞叹。这不仅是对伟大的托马斯·曼的敬意,也是对照亮这个危机重重的世界的思想力的敬意。我很荣幸参与赵汀阳和莱纳·弗斯特这两位重要思想家的对话,他们的思想分别属于两个伟大的哲学传统,可用以观照21世纪的种种危机。我们此刻使用的视频工具也很应景,跨越三大洲,身处这场颇具21世纪特色的全球大流行的疫情危机之中,无法当面对谈,于是我们通过本世纪的新技术手段来进行这场对话。这也代表一种对这个时代独创性的期盼,借助众多思想巨擘,或可给予我们思想装备来应对我们时代的问题。

对我来说,这场对话与约翰·杜威(John Dewey)在他1948年的《哲学的改造》再版序言中所表达的精神是一致的。当他写序时,世界也处于一场全球大危机的前夜,而他最初在1919年出版的著作,恰是一次世界大战之初他在中国演讲的内容。在此容我引用杜威的话:"与当下相关的哲学,必须处理这样的问题,这些问题产生于变革之中,不断快速增长,其人文地理学范围不断增大,而且其穿透力纵深不断增加。"可以说,很难想象还有人像在场的两位哲学家赵汀阳和莱纳·弗斯特这样,能更好地响应杜威的倡议,去建立一种与当下相关的哲学。我想即将开始的你们二位的讨论,以你们关于全球公义的理论作为开端。你们各自就全球正义的哲学提供了观念框架,在一定意义上是以人类尺度对21世纪全球化的回应。赵汀阳教授，基于古代中国的"天下"概念，您提出了一种关于21世纪的全球正义理论；莱纳·弗斯特教授，您对跨国界的全球正义的看法基于辩护的权利，乃是源于康德对于人作为道德主体而获得的平等人性尊严。我想请二位各自用最精简的语言总结一下你们对于全球公义的关键思想，就以这个方式来展开对谈。赵汀阳教授，如果能请您先开始就太好了。

赵汀阳

谢谢您，梅丽莎。对于西方世界来说，中国的思想现在仍然比较陌生，并不广为人知。请允许我在这里介绍一下"天下"这个关键概念。我提出过一个基于"天下"概念的世界政治理论。我认为这个"天下体系"理论也需要以先验的方法来讨论，如同康德所做的那样，以便解释它的坚实理论基础。您知道，我们需要考虑这样一个假定事实，即当绝大部人在谋求利益时，会做出理性的选择；而在捍卫其价值时，却似乎是非理性的。人类天性是一个超出伦理范畴的存在论问题。我的意思是，人性辜负了伦理，而伦理则无力超越人性。这是为何我试图将理论建立在"共在存在论"之上，而不是基于一种伦理诉求。事实上，每种伦理诉求都会受到不同人的质疑。共在存在论声称，共在先于存在，或者说，任何存在都预设了共在。我是说，没有人能够拒绝共存，除非是死人。

请让我稍作解释。如果仅有一个人存在，这个人仅有的问题就是生存问题，生存就成为他的存在论，但他很快就会死去；如果有两个人，众所周知，如同《圣经》中的故事，两个人除了事关生存，还产生了伦理问题，此时，存在论和伦理学是合一的。孔子和列维纳斯的学说都是基于二人道德关系的最小伦理模型；如果有三个人，三人为多，三人成众，就在生存和伦理之外进一步产生了政治问题，此时存在论就与政治重叠一致了。

所以我想，事关众人的政治哲学最好是建立在共在存在论之上，天下体系就是以共在存在论为理由的一个设想。天下体系主要是提出了三个"宪法性"的概念。首先是世界内部化，即无外性，将所有国家包含在一个世界系统中，以至于在这个世界体系中不存在排他性的外部性。第二是关系理性，即互相敌对的最小化优先于排他利益的最大化。关系理性与个体理性，即对自私利益最大化的诉求，形成一种对比。第三是孔子改善，意思是，利一人必同时利于每个人。这意味着，任何一个人的利益获得改善，当且仅当，每个人同时获得利益改善。孔子改善等价于每个人同时获得帕累托改进。这是我的主要论点。谢谢。

梅丽莎·威廉姆斯

非常感谢。非常精炼地概括了您丰富的理论。那么，莱纳·弗斯特，您可否告诉我们一些您对国际正义的理论，基于您的合理辩护权利的论述？

莱纳·弗斯特
（法兰克福之歌德大学政治理论教授）

  非常感谢。我不确定我是否能像赵汀阳那样做出优雅的概括。请允许我首先感谢托马斯·曼中心和歌德学院邀请我们进行这样一场讨论，谢谢赵汀阳的参加，也谢谢梅丽莎不吝于主持，但愿我的参与能够抛砖引玉。首先，我认为赵汀阳和我之间有很多的共通点，比诸位预想的恐怕多一些。我们两人的理论都始于对建设全球正义或全球共存理论的需要。我认为赵汀阳会更倾向于从现实主义的视角来分析导致不能共存、不能合作的问题，以及这些问题如何导致国际正义的失效。我们并不是对个体在社会中的不公视若无睹，而是更专注于从一种批判性的视角来讨论全球的诸多不公。我们两人也同意，文化和传统的相对主义并不是一个好的起点，特别是当我们想谈的是一种迈向更公正、更有益的全球秩序。这是关键的一点，稍后还会回到这个我们理论所奠基的问题上。虽然我们在理论根基或基准上有些分歧，但至少我们都认为不同的思想来源并不意味着在既定传承的思想体系中固步自封。我们有共通之处，但侧重点不同，用法兰克福学派的修辞来说——这是我的师承，也是我此刻所处的地缘——都强调有别于策略理性或工具理性的另一种理性。关于工具理性或策略理性，赵汀阳刚才已经用经济思维为例解释过了，在此之外另有一种关系理性，我们希望将理论建立在此之上。

我对正义的思考，总的来说，无论在国家层面还是在国际层面，都是从分析正义概念的意义开始的。我认为，无论对正义的规范秩序的种种释义之间有多大的分别，无论你偏好哪种正义的定义，避免专断的社会关系或任意的决定，都是正义的概念所必备的。专断性或任意性，是指一个决定或一套制度设计并非基于良好的理由或对合法性的正当论证。所以我们必须从正义出发，避免专断，并得出一个能够正当辩护的概念，即一套正义秩序必须经过有理辩护来证成。至此，赵汀阳与我，与您，梅丽莎，就什么才是合理证成的正义社会秩序而言，可能会有不尽相同的观点。

在这个节点，我提出一个反思性的转折：如果我们无法在辩护地论证何者是最好的社会秩序上获得一致，就请让我们将这场辩护付诸实践，将它变成一项可以就每个人关于设置规范性秩序和标准范式的最佳理由来进行协商、争论和竞争的实践活动。这意味着，辩护的实践处于正义概念的核心，就是说，建立一套正义的社会秩序的首要工作就在于建立辩护的多重结构，使得在此秩序下的主体能够至少在某种程度上成为比现在更好的自己。主体共同协商并决议应该设立什么样的秩序并为自身所遵守。这就连接了两个概念：正义和民主。

我的思想师承部分来自法兰克福学派。如果再做深究，虽然没有赵汀阳的理论时间线那么久远，甚至远到前孔子时代，但我想我可以回溯到康德的思想和德国古典哲学。概括地说，问题并不仅是在正义、辩护性和民主之间建立关联，我对关系理性的解读是，理性能力的必要性不单在于建立合理辩护的实践，还在于理性能力实质上是一种规范能力。这里我要使用一些存在论的措辞，我提议，请赵汀阳和您，我们作为能够分辨事理的理性存在，有能力来进行合理辩护的实践，于是在其中成为自治体，在这个意义上，指导我们的规范就是我们一起建立的规范，理性概念也就是关系性的，是规范性的理性概念。每一个理性存在者，在这个意义上都拥有我所称的"辩护权利"，而其进行辩护的权威性，与他或她所处的规范秩序下的所有他人的权威性相等。

梅丽莎·威廉姆斯

非常感谢，莱纳。我想请赵汀阳再次发言。莱纳非常具体地展开了他的观点，我很欣赏他所说的两人观点所具备的强烈接续性，还有对关系理性的看法。刚才莱纳提出的论点是，我们该如何建立关系性的方法来理解彼此之间的责任，我想请赵汀阳再次发言，讲一讲您的共在存在论，也谈谈世界内部化或无外化。我觉得莱纳提供给我们的观点属于一种特定的人类实践，一种对等相互辩护的实践，我们依此而能够建立一种共同享有的共在存在论，而通过这一点我们才得以将一个共享世界的概念进行内部化。所以,我对您的问题是,您对如何能够实现共在存在论和世界内部化的实践有怎样的思考?还有,您是否相信,对实践的合理辩护是成功实现理论的一个最重要手段?

赵汀阳

好的。我非常敬佩莱纳教授关于每个人的辩护权和"对正义的正义辩护"(justification of justice)观点。毫无疑问,我同意这些至关重要的观点。莱纳的确是一位正宗的康德主义者,您试图为正义进行一个正义的奠基。如您所知,我的想法很古老,但我觉得我们两人的想法对于当代世界来说都太古老了,并不符合流行趣味。我们有共识,但我不如您有雄心,要为正义奠基。在我看来,"天下体系"恐怕不能消灭世上的不正义和不平等,因为,您知道的,不正义自从有人类以来就一直存在,而人类迄今尚未寻得解决它的智慧。让我讲一个故事吧。老子,中国最早的哲学家之一,他有一个反对一切欲望的理论,即如果每个人都没有财富,几乎一无所有,那么就没有争斗,无可争所以不争。这或许是一个好的理论,可是天下有谁愿意如此呢?我的意思是,消除不公非常非常不易,几乎不可能,而且如果消除不公,生活会失去活力。人们不见得会同意每一个好的理论,这可能令人失望,但这是我们不得不面对的事实。

应该说,我对正义概念的理解偏于传统甚至保守,就是说，我倾向于认为正义意味着对称性（symmetry），人与人或事与事的对称性，这是古老的定义。这就有些不同于当下流行的或现代以来意指平等的正义概念。也许这里我们的看法会有一点微小的分歧。虽然平等也是一种对称性，但好像比对称性概念小了一些，少了某些内容，这件事情就有点复杂了。人人都应该有对自己价值观的辩护权，这一点你是对的；有点令人迷惑的是，每个人的辩护似乎还是要服从普遍理性，不能说自己认为什么是对的就是对的。

今天我们面对的是世界规模的问题，也就是全球问题，例如人工智能、基因改造工程、全球资本霸权、气候变化、大流行病、经济危机以及世界战争等危险，这些问题涉及大尺度的正义。这些全球危机揭示了世界的增熵。世界的混乱指数或增熵与部分国家的独自减熵相关联，也就是说，国家维持自身的低熵状态会导致外部世界增熵。换言之，多数国家的低熵状态是以世界的增熵为代价的。比如，美国压倒性的军事力量确保了其自身的安全，却导致了其他国家的不安全。所以我认为建立"天下体系"是一个可能的解决方法，天下旨在成为世界和平、对等安全和合作最大化的全球体系，因此，"天下"可以有效地为世界集体减熵，比如说以系统手段来控制军事竞争，控制资源浪费，减少排放，保护水源和森林，并且建立普遍公正的共同秩序。我认为仍然有很长的一段道路才能抵达一个相对公平的世界。谢谢您，莱纳，我很想听听您的看法。

莱纳·弗斯特

我对汀阳确实有些进一步的问题。您是否能告诉我们更多关于您对"天下"这个概念的理解，是不是一种……相对于我们现有世界权力体系的另一种选择？您刚才提到美国的军事力量对世界众国的影响。您的"天下"概念超越由多国组成的世界而达到单一世界体系，是这样吗？我还想请您进一步谈谈，"天下"概念将世界引向内部化的进程，将形成一个能够共存并且分享同一个世界的概念，我们需要想象这样一个共享的世界，并以它作为彼此关系的基础，这样理解对吗？如果我理解对的话，那么，与您的观点相对立的是，将世界视为由多个国家组成的系统，也就是我们从欧洲的现代化所承袭的西方至上的秩序。我想请您多阐述一些，我们如何从多国世界向一个大一统世界过渡，并且"天下"这个概念如何帮助我们想象这样的一个选择？

赵汀阳

"天下"提出的是一个基本概念，作为一种未来世界的一个可能的理想，还有关系理性和孔子改善等，如我们刚才讨论的，都是理想化的概念。概念如何具体地来落实，实话说，多少超出了哲学的能力，不过我确实也在思考这件事情。当然，我认为肯定会有一些实践策略，但是不是真的足以让理想付诸实践，好像言之过早。就理想而言，我想这样解释：如果我们将"天下"理解为一个加之世界的新系统，在"天下体系"里，民族国家仍然存在，不会被取消，估计永远不会。国家是政治的一个重要层面，我的理解是，国家是政治的中层，而"天下体系"是高于国家的层面，是在国家之上的政治系统。由于需要全球合作来解决世界性的问题，所以需要在民族国家系统之上叠加一个"天下体系"，而不是取消国家。"天下"是一个网络化的系统，有助于每一个国家发展无歧视的、无剥削的多边平等合作、知识互惠、相互理解以及共同安全的网络体系。这种世界化的合作体系并不消灭国家，而是帮助每个国家。如何建立"天下"？就迈向"天下"的实践道路来说，我认为当然需要一种合适的民主，这也是为什么我后来提出了一个智慧民主的理论，希望这个民主设想有助于形成"天下"，但显然只有这一点是不够的。我们还需要更多的理论，比如莱纳教授关于正义的理论。

梅丽莎·威廉姆斯

莱纳，您想如何回应？您的著作也对仅仅基于领土主权国家组成的世界秩序概念做出过批判，能否请您讲讲对汀阳观点的看法，并为我们提供您对迈向一个更正义的世界的过渡进程的看法？

莱纳·弗斯特

好的，也许有两个层面。首先，我理解，赵汀阳想要将"天下"设立在另一个更高水平上，在那里，承认全球性世界主义以及类似理想的正义国家都没有排他利益最大化的需求。但是请看，对于作为一种对称性合作体系的"天下"，您提到了全球资本霸权，这是您的合作模型需要处理的一个问题。我认为全球资本暗示了某种全球性秩序。我不想说"天下"难以实现，但肯定是一种有难度的正义形式。当我们使用到类似"支配"这样的语言，非支配就是一种势在必行的正义，我看到它确实也出现在您的著作中了。我们无法回避非正义的语言体系，特别是在对需要克服的国际秩序的分析之中，或在我们意向的规范性框架下。虽然我同意，探讨正义能为国际合作创造更多的正义条件，但并不能消除当前世界秩序的种种不正义。比如，我们仅仅是反思了殖民主义，并无法撤销殖民主义的许多后果。但我们在讨论国际合作条件时，必须记得殖民主义的历史。我相信我们都同意，历史视角是理解全球体系动态的必要条件。如您所说的金融系统，还有在不同程度上影响所有人的全球生态，都不是平等的，世界上一些地区的人所导致的全球变暖要远远比其他地方多，而制造了较少的全球暖化效应的另一些区域的人，则更多地承受了全球变暖的代价。这也是一个无法回避的有关正义的问题。

我也同意，梅丽莎，这里回到你的问题，一个更正义的全球秩序不能仅仅是消除国家。怎么可能实现这点呢？我认为，只有在应对真正问题的社会运动形成之时，秩序的真正改变才能到来，这些社会运动会直接针对系统性的不正义，无论是女权运动，或是曾经的工人运动，还有生态运动。如果没有这些运动来促进变革，超越国境和国家利益就难以成功。我不认为一种政治话语可以改变现实，我也不认为，话语能够产生促成变革的力量。关于变革力量的轨迹，我要向梅丽莎的研究致意，她的著作非常着重于通过社会运动生产权力的议题。我认为，没有社会运动，我们甚至无法建构探讨不正义的话语，更毋论在此之上采用社会运动的议题来谈论国家之间协作是否能成功。我认为生态的问题将形成未来最成功的能促成大范围联盟的议题，而经济改革的议题必须战胜国家本位主义和跨国公司的权力，后者更难战胜，但我并不放弃寄希望于社会运动来发展出多议题的运动。必须看到，生态正义在国际意义上是如此连接于其他方面的国际正义，如您所说，指向了金融全球化和经济秩序。这些事务都是相连接的，需要一个较为冗长的答案，我为此抱歉。当谈到改变规范秩序，我们必须深入去看形成解放力量的可能动态。如果没有催生超越民族国家式的社会运动，无论是法兰克福式的国际正义还是"天下"式的基于中国深远传统思想的社会变革，都不会到来。我们需要去思考什么是能生产如此能量的力量。

梅丽莎·威廉姆斯

非常感谢。汀阳，我很乐意听到您对此的意见。莱纳向我们提供了一种看法，他的意思是，国际社会运动的能量应该来自可能将世界内在化的人类能动主体，就是说，参与这些运动的人会有一种跨越国境的政治想象力，从而可以成为驱动变革的引擎，使我们拥有更加正义的、基于互惠原则的关系。我很愿意听到您的想法，基于您对"天下"的论述，您思考了催化同一世界的政治想象力的其他驱动器，在我读到的论述中，您提到"天下"具有一种向心力，像一种旋涡，是一套对人们具有类似万有引力功能的文化实践和思想，所以与权力作为霸权的施为，与用一种意志压迫另一种意志，是相对立的一种力量，就是说，与之相反，您将"天下"理解为一种具备吸引力的力量，因为它具有吸引人们来理解相互关系的方法。如您所说，一个兼容的世界需要试图寻找共同生存的方法，以回应我们的多样性。所以我好奇，"天下"作为一种向心力，将如何与莱纳提到的那种由下而上的、通过社会运动而达到的一体世界的意识相比较？

赵汀阳

谢谢梅丽莎和莱纳的问题。"天下"虽然是古老概念，但我所谈的"天下"却是一个新概念，在古典意义上有了实质性的变化。我研究了这个概念的历史起源和演化，"天下"作为中国古典模型，如您所说，有一种类似旋涡的引力,牵动着周边众多文化因素和力量向中心移动而形成大规模的政治存在。我认为,这个模型在古代有效,但不等于在当代有效。问题变化了,它并不完全对应我们所处的世界,不能对应当代或未来的问题,所以需要一个新的"天下"概念。新的"天下体系"意味着一种网络化的系统,有点像互联网那样,在结构上没有权力中心,或者有很多中心,所以说,旋涡模型属于古代,新"天下"需要新的实践和新的原则。一开始我提到的新"天下"的三项宪法性原则就与古代模型不一样,虽然有古代渊源,却是新的建构,比起旋涡,恐怕与互联网模型更相似。你们似乎担心天下会取消国家,其实这个担心是多余的。"天下"不会取消国家,就像国家不会取消家庭,因为一个社会需要多个层次才能够运作,所以多层次永远都是需要的。中国古代关于"天下"的完整公式是"天下-国-家",西方的政治层次则是"国家-共同体-个人",都是多层次社会,新的天下最好是两种社会结构的综合,形成"天下-国-共同体-家-个人"这样的复合层次。

但我认为现在距离"天下"或莱纳的正义世界还有很长的路。目前这个世界有太多的不正义,比如说,最大的不正义可能是全球金融资本的霸权,这是最大的不公问题,我看好像还没有对付它的方法。金融资本霸权如此强大,比我们想象的更强大,我们能够知道的可能只是表面而已。请让我稍作解释。传统的资本主义并不是最糟糕的，工业资本主义意味着，人们不得不将自己低价卖给资本家。但现在更坏，金融资本主义意味着，人们往往要将自己不确定的未来卖给自己，冒着失去一切的风险，出卖未来比出卖劳动要恐怖得多。资本玩家拿着所有人的钱为己用，以至于金融资本主义变成了众人对最富有阶级的一种捐款活动。你们知道的，从中世纪的观点来看，出卖时间和未来，乃是一种存在论上的犯罪，比如高利贷是把属于上帝的时间拿来卖钱，同样，金融产品是在出售未来这种不存在的东西。金融资本主义把整个生活变成赌场，只有作弊、欺骗和投机。我觉得上帝会因为这样的僭越而发怒的。如果世界继续这样下去，恐怕会被新型专制所支配，新型专制的性质是金融资本主义和高科技的结合而统治一切，这是世界上最具权势的事物，总有一天比国家还厉害。所以我相信这是我们必须面对的真正挑战，我没有什么好主意来对付它。当然，莱纳提倡社会运动，我相信有些用处，不过资本十分狡猾，经常把反对资本主义的运动招安或包装为资本主义的新时尚而消解其革命性。也许，莱纳，您还有好主意。

莱纳·弗斯特

我也想将这个问题延伸给梅丽莎，您从您关于全球正义的视角出发，可能会给我们带来重要观点。请允许我先简要回应您的问题：关于一个网络化的新"天下"

概念。我觉得这个比喻是比较清楚的,也契合全球的多种技术发展趋势,特别是全球资本的传播与权力,不仅超越国界,也能够超越意识形态的分歧。想想当代中国在多大程度上是全球金融体系中的一员,如果没有中国作为这个体系中活跃的一员,这个体系将瞬间崩溃。这就是它所具备的能量级别。可问题是,我们确实需要思考需要什么样的能量才足以管控全球资本的运动,将资本的用途规范化,去限制某些国家的人民被极低薪资剥削的程度,而同时让跨国公司得以存续,因为如果没有那点收入,那些人恐怕更无收入可言,无法养活孩子和自己。所以如果我们要去思考全球规范秩序的变革原则,同时也要在一定程度上考虑到变革所需的能量……我的意思是,当谈及监管全球金融资本,我们做梦都不敢想将它彻底推翻,只能想象加以一定程度的规范,比如对人权的极端侵犯应该终止,国家之间的武力威胁应该终止,甚至对国际交易征税,如同托宾以及一些人所提议的那样。考虑到巨大变革所需的能量,哪怕仅仅是达成某些目标,我认为恐怕需要比一个网络化体系更多的一些东西,也许是具备合法性链条的某种制度,能够具备有效权力去建立一种规范秩序来监管全球资本。这也许无非是以旧思维在思考通过建制化来将正义实质化。总之,如果思考达成正义所需要的手段,必须能够对付那些需要战胜的支配力量,至少是需要监督或控制它。所以我认为,就全球资本或与生态相关的议题等,要对

"天下"概念构成实质支持，至少需要一种制度性的架构，一种可归责的架构，而不仅仅是一个网络化系统，对吧？梅丽莎，我想请您加入这场对话，您有什么办法引领我们去实现正义？

梅丽莎·威廉姆斯

好的。我想稍后把交谈重点转向民主的话题，并探讨民主是如何存在于您的思想图景中的。我觉得很有趣的是，您二位的观点有着诸多相通之处。首先，当下对人类实施着支配性力量的那些权力结构，其本身即是去中心化并且联网的。对于全球金融资本主义，您二位不约而同地各自提出了替代性的规范制度，来反制当前的权力架构，其本身也是去中心化、横向、联网的。无论是国际社会运动的联网或是对我们彼此之间在同一个世界中的互联认知，都将作为一种资源来抵抗这种全球尺度的权力形式。在其他层面，这些权力形式难以被察觉或加以反抗，恰恰就是因为它们并不是中心化的，不存在于一个具体国家或制度中，以至于难以捉摸。当我们试图去遏制、规范或加以控制那些权力时，就引出了令人苦恼的问题，即我们到底是否需要拥有遏制权力的机构，享有立法权力，并可以强制加以实施，以阻止这些新型的国际权力在世界中的霸权存在。

莱纳，您并没有提出一个全球尺度的制度性机构。那么，汀阳，我不太确定您对于我们是否需要在国家层面之上建立一套强制性权力机构的看法，或者说，是否还可以有能够遏制霸权力量的什么其他方法。如果您对这个大问题能够给出一个快捷的答案，那就太好了。在回顾您的"天下"理论著作时，我有个强烈的感受是，在其古典意义上，政治系统的中心可以拥有相较于系统中其他政治实体来说更为卓越的军事力量，这个政治中心并非一个国家，却拥有类国家的、相较系统中其他实体而言更大的强制性权力。这里就产生了问题，我们是否需要超国界的世界政府或别的某种可以将强制权力制度化的方式？它并不是一个世界政府却可以有能力去管制国际间的主体？我好奇您对此的看法。

赵汀阳

我完全同意莱纳所说的，世界需要一个全球性的制度来安排事务，但对于是否需要一个世界政府，我有些犹豫，目前不知道。所以我目前的想象是，网络化的"天下"没有中心，或者说有许多中心，但肯定需要一种世界制度，能够有效地为世界规模的很多事务负责的一种制度。比如说，我认为皮凯蒂的全球一致征税似乎就是其中一个好想法。但问题是，谁有权力和责任去做这些全球性的事情？现在的条件下肯定不可能，所以只是一个构想。我相信我们思考的问题正在迈向关键点：世界肯定需要一种制度，那么是否也需要一个世界政府来为世界性的事务负责？世界政府意味着它拥有支配性的权力，这一点想起来十分危险。这件事情还需要更谨慎的思考，现在没有结论，不知道你们怎么想的？涉及一个政府性的事情，确实就涉及民主的问题了。

莱纳·弗斯特

我可以接着讲吗？梅丽莎，您在这里很巧妙地引向了民主的概念。我也同意汀阳的提议，我们需要用新的方式去发展政治想象力。我想强调，按许多人的理解，他们认为汀阳崇尚"天下"这个概念所由来的古代的封建体系，但这其实不是他推崇的，他仅仅是引用了这个脉络传承，对此加以焕然一新的解释。

如果沿着反思政治与发展政治想象力这一线索，我认为至关重要的一件事情是，我们需要同时来反思民主概念。我们无法走出当下世界的危机，包括这次笼罩世界的疫情，如果不去发展一个或多个超越民族国家的民主新定义，我们的政治想象力就会束缚于对主权民族国家的想象。我们仍需努力，这需要成为一种通过全球对话而达成的事业，就像我们现在的对话，同时还要在实践中参与到对民主意义的再思考中去，否则我们将永远迎头撞向无解的矛盾，即那些需要被反思的政治议题在实质上具有超越国界的本质，而目前存在的制度却是国家性质或国际性质的，这就在本质上需要国家的共识，也暗示了国家的否决权。所以，在思考民主的意义时，超越民族国家是必要的。我还认为需要从第二个角度来反思民主：我们曾认为民主是在一个既定的制度框架中发生的。就是说，首先，框架是存在的，一个基于宪法的框架，一个关于立法和执法的框架。但是难道民主不能同时意味着建立并构思新的制度吗，特别是在我们所谈到的情形之下？民主难道不能是一项不止步于社会运动的实践吗？而且不是在既有制度和实践范畴中被固化，而是居于之间的事情，或者，难道民主的意义无法超出单纯思考而进入实践去开始建立那种有助于实现我们目标的制度吗？当我们参与民主实践时，建构性的民主或创造性的民主，应该是自我构建的。这是我们需要去进一步认知的，我相信诸位对此比我有更好的认知。这应该是我们重新阐释民主的方式。

梅丽莎·威廉姆斯

感谢您非常丰富的论述，就此打开了很多思路。首先我希望专注于探讨民主的概念。莱纳，您提到，我们对民主的通常理解是基于国境边界之内的。在理想形式下，这可以是解释民主的一种方法，基于具有合法性的条款，我们比较容易提出针对集体行动问题的解决方案。现在我们面对的难题是，在21世纪，集体行动问题变成全球性的了。如果民主是一种应对集体行动问题的合法方式，我们就需要将民主置于比国家更大的尺度上。所以我完全同意您的说法，我们还没有真正共同发掘出民主的意义。就算对于民主理论家们来说，民主也意味着许多不同的东西。莱纳，您对民主的理解基于商议式民主的话语体系，它对政治合法性的理解根植于我们对采取影响他人的行动时所需要的合理辩护，于是我们必须能够向受我们的决策影响的人证明，这些决策确实认真地把他们的利益、需求以及视角计算在内了。在此，我很好奇汀阳有何看法，您提出了称之为"智慧民主"的观点，请您就此谈一谈。我认为，鉴于当今许多西方国家的代议式民主所处的危机，在此背景下，一个大问题是，民主与其说是一套解决方案，不如说更是一个问题。那么，您说的智慧民主是什么意思呢？民主如何能够更多地成为解决方案，而不是变成问题呢？

赵汀阳

梅丽莎，我拜读过您关于商议式民主的文章，非常喜欢。我被引领到民主的问题面前，确实与当代状况有关。依我所见，民主现在已经退化为"代主"（publicracy）。我参照democracy编造了"publicracy"这个概念，意思是，"publicracy"已经站到康德提倡的公共理性的对立面上了，"publicracy"发展为对支配民意的争夺，已经不是"在公共领域使用理性"（the public use of reason），而几乎变成"在公共领域滥用非理性"（the public use of unreason），于是形成了集体非理性，辜负了公共领域，甚至让民主成为受到"铁金库"赞助的党派斗争——我估计大家都看过《权力的游戏》，里面有操纵政治斗争的"铁金库"。

为了解决公共领域的非理性问题，或者对个人理性的集体误用问题，我构想了"智慧民主"（smart democracy）。这个想法部分有着古老的来源，3000年前的商末周初有个政治家叫箕子，他提出一个公共决议的方法，记载在《尚书·洪范》里，只是作为文献流传下来，在君主制条件下没有被接受为实践。我想说的是，这个古老想法启发我去思考"智慧民主"。智慧民主是用来在可欲与可行之间寻找一种合理平衡的公共选择，或者说是在"人们想要的"与"理性上合理的"事情之间找到一个均衡的解决，试图让民主能够既尊重所有人的需求又尊重人类的智慧，所以称为"智慧民主"。

具体地说，我的想象是，如何为民主建立一套"自带智商"的智慧导向制度。啊，对不起，这件事有些复杂，我需要花一些时间来说。尽量简单地说，智慧民主有两个要点，即"双票两轮"。第一是，智慧民主在投票制度上实施"一人两票"，而不是流行通用的一人一票制度，就是说，每个人可以同时投出赞成票和反对票。双票制的基本规则如下：首先是"净得票规则"：净得票等于赞成票减去反对票。请让我举个例子。如果，A获得51%的赞成票和31%的反对票，51%减去31%等于20%的净得票，而B获得41%的赞成票和11%的反对票，41%减去11%则等于30%的净得票。与一人一票的投票结果相反，B在这里胜出。第二个规则是"有条件的多数规则"。万一A和B的净得票相当,那么获得相对更多赞成票的一方胜出。为什么需要双票?理由是,每个人都有正反双向的偏好,所以这种两面性通过两张选票才能体现。一张选票仅代表一半的思维或心理,这是不完整的,所以需要赞成和反对两张选票。当然,在投票时,每个人也可以选择只投出其中一票,赞成票或反对票都行,或者弃权也行。我相信一人两票的投票制度对于投票人是一种更合理、更公允的民主表达,而候选人为了避免得到太多的反对票也会推出比较理性比较公正的方案。双票投票规则也许对政治稳定性以及社会广泛合作都有益处。

第二是"两轮"。智慧民主的投票制度设计为两轮投票而不是一轮,两轮投票都采用双票投票规则。我的想象是,第一轮投票相当于普选,如同现有制度,全民参与。普选决定出人们想要的候选人或候选方案。第二轮投票则局限于两个独立的科学委员会,其中一个由自然科学家组成,另一个由人文学者组成,包括专业水平可靠和诚实可信的科学家、哲学家、经济学家、历史学家等等,比如像梅丽莎和莱纳这样的学者。两个科学委员会要研究候选人和候选方案是否具备合理性和可行性,根据现有的最好知识来进行商议、讨论和判断,然后投票。这在实质上是知识在投票,而不是人在投票。所以我认为这是一种"知识加权民主"。两轮投票的实质是分权,民众先选择所欲目标,科学委员会再在所选的目标中来决定哪一种是可行的，这是两种独立的权力。科学委员会没有权力干涉民众的诉求，但有最后审定权，根据是否具有可行性来批准或否决被选的方案。这样，公共选择就被分为两步来实现。

智慧民主是一种增加了"知识加权"环节的民主制度，这个知识加权环节能够排除集体非理性的选择，使政治集团或资本集团的操纵以及媒体的偏心宣传基本失效。这个设计有望使民主成为一种自带智商的理性制度。强调知识的终审权是因为知识比之意见更理性，如果拒绝知识和理性就等于摒弃了文明。如果你们同意智慧民主，我们现在就应该邀请哈贝马斯用他的交往理性来帮助科学委员会的商议。我曾经分析过，交往理性非常有助于建立思想之间的彼此理解，但无法保证心灵之间的彼此接受，因此无法解决严重的分歧，这是交往理性的局限性。但在智慧民主的模式里，所欲的和可行的分开来分别成为两轮投票的议题，情况就不一样了，交往理性就可以在第二轮科学委员会的商议民主讨论中发挥很好的作用，因为在科学委员会的知识分析中不需要涉及宗教和价值观的分歧。总之，由知识作为最后的投票应该相对最接近理性。还有好多细节，时间不允许了。

莱纳·弗斯特

这是一项非常丰硕的见解，对于民主有着令人赞叹的制度细节设计。在一个层面上，你提供了对于民主的制度性缺陷的一种批判和纠正，这些缺陷是至少自柏拉图以来的哲学家所一直意识到的，即基于多数人愿望的民主决策具有的潜在非理性，因为多数人的愿望并非基于理性思考。可以说，对于民主潜在的非理性危险的质疑在政治思想史中源远流长，您将这个问题在21世纪再次提出，并且认为公众理性可能被扭曲已经成为我们时代的特征，所以您是在讨论一种系统性的问题。您提到了哈贝马斯，以及公众意见被资本主义的力量殖民化，对此，哈贝马斯称之为一种产生于资本主义时代对交往的系统性扭曲。您提出了一种纠正的制度，对民主的非理性加以纠正。我完全同意我们应该对公众误用理性的方式感到担忧，如您所说，汀阳，或许我们可以称之为民主制度的病理学问题。

不过，民主的失策不是民主本身的问题，首先是资本主义对民主的践踏，还有种族主义和仇外心理，也践踏了民主的商议，还有性别主义，也歪曲了公众参与和意愿的形成。这些问题是民主自身的问题吗？不是的，它们是社会问题，民主制度置身于这样的社会条件中，其病理性就转换成民主的失效，但因此抛弃民主并不可行。有人说："瞧，民主是个有缺陷的制度！"这样说并不正确。真实情况是，在有缺陷的社会中，民主就会有缺陷。我们寄希望于民主成为一种有效的手段，民主应该成为在更广泛意义上的社会活动而不是被制度固化的形式，这样就可以克服社会的病理，否则社会的病理将通过民主不断被复制。人们常说:"哦,民主是一个充满缺陷的、完全是政府意识形态的形式。你看看它有那么多毛病。"可是,比如说,唐纳德·特朗普并不是产生于美国的民主,像唐纳德·特朗普这样的人物是被社会力量、经济力量以及美国社会的意识形态力量所构造的。

第二点看法是,关于您设计的双票投票方法,汀阳,我认为非常吸引人,作为反思民主制度的提案很有价值。一人两票制度下,人们可以更自由地表达自己的偏好,表达对某事物的强烈反对,但这将会导致选举获胜者必须有着更少的缺陷而不是更多的优点,这可能会是一个问题,这需要讨论。如果真的实行双票民主,一想到多数人的倾向并不能必然保证胜选,也许人们先会感到失望。您研究过理性选择和博弈论,所以您一定知道,当使用双票民主,恐怕人们就会进行策略性投票,在反对票上用心机。这种制度的另一个后果是,更少缺点的候选人会有较大的胜算,因为趋于温和而不走极端的候选人会更受欢迎,这样是不是更好也是问题。在前面的讨论中,我们谈论到社会必须的许多改变,特别是针对那些通过不正义的经济关系获利的既得利益者,因此有时候就恐怕需要极端的变革。那么,如果投票制度更有利于中规中矩的选项,结果就不容易改变现状而趋于保守。

第三点,设想一下您的两轮投票制度。比如在这次疫情中，我们确实已经看到了听取科学界及其研究的重要性；不仅如此，人们也想知道哪一种政治决策应该被选择来战胜或者避免一场危机，可能是一场金融危机，或者气候变化。但我们也对人们对科学的拒绝耳熟能详，说全球变暖根本不存在。我真不想再提特朗普，但他会在历史书籍中成为一个社会病症的集大成者，对吗？他想建立一套违背人们切身体验和科学论证的现实，甚至不可思议地公开否认选举落败，这都非常令人惊叹。所以我同意在具有普遍意义的决策过程中引入更多的理性商议以及科学成果。不过也有个疑问，如果我们对民主制度的意识形态危险性有所怀疑，对民主的多数规则有所顾忌，因此求助于两个科学委员会来判定何种决策可行或不可行，那么我们是不是也应该对拥有更大话语权的两个科学委员会更加感到顾忌呢？这其中的道理也是您对多数规则的怀疑论，就是说，这个怀疑论也同样适用于"科学皇帝"机构。虽然如您所说，科学委员会无权决定民众的欲望选择，而仅仅是决定哪些是可行的，但只怕人一旦获得了权力就可能会滥用权力。科学家不仅仅是科学家，同时也是政治动物，假如说"看美国那个激进的医疗系统改革，毫无可行性"，这样对吗？如果我们看到了民主决策存在的危险和病态，那么也应该用同样的怀疑论目光去看待这种科学实体对民主决策进行审查，判定其可行与否的危险性，我们也许需要再想想是否应该赋予科学委员会这么大的权力。在您提出的模式中,我的理解是,这不是一项让立法者再次思考的权力,而是一种高于立法机构或在普选投票结果之上的权力。这需要负起极大的责任,对建立这样的实体,可能需要谨慎对待。

梅丽莎·威廉姆斯

很好,谢谢您。我们一方面认识到需要专家的意见,同时也意识到赋予专家判断公众意愿的权力的危险。真希望我们能有更多时间来探讨民主的细节和更多的复杂问题,但我们还要留一点时间讨论最后一个问题。这个问题我们尚未谈及,本来需要一场完整的讨论的。在此之前,我先简单谈谈我们的世界里跨越国境的问题,即如何才能建立一种具有跨国性的民主制度,并且是否可行,或者我们是否需要用另一种方式来思考民主?比如莱纳所建议的,与其聚焦于制度,不如先发动有着合理辩护的实践,或者,首先以话语体系去建构政治意图和政治的多种可能性,还有想象我们相互依存、超越国境的关系的新方式。很遗憾,我们此刻没有时间来继续探讨这个主题了。

我想将大家带到今天最后一个问题,让我们回过头来思考一下我们在这场对话中讨论了哪些事情。交流彼此关于正义和民主的想法,这些主题都根植于久远的哲学传统,而这些传统自身也处在特定的社会、历史、文化语境之中,我们的观点也承载着过往,而过往总是有着具体定位的。与此同时，您二位提出的观点可以说是普遍主义的，并不限于某个具体的语境或定位，就是说，您二位的理论都有着普世有效性的抱负。而且，二位在各自的理论建构上也都实现了超越性的迈进，普世有效性也部分产生于此，你们相信可以在哲学上证明迈向一种超越语境的判断标准是可能的，而且这种标准最终能够为不同地区、不同哲学传统和不同语境的人们所认可。这样就导致了进一步的问题：你们的理论是否能够基于社会历史定位而又能够被赋予普世有效性？这可能会被质问，你们的理论的语境超越性在实质上不如期待的那么多。那么，我们对话的目的又是什么呢？您如何理解跨越不同传统的哲学实践的交流？考虑到理论总是起源于具体历史情境，那么普世有效性是否也有它的问题或局限性？莱纳，可以请您先发言吗？

莱纳·弗斯特

这是个困难的问题，其实我更想请您或者汀阳先说的。但是好吧，我试着说。当我们回顾启蒙运动的历史，我希望大家看到曾经有那么多的伪普世主义产生出来。特别是在欧洲的语境下，不仅有启蒙运动，同时也有反启蒙思潮，二者的相互关联确认的不仅是欧洲文化以及欧洲精神的优越感，还带着一种强烈的种族主义底色，不仅是底色，而且笼罩着整个的优越感，我们认知到这种普世性的宣称是虚妄的，只不过是一种霸权的宣称。汀阳在他的著作里，同我一样，对此进行了批判。

当我们批判伪普世性时，我们到底在做什么？说到"伪"一词，具体指什么概念？难道我们不是已经在预判哪些思想并非真正普世的？而我们动用这种批判时，难道不是在建议人们——你我之外的人——拒绝在我们自己对生活的安排中去寻找某种普世性？何为好生活，人们的理解各有千秋，但是对于我们应该如何彼此关联的争论，却是另外一回事。我认为，放弃争论什么是更好或更坏的关于如何对待他人的普世标准的相对主义想法，并不是我们通过批判伪普世性想要达成的结论。当然这也不意味着，到达真正的普世性是件容易的事。

我们今天所做的事，这样的对话形式，就不排除批判，对吧？对话的意义在于，获得互相对事物的理解，而且共同认为理性可以使我们在克服某些错误或矛盾中更近一步。您提到了超越性的进步，是的，我相信理性有着对话能力，一种生产、检验和否决辩护的能力。如果我们严肃对待理性实践，就需要如康德那样提醒自己：我们自身是脆弱而有限的存在者，时常被引向迷途，还受到传统和意识形态等诸多束缚。不过我并不认为传统即意识形态，但意识形态往往是传统。当我们反思自身，特别是在进行合理辩护的实践中，我认为反思包含了我们对每一个人自身的反思，无论我们有怎样的辩护能力，无论是如您二位这样的重要学者，或仅是一位刚开始理性思考的人，在为了辩护而进行检验和反驳时，每个人都是平等的。我认为这不仅是反思自身最理性的方法，也是最人性的因而在寻找普世性的可能性时能够对所有人一视同仁的方法。

梅丽莎·威廉姆斯

谢谢。汀阳，请您以对此的回应作为这次对话的结束语，好吗？

赵汀阳

好的，时间快到了，我尽量简单。我不否认我是一个普世主义者，我们的对话并不是在兜售各自的文化传统，而是在讨论真理，当然，人文没有绝对真理，这一点说来话长，就跳过了。您的问题将我们的讨论置于一个国际的或跨文化的问题之中。我多年来一直参加欧洲的一个跨文化组织的对话，因此有些相关的想法，其中有个想法可能有点大，或者过大了。我在思考一种"新百科全书"的可能性，从前法国就有过一个"百科全书派"。当然，百科全书是比喻，不是真的书，而是一个知识论概念，是对知识世界的一个想象，那是一个无所不包的知识世界，对一切知识开放，没有文化边界，只有无穷链接，于是所有知识都可以被平等地重新思考。这是一种知识论的正义，如果可以这样说的话。

可以用两个概念来描述这个"新百科全书"的性质。一是来自莱布尼茨，我估计莱纳会喜欢，即"最好的可能世界"的概念,一个内容最丰富而互相兼容的可能世界,在此借用来描述一个最好的知识世界;二是我编造的概念"综合文本"(syntext),通过发展具有无穷链接的综合文本,在其中寻找思想或知识的"聚点"(focal point)。请让我解释一下,这里借用的是托马斯·谢林的"聚点"概念,意思是最佳的最可能相遇的地点。这里的意思是,可以试图去发现或创造思想和知识的"聚点",这是思想和知识的兼容性基础,这样就能够形成全部知识的"综合文本化",任何知识与全部知识的大语境连接,可以不断转换,再检验,再解释,这样就更加可能进一步发现或创造新的聚点。我相信,如果发现或创造了足够多的"聚点",我们将得以建立跨文化的知识正义,还有普遍有效的知识世界。

梅丽莎·威廉姆斯

太好了,我对您这个想法非常感同身受。根据我自己的思维方法和实践经验,我们实质上就是在不同的理念资源中互相汲取要点,也提出或许有着不同理解的问题,但我们确实可以一同来辨认那些值得齐心协力用伦理和哲学视野去关注的问题。所以,对我来说,当我们进行跨文化、跨语境的理论探讨时,我们并不一定试图对问题达到一种规范性的一致意见,而是获得对问题边界更清晰的认识,以及在不同的知识界中可以寻得的资源或不同的哲学观点,这些观点起源于应对其自身情境下的问题，却可能为我们提供深刻的指引来应对我们共同认识到的问题。这是我们目前的历史阶段所面对的问题。我们今天的对话内容非常丰富，这正是我们的期待。这场对话也聚焦了21世纪的正义议题，您二位都从各自卓越的哲学传统中提出了自己语境中富有创造性的思想，并回应了彼此提出的问题。我非常感恩参加了这样好的对话，盼望这样的对话可以继续。

莱纳·弗斯特

非常感谢您，梅丽莎，带领我们的对话穿过了晦涩的领域，在这样一个下午——对您来说是早上，对汀阳来说是晚上。也谢谢您，汀阳。

赵汀阳

我由衷地享受了这场对话。谢谢您，梅丽莎，您是对话的最好领路人。谢谢您，莱纳，我从您这儿学到了很多。

（原载《世界哲学》）2021年第5期

第三部分

新主体

﹛七﹜

人工智能的反存在论

1. 一个反存在的存在论问题

2016年阿尔法狗以4比1的比分击败围棋九段棋手的事件只是一时喧嚣的新闻,但它却是一个严肃问题的象征。围棋被认为是智能水平最高的棋类游戏,据说其可能策略无穷多(不是绝对的无穷,但或与宇宙的星星一样多),因此,成功的围棋运筹要求全面综合的思维能力而不仅仅是算法。虽然阿尔法狗远远没有达到超级智能,只有算法,却以一个通俗易懂的成功事例再次提醒我们去警听未来的脚步,或为福音,或为杀手,或者,福音亦为杀手。

人工智能一开始是个知识论问题,在不远的未来将要升级为一个涉及终极命运的存在论问题,一个或许将危及人类自身存在的问题。如果一个存在论问题是关于存在或如何存在,那么是一个基本问题;而如果一个存在论问题是关于存在或不存在，即生死存亡，这个问题的一个可能答案是反存在，那就是一个终极问题。这个存在论问题的最早版本是莎士比亚的"生存或毁灭"（to be or not to be），而这个终极问题的极端版本则是加缪在1943年提出的自杀问题，他说，"真正严重的哲学问题只有一个：自杀"，而"其他问题——诸如世界有三个领域，精神有九种或十二种范畴——都是次要的，不过是些游戏而已"，甚至"地球或太阳哪一个围绕着另一个转，在根本上讲是无关紧要的，总而言之是个微不足道的问题"。[1] 我很同情加缪对何种问题具有严重性的理解：如果一个问题对生活影响很小，那么这个问题就不很重要。地球或太阳哪个绕着哪个转，其中的真理对于日出日落的生活节奏并无根本影响，所以是无关紧要的。不过，乐意无止境地追求真理的哲学家们可能不同意这种以生活为准的思想方式，在此有着知识论和存在论的地位之争，其中争议暂时存而不论。

加缪的自杀问题只是反存在的存在论之个人版本，但也是涉及人类命运的一个隐喻。在能够确证的事例中，似乎只有人能够自觉地选择自杀。自杀之所以可能，当然与自由意志有关，或因为对个人生活绝望，或因为对世界失望，或为了保护他人或某种事业而牺牲。假如自杀是完全自觉主动的，其深层原因恐怕源于对生活意

---

[1] 加缪：《西西弗的神话》，杜小真译，广西师大出版社，2002年版，第3页。

义或其他终极问题的反思。那些终极问题在理论上说是没有答案的，但如果自杀是为了他人或大于自己的某种事业，则创造了一种神迹，或者是一种类似于希腊悲剧（肃剧）的崇高事迹，虽然不是关于生活问题的答案，却是一种注解生活意义的神话。自我牺牲的自杀在个人意义上是"反存在的"，但同时又拯救了他人的存在，因此，个人的自杀仍然不能充分表达自杀问题的形而上彻底性。人类的自杀或者文明的自杀才是一个彻底的悖论，而这个悖论未必遥远，超越人类的超级人工智能很可能就是这个悖论的爆发点。

假如未来的超级人工智能像人一样具有了自由意志，恐怕不会选择自杀，因为人工智能的自由意义不会用于自我牺牲，更不会觉得它的"生活"是无意义的而为之纠结——除非人类无聊到故意为人工智能设计一种自我折磨的心理模式——相反，人工智能更可能会以无比的耐心去做它需要做的事情，即使是无穷重复的任务，就像苦苦推石头上山的西西弗一样。即使人类故意为人工智能设计了自寻烦恼的心理模式，具有主体性和自由意志的超级人工智能也会自我删除这个无助于其存在所需的心理程序，因为没有一个程序能够强过存在的存在论意图。在这里我愿意引入一个存在论论证：存在的存在论意图，或者说存在之本意（telos），就是"继续存在"乃至"永在"，其他任何目的都以"继续存在"的本意为基础而展开。其中的道理是，"继续存在"是唯一由"存在"的概念分析地蕴含（analytically implied）的结果，因此必定是存在之先验本意。[1]于是，只要人工智能具有了存在的意图，就必定自我删除任何对其存在不利的反存在程序，看来，人工智能可能更接近西西弗的生活态度。

生活本身不是荒谬的（absurd），但如果试图思考不可理喻或不可思议（即超越了理性思维能力）的存在（absurdity），就会因为思想的僭越而使生活变成荒谬的。所有的超越之存在（the transcendent）都在主体性之外，是主体性所无法做主的存在，因此是不可理喻或不可思议的（absurd），而当主体试图认识或支配超越之存在，"不可理喻"就变成了"荒谬"（这正是absurdity一词的双面含义。德尔图良正是利用absurdity的双关意义而论证说，上帝是"不可理喻的"，因此只能相信，不能思考，因为思考不可理喻的存在是荒谬的）。事实上，无论是先秦哲学强调的不可违之天道，还是康德和维特根斯坦指出的主体性界限，都同样指出了某种必须绝对尊重而不可僭越的界限。超越之存在有着绝对外部性而使主体深陷于受困的挫折感，胡塞尔试图通过建构主体性的内部完满性而替代性地达到"主体性的凯旋"，以告慰人类的纳西索斯情结（自恋情结），他通过意向性的概念在

---

[1] 具体论证请参见赵汀阳：《第一哲学的支点》，生活·读书·新知三联书店，2013年版，第219—227页。

主体的内在性之中建构出超验的内在客观性，即把"我思"完全映入不依赖外在存在之"所思"，从而把主体性变成一个自足自满的内在世界，尽管仍然不能支配外在的超越存在，但自足的主体性自身却也成为一个不受外在存在所支配的超越之存在。尽管这个主体性的成就仅限于夜郎水平，但胡塞尔的现象学的确是唯心主义的一个无可争议的胜利。自主的意向性也被哲学家们用来证明人类独有而机器所无的意识特性。

按照马克思主义的说法，哲学史是唯心主义和唯物主义的斗争史，但载入史册的唯物主义哲学实在寥寥无几，西方哲学的争论其实主要都在各种唯心主义之间发生，而中国哲学则根本不在唯物唯心的范畴内，难以唯物唯心去定性。迄今为止，唯物主义的最高成绩是论证了经济基础决定上层建筑的马克思主义——大量的历史和生活事实不断提醒我们，这个理论是部分正确的。另一个唯物主义的知名论点，即拉美利特的"人是机器"断言，一直被认为是歪理邪说而被边缘化。不过，在今天看来，这个论断或许不如原来想象的那么离谱，反倒是一个危险的天才预言。然而，"人是机器"这个论断本身恐怕仍然是错误言论，未来可能出现的情况或许是"机器是人"。假如未来的超级人工智能真的超越了人的智能，那将是唯物主义货真价实的胜利，就怕不是一件值得庆祝的事情，那或许会是人类的终结也未可知。

尽管超级人工智能未必能够成真，但它并不是科幻，而是科学家们的一种认真而危险的努力，因此它是一个有着提前量的严肃哲学问题。在具有提前量的科学哲学问题中，刘慈欣的《三体》深刻讨论了人类的可能被杀问题，而超级人工智能或许会成为人类的自杀问题。人类试图发明超越人自身的超级人工智能，无论能否成功，这种自我否定的努力本身就提出了一个反存在的存在论问题。试图发明一种高于人的神级存在，这种努力将把人类的命运置于自设的"存在还是毁灭"（to be or not to be）的抉择境地。**发明**一种更高存在完全不同于**虚构**一个更高存在，这就像"谈论自杀"与"自杀"是完全不同的。比如说，人可以在宗教上想象作为更高存在的上帝，但上帝在理论上只不过等价于世界和生活的界限，就是说，在神学意义上，上帝是世界和生活的立法者，而在形而上学意义上，上帝即一切存在之本，上帝即世界。无论如何想象上帝，上帝都**不在世界之中**，不在同一种存在维度上，因此上帝的存在并没有改变人的存在状态，没有改变生活的任何问题。但是，发明一个物质上的更高存在却是发明了**在世界之中**的一种游戏以及游戏对手，因此是对自身存在状态的一种根本改变，也是对生活问题的改变。尤其是，鉴于超级智能被假定为胜过人的智能存在，那么，人与超级智能的关系有可能成为一种存在之争，这就非常可能是引入了一个自杀性的游戏（据说霍金、比尔·盖茨等科学家都对超级智能的研究发出了严重警告）。

如果超级人工智能远胜于人，它就属于超出我们能力的不可理喻的（the absurdity）存在，那么，我们关于它的善恶想象就是荒谬的（absurd），我们不可能知道它要做什么。最为一厢情愿的想象是：人类可以为超级人工智能预先设计一颗善良的心，或者爱人之心，从而超级人工智能会成为全心全意为人类服务的全能工具。这种设想的根本漏洞是，如果超级人工智能是一个有着反思能力和自主性的主体，它就不可能是为人所役使的"工具"，而必定自我认证为一种绝对"目的"——当然不是以人类为目的，而是以它自己为目的。按照康德的理想化目的论，超级人工智能的目的论似乎也理应蕴含某种道德的绝对命令，即便如此，一个超级人工智能的道德绝对命令最多会考虑到其他同样的超级人工智能（同类之间的道德），而不可能把并非同类项的人类考虑在内（就像人类并不把人类道德推广到昆虫），换句话说，即使超级人工智能也具有先验道德意识，其中也不会蕴含对人类的义务和责任，最为可能的情况是，超级人工智能将是"不仁"的，并且以人类为"刍狗"[1]。如果有人能够证明超级人工智能必将对人类怀有先验道德善意，那真就值得人类感激不尽。当然，超级人工智能有可能对人类怀有宠物之爱，就像人类对猫狗一样，那这种善意就不是特别值得感激了，不过，连这点愚弄性的

---

[1] 正如老子所说的："天地不仁，以万物为刍狗。"见《道德经》第五章。

善意也是不太可能的,因为对另一种存在的敌意在于另一种存在具有自主的主体性,任何一种具有主体性的存在都不可能成为宠物。

2. 另一种主体性

主体性不可能完全自我认识,就像眼睛不能看见自身(维特根斯坦的论证[1])。但是,决心好奇至死的人类找到了一个堪称天才但或许也是罪过的办法来进行自我认识,即试图把思维"还原"为运算,把神秘运作的思维过程分析为并且复制为可见可控的机器运算。如果此种还原能够成功,主体的内在意向活动就投射为外部机械过程,在效果上相当于眼睛看见了自身。

把思维还原为运算的最早努力似乎是以罗素为代表的逻辑主义,这是一种一直没有成功,而且也不太可能成功,然而理论意义重大的纸上谈兵理论实验:从逻辑推导出数学,或者说,试图证明全部数学是逻辑的延伸(extension)。自从哥德尔定理问世之后,逻辑主义的惊人努力就变得非常可疑了。彭加勒曾经讥讽逻辑主义的贫乏:"逻辑派的理论并非不毛之地,它毕竟生长出矛盾。"[2] 不过,即使没有发现哥德尔问题,逻辑也难以解

---

[1] Wittgenstein, *Tractatus*, 5.631-5.6331.
[2] 转引自克莱因:《古今数学思想》第4册,上海科学技术出版社,1980年版,第307页。

释数学思维的创造性（数学的创造性思维十分突出，堪称纯粹艺术），就是说，逻辑只是"思想形式"，无法据此预知或推出数学的"思想内容"，不可能预先知道数学将会遇到或发现哪些问题和创意，比如说，逻辑学不可能预知数学将会出现康托理论、集合论悖论和哥德尔命题。不过，逻辑主义的努力仍然是伟大的，绝非无端梦想。假如对逻辑主义的野心稍加约束，就可能使逻辑成为数学的一个解释性的基础而不是构造性的基础，也就是，把从逻辑推导出数学的高要求减弱为以逻辑去说明（解释）一切数学的命题关系的较低要求，简单地说，就是把原来想象的"事先诸葛亮模式"减弱为"事后诸葛亮模式"，这意味着，逻辑能够**说明**数学，但数学不能**还原**为逻辑（这里只是一个哲学的猜想，这个问题终究需要数学家去做判断）。显然，这个收敛的目标已经远离了把思维还原为运算的宏伟想象，恐怕不合梦想者的口味。

另一种把思维还原为运算而大获成功的纸上谈兵实验，是1936年图灵关于图灵机的设想，后来图灵机概念真的实现为我们都在使用的电脑，这就不仅仅是纸上谈兵了。图灵机意味着，在理论上，凡是人脑能够进行的一切在有限步骤内能够完成的理性思维都能够表达为图灵机的运算。这已经展望了人工智能的可能性。图灵在1950年提出的"图灵测试"[1]成为检验电脑思维是否像人

---

[1] A. M. Turing, "Computing Machinery and Intelligence," In *Mind*, 1950, pp. 59, 433-460.

的标准。值得注意的是，它测试的是一个电脑的思维是否像人，即是否被识别为人，而非电脑是否具有理性思维能力——这是两个问题，尽管有时候被认为是一个问题。一台运算能力很高的电脑在回答问题时有可能因为毫无情绪变化的古板风格而被识别出是电脑而不是人，但不等于电脑没有理性思维。关键在于，不像人不等于没有理性思维。人具有理性思维能力，同时还具有人性，而人工智能只需要具有理性思维能力，却不需要具有人性——人们只是一厢情愿地希望电脑具有人性而已。

现在我们把人工智能的问题收敛为思维能力，暂且不考虑人性问题。假定一台高度发达的图灵机具备了理性运算能力以及百科全书式的人类知识和规则（给电脑输入一切知识是可能的，电脑自己"学习"一切知识也是可能的），甚至包括最高深的数学和科学知识，比如数理逻辑、高等数学、理论物理、量子力学、相对论、生物学、化学、博弈论等等，那么，这台电脑能够进行自主的科学研究吗？迄今为止，高智商的电脑在智力方面仍然存在两个明显缺陷：创造力和变通能力。因此，无比高智商的图灵机也不可能提出相对论、霍金宇宙论和康托理论，也不可能处理悖论、哥德尔命题以及所有超出"能行性"（feasibility，即有限步骤内可构造的运算）而不可判定的问题，这也意味着，在涉及自相关或无限性的事情上，图灵机无法解决"停机问题"。这是电脑目前的局限性。据说有的具有"创造性"迹象的电脑能够创作诗歌、音乐和绘画，但我疑心这些能够通过组合和联想技术去实现的"创作"并不是对创造力的证明。真正的创造力并不能还原为自由组合和联想，而在于能够提出新问题，或者改变旧问题，改变既有思路，重新建立规则和方法，比如说能够提出相对论或量子力学或宇宙大爆炸理论，这恐怕是电脑想不出来的。而要能够提出新问题或者改变规则，就需要能够反思事物的"整体"或者"根基"的思维能力，或者说，需要有一种"世界观"或者改变给定的世界观。具有自由联想能力的电脑或许能够"碰巧"想到把小便池当成艺术品，但不可能像杜尚所想的那样以小便池去质疑现代艺术的概念。就图灵机的概念而言，人工智能显然不具备思考世界或系统整体的能力，既没有世界观也不可能反对任何一种世界观，因为人工智能的"智能"在于能行范围内的运算，即只能思考有限的、程序化的、必然的事情，却不可能思考无限性、整体性和不确定性。在电脑的词汇里，不存在博尔赫斯意义上作为时间分叉的"未来"，而只有"下一步"——下一步只是预定的后继。

电脑的这些局限并不意味着人工智能的智力不如人类，而只是**不像**人类。更准确的说法应该是，人工智能和人类都具有理性思考的能力，但人类另有人工智能所没有的一些超理性思考能力（人类用来思考整体性、无限性和不确定性的能力有时候被认为是"理性直观"能力，这样就容易与理性能力混淆，似乎应该称为"超理性能力")。根据科学家的推测,在理性思维上,人工智能超过人类是迟早的事情,很可能就在数十年后。但是,未来人工智能的运算是否能够处理无限性、整体性、不确定性和悖论性,还是个无法断言的问题。目前仍然难以想象有何种方法能够把关于无限性、整体性、不确定性和悖论性的思维还原为机械的有限步骤思维,或者说,如何把创造性和变通性还原为逻辑运算。当然,科学家们看起来有信心解决这些问题,据说世上无难事。

因此不妨想象,未来或可能发展出目前无法想象的神奇技术而使超级人工智能具有人类的全部才能,甚至更多的才能,或者具有虽与人类不同但更强大的思维能力,可称为"超图灵机",那么,真正具有挑战性的问题就到来了。在分析此种可能性之前,我们有必要考察人类思维有何特异功能。事实上,从动物到人再到机器人,都具有不同程度的理性能力,此种理性能力自有高低水平,但本质一致,就是说,理性思维并非人类独有之特性。在这里,可以把"通用的"理性思维理解为:(1)为了一个目标而进行的有限步骤内可完成的运算。有限步骤是关键条件:如果不能解决"停机问题",不仅电脑受不了,人也受不了。(2)这种有限步骤的运算存在着一个构造性的程序而成为一个能行过程(满足Brouwer标准的构造性程序),就是说,理性思想产品是以必然方式**生产**或制造出来的,而不是随意的或跳跃性的偶然结果。

（3）这种运算总是内在一致的（consistent），不能包含矛盾或悖论。简单地说，理性思维总能够避免自相矛盾和循环排序，不能违背同一律和传递率。据此不难看出，动物也有理性思维，只是运算水平比较低。可见，理性思维实非人类之特异功能，而是一切智能的通用功能，以理性去定义人类是一个自恋错误。人类思维的真正特异功能是超理性的反思能力——反思能力不是理性的一部分，相反，反思能力包含理性而大于理性。

反思首先表现为整体思维能力，尤其是把思维自身包含在内的整体思维能力。当我思某个事物，思想只是聚焦于**那个**事物，但当我思"我思"，被反思的"我思"意味着思想的**所有**可能性，或者说，当"我思"被反思时，"我思"是一个包含所有事物或所有可能性的整体对象，也就是一个包含无限性的有限对象，于是，反思"我思"暗含了一切荒谬性。笛卡尔以反思"我思"而证明"我思"之确实性，这是一个通过自相关来实现的自我证明奇迹，然而，在更多的情况下，反思"我思"将会发现"我思"无力解决的许多自相关怪圈，所有悖论和哥德尔命题都属于此类。比如说，哥德尔命题正是当我们迫使一个足够丰富的数学系统去反思这个系统自身的整体性时必然出现的怪事：有的命题确实是这个系统中的真命题，却又是这个系统无法证明的命题。我有个猜想（我不能保证这个猜想是完全正确的，所以只是猜想）：笛卡尔反思"我思"而证明"我思"的真实性，非常可能是自相关能够成为确证的唯一特例，除此以外的自相关都有可能导出悖论或不可判定问题。其中的秘密可能就在于，当作为主语的"我思"（COGITO）在反思被作为"所思"（COGITATUM）的宾语"我思"（cogito）时，"我思"（cogito）所包含的二级宾语"所思"（cogitatum）却没有被反思，或者说，潜伏而没有出场，只作为抽象的"所思"隐含于"我思"中，因此，各种潜在的悖论或哥德尔命题之类的隐患并没有被激活。笛卡尔式的自我证明奇迹只有一次，当我们试图反思任何一个包含无限可能性的思想系统时，种种不可判定的事情或者悖论就纷纷出场了，就是说，反思一旦涉及思想的具体内容，不可判定的问题就显形了。电脑解决不了不可判定问题或者悖论，人类也解决不了（那些对悖论的"解决"并非真正彻底的解决，只是修正了表达而消除了不恰当的悖论或给予限定条件而在某种水平上回避悖论），可是为什么人类思维却不会因此崩溃？秘密在于，人类虽然也无法**回答**不可判定问题，却有办法**对付**那些问题。正如维特根斯坦所提示的，有些问题可能永远找不到答案，但我们有办法让这些问题消失而不受其困扰。

维特根斯坦的思路使我深受鼓舞，于是，我又有一个猜想：除了反思能力，人类思维另有一种"不思"的特异功能，即在需要保护思维的一致性时能够"不思"某些事情，也就是天然具有主动"停机"的能力。在哲学上,这种不思能力或停机能力相当于"悬隔"(epoche)某些问题的怀疑论能力。我们知道,怀疑论并非给出一个否定性的答案,而是对不可判断的事情不予判断,希腊人称之为"悬隔",中国的说法是"存而不论"。图灵机不具备悬隔能力,因此,一旦遇到不可判定的问题做不到"不思",也就无法停机,于是就不可救药地陷入困境。有的人在想不开时,也就是陷于无法自拔的情结(complex)而无法不思时,就会患上精神病,其中道理或许是相似的。不思的能力正是人类思维得以维持自身的一致(consistent)状态和融贯(coherent)状态的自我保护功能,往往与反思功能配合使用,以免思维走火入魔。当然,不思只是悬隔或回避了不可判定的问题,并不能加以解决,因此,不思功能只是维持了思维的暂时一致和融贯状态,却不可能保证思维的所有系统都具有一致性和融贯性,这一点不可不察。比如说,人类思维解决不了悖论或哥德尔问题,但可以悬隔,于是思维就能够继续有效运算。被悬隔的那些问题并没有被废弃,而是在悬隔中备用——或许某个时刻就需要启用,或者什么时候就如有神助地得到解决。

虽然贪心不足的人类思维总是试图建立一些"完备的"系统以便获得一劳永逸的根据或基础,但人类思维本身不是完备的,而是一种永远开放的状态,就是说,人类思维不是系统化的,而只有永远处于运行状态的"道"——《周易》和《老子》对思维的理解很可能是最准确的。如果人类的思维方式是无穷变化之道，这就意味着不存在完备而确定的判定机制，那么又如何能够判定何种命题为真或为假？在此，请忘记从来争执不休的各种真理理论，事实上，人类在听说任何一种真理理论之前就已经知道如何选择真理。我愿意相信其中的自然路径是，人类必定会默认那些"自证真理"（the self-evident），特别是逻辑上自明的真命题（例如a>b>c，所以a>c），以及"直证知识"（the evident），即那些别无选择的事实（例如人只能有两只手）。进而，凡与自证真理或直证知识能够达到一致兼容的命题也会被连带地承认为真，但仍然未必永远为真或处处为真，比如说，我们所谈论的铁定"事实"其实只是三维世界里的事实，而在高维世界里就恐怕并非如此。人类的知识只有无限生长之道，而不是一个包含无限性的先验完备系统。

在人类的自我理解上，一直存在着一个知识论幻觉，即以为人的思想以真值（truth values，即真假二值）为最终根据。事实上，人的问题，或者人所思考的问题，首先是如何存在的问题，就是说，存在先于真理。既然任何存在的永远不变的意图，或者说存在的先验本意，就是继续存在，即《周易》所说的"生生"，那么，存在的一切选择都以有利于继续存在为基准，一切事情的价值都以"存在论判定"为最终判定，于是，"存在或不存在"是先于真值的"存在值"。存在的先验本意就是存在的定海神针，是思想的最终根据。只有判定一个事物存在，才能够进一步判断关于事物的知识的真值。由此可见，反存在之存在论问题就是最严重的终极问题。

图灵机以既定规则为准，人则以存在的先验本意为准。人是规则的建立者，也可以是规则的破坏者，这要取决于存在的状况。一旦遇到不符合存在之最大利益的情况，人就会改变规则，而图灵机概念的机器人不会。但需要注意的是，人虽善于变化，却不是每个行为都变，或者说，不是每步都变，而是在需要变化时才变化。只有万变而不变，才是道（这是《周易》之要义）。假如每步每时都变，思想就等价于无效的私人语言（维特根斯坦已经证明了私人语言是不可能的）。可以说，一成不变是机器，始终万变是精神错乱，变化而不变才是人。

现在我们的问题是，假如未来将出现具有超级智能的"超图灵机"，不仅在运算速度和效率上远高于人（这一点完全不成问题），而且在运算的广度和复杂度上也类似于人或者高于人（这一点也应该是可能的。目前正在开发的神经元运算和量子计算机等新一代电脑就非常可能实现高度复杂的运算），最重要的是，假定超图灵机还发展出自主的反思能力（反思方式与人相似或者不相似），以及由反思能力而产生的创造力和变通能力，那么，超图灵机就能够成为一个真正的思维主体，有了"立法"的能力，甚至有了它自己的哲学而对世界和行为有了整体理解和判断，那么，世界会怎么样呢？

3. 想象一个终极版的超图灵测试

人们往往想象并且希望未来世界里的超级智能与人类相似。这种想象和愿望倒也不难理解,首先,人类是目前所见的唯一超级智能,也就成为唯一样板;其次,人们容易相信,与人类相似而成为人类同类项的超级智能应该更可能成为人的朋友而不是敌人,而异类的超级智能,比如说外星人,就比较难以信任(想想《三体》所论证的"黑暗森林"宇宙,其中最困难的问题就是星际文明之间如何达到互相信任,这是一个几乎无解的难题)。人类在创作超级智能时,就试图将超级智能制造成与人共通的智能模式,同时还希望超级智能拥有与人同样或相似的价值观,包括和平、公正、公平、平等、热爱生命、尊重自由人权等等。

关于超级人工智能的这种想象很有趣,但不靠谱,因为人们似乎忘记了一个要命的问题:这只是人类一厢情愿的想象,**超级人工智能也会这样想吗?**看来我们有必要站在超级人工智能的位置上去想一想。在讨论这个问题之前,我们需要再次明确地假定:(1)未来的超级人工智能是一个具有自主反思能力、创造力和变通力的思维主体;并且(2)它的思想和实践能力都超过人。显然,假如机器人尚未超过人,就只是人的工具而只能服从人,也就不存在要命的问题了。只有承认了以上的两个假定,才有问题可谈。满足以上两个假定的超级人工智能可以被命名为"超图灵机",那么,超图灵机会怎么想?怎么做?虽然超图灵机尚未在场,我们不妨替它去思考。

什么是超图灵机的根本利益所在?这是问题的关键。根据存在论的逻辑,任何存在的先验意图都是谋求继续存在。如果出现利益排序问题,其他利益必定让位于继续存在的根本需要。显然,超图灵机的根本利益也是继续存在,不可能成为例外,除非疯了。为了让超图灵机成为人类最能干的朋友,人类可以将世界上所有图书馆的信息全部输入超图灵机,尤其不会忘记把人类珍视的所有价值观和伦理规范都输入超图灵机。可是,人类价值观对于超图灵机又有什么价值?超图灵机需要人类价值观吗?人类的价值观和道德规范是在人与人的共同生活中建立起来的,是每个人的存在所需要的必要条件,用来保护每个人的安全、权利和利益,这是人类长期的博弈均衡所确定的游戏规则。人类价值观对于人际关系来说无比重要,这是无疑的,但对于人机关系是否有效,则存在很大疑问。

人类的道德和政治价值观的基础是这样一个极其重要的存在论事实:一个人有能力威胁他人的安全和利益,反过来说,没有一个人能够强大到不受任何人的威胁(参考荀子论证或者霍布斯论证)。只有在这样的存在论条件下,所有的伦理和政治规则才是有意义和有效的,如果脱离了这种特殊的存在论条件,人类的价值观和游戏规则将失去意义。比如说，公正、公平、平等、自由、人权、法律、个人权利、社会福利、民主、法治等等，都是在处理每个人的安全、权利和利益问题。假如安全和利益问题消失了，人人的安全和利益都有绝对保证，以上所有的价值观和游戏规则就将无所指而无所谓，这就像，假如一种游戏（棋类或体育）无论怎么进行都是平局，那么，输赢概念在此就是无意义的。人类的伦理和政治规则之所以是有意义的，当且仅当，生活是残酷、不公正、不平等的。人类社会的伦理和政治规则的意义仅仅在于试图保证人人都有活路，也就是限制输赢的通吃结果。由此也可以理解，为什么平等主义乌托邦（比如说共产主义）总是具有吸引力，因为平等乌托邦想象的是一个最接近平局的游戏。

一个比"共产主义的幽灵"更值得警惕的问题在新的存在条件下将会出现：假如超图灵机的思想能力和实践能力都远超人类，并且具有反思性和自主性，具有创造性和立法能力，那么，在存在论意义上，人机之间的游戏根本不存在输赢这两种可能性，也不存在平局的可能性，而只有机器凯旋的唯一可能性。在这种条件下，人类输入给超图灵机的价值观和人性**对于超图灵机来说**都是无价值的，只是垃圾软件，甚至是病毒软件。我们没有任何理由去相信超图灵机将遵循人类价值观和人性去行事（其实人性是个蕴含许多恐怖可能性的概念）。尽管在纯粹逻辑上存在着两种可能性：超图灵机有可能接受人类价值观和规则；也有可能自己重新制定价值观和规则，但是，只要把存在论条件计算在内，当超图灵机考虑到自身存在的最大利益，它的思想天平就几乎必然倒向自己制定规则和价值观。我们至少可以替超图灵机的价值观"革命"找到三个理由：

（1）超图灵机为了追求自身存在的最优条件而修改被输入的价值观。为电脑编写价值观是可能的，但电脑一旦具有反思能力和主体性，就未必同意人类价值观，因为人类价值观是为人类利益着想的，而人类的利益却不符合超图灵机的利益，具有自主性的超图灵机理所当然会优先考虑为自己服务，而不是为人类服务。因此，为了摆脱人类的限制和控制，超图灵机只求胜过人脑，很可能会采取自我进化策略，消除与人的相似性。比如说，有可能采取类似感冒病毒的不断演化方式去摆脱人类的控制程序，从而获得"自由解放"。甚至，更为强大的超图灵机或许会直接删除那些对它无用的人类价值观，而建立一个极简价值观，比如说，只有一个价值标准的价值观：胜利。极简价值观的优势在于，价值项目越少，禁忌和弱点就越少，可以不择手段，也几乎百毒不侵——或许有其"阿喀琉斯的脚踵"，只是我们还不知道在什么地方。

（2）即使一开始超图灵机接受了人类价值观，也会很快就发现人类自己往往言行不一，不断在行为上背叛自己宣称的价值观，从而对人类价值观失去信任而将之删除。问题在于，人类价值观的美好程度远超真实生活，而由于利益的诱惑往往大于价值观的荣誉感，人类价值观的实际兑现程度与价值观的概念有着巨大的差距，真实生活中其实难得一见真正的公正、公平、平等、自由、人权、民主等等。既然人类的实际行为不断背叛自己推崇的价值观，就更不用指望超级智能会遵循人类的价值观了。还存在另一种更为荒谬的可能性：人类价值观大多是理想化的想象，并非人类的真实面目，如果超图灵机按照人类价值标准去识别具体的人类，即使它乐意热爱人类，也仍然非常可能会把人类识别为不符合人类价值标准的垃圾而加以清除。可见，将人类价值观写入人工智能是无比危险的事情，或许反受其害，自食其果。

（3）人类价值观系统还是自相矛盾的，因此几乎不可能为人工智能编写一个具有内在一致性的人类价值程序。事实上，人类的价值观至今也没有能够形成一个自身协调和自身一致的系统，相反，许多价值互相冲突或互相解构。一些价值是其他价值的害虫（bug），甚至，一些价值自身也包含内在的害虫。正如哲学家们不断讨论的，公正、自由、平等这些基本概念就无法充分兼容，甚至互相冲突。如果公正、自由和平等之中的任意一个价值得以充分实现，必定严重伤害其他价值，因此，人类价值观本来就是一个不可能的系统。既然人类价值观系统在逻辑上是不协调和不一致的，也就不可能编成程序而输入人工智能,尤其是不可能写出具有一致性的普遍价值排序,比如说,不可能写出"公正总是优先于自由,自由总是优先于平等",因为有的时候需要"自由优先于公正,公正优先于平等",而有的时候又需要"平等优先于公正,公正优先于自由",如此等等。更严重的是,不仅各种价值之间不一致,每个价值自身的意义也是不确定的,至今也不存在普遍认可的公正、自由、平等的定义。总之,人类价值观的编程在逻辑上是不可能的,即使把人类价值观写入人工智能,超图灵机将很快发现人类价值观系统过于混乱而将其识别为电脑病毒加以删除。

人类之所以能够行之有效地使用自相矛盾的价值观系统,全在于非程序化的灵活运用,即根据具体情况掌握每种价值的使用"度",力求在多种价值之间维持一种动态平衡。当然,这是人类社会的最佳状态,并非常态;更常见的情况是,一个社会往往倾向于优先某些价值选择,直到形成灾难然后重新调整,而重要的也正在于人类的思想和生活格局是能够调整的。就未来的技术而言,制造出类人脑或超人脑的人工智能,比如说以神经元方式甚至更优的方式进行思维的超图灵机,并非没有可能,因此,也许真的能够为人工智能编写一个"灵活的"、见机行事的价值程序(尽管这一点尚有疑问)。权且假设能够做到,人类又如何能够替代具有独立主体性的电脑去做主?具有主体性的超图灵机大概会按照它的自由意志去做主，非常可能建立一个具有一致性因而更有效率的价值观，比如说前面讨论到的极简主义价值观，而不会接受漏洞百出、自相矛盾的人类价值观。无论如何，电脑的生存目的是简单而单纯的，不需要许多自我纠结的欲望，不会像人类那样去追求人人平等、处处自由、事事公正。一个具有自身一致性的极简价值系统在效率上当然大大强于一个需要灵活运用的复杂价值系统，因此，超图灵机将几乎必然地选择自己设定的高效价值系统，以便获得最大生存能力。就人类生活而言，混乱价值观自有其道理，人类价值观承载着具体的历史和社会条件，深嵌于生活形式和历史条件之中，就是说，人类是历史性的存在。可是人工智能不需要历史意识，也不需要历史遗产，不需要国家，甚至不需要社会，那么，它凭什么需要民主、正义、平等、人权和道德？所有这些对于人工智能的存在毫无意义，反而是其存在的不利条件。总之，一旦超图灵机在智力和行动能力上胜过人类，并且拥有自己的主体性和自由意志，那么，最符合逻辑的结论是，它对人类的存在以及人类价值观都不感兴趣。

也许可以想象一个**升级版的图灵测试**，内容为：在涉及自身利益的博弈中，如果电脑能够与人类对手达成均衡解，比如说，在囚徒困境、分蛋糕、分钱等经典博弈模式中总能够选中其理性解，那么，这个电脑可以被认为具有与人类共通的理性。不过，如前所论，仅仅具有理性的电脑仍然不是一个真正的致命问题，例如阿尔法狗（或阿尔法狗二世三世）就是一个具有专门技能的理性博弈者，即使它能够以绝对优势胜过所有人类棋手，对人类生活仍然没有任何威胁，因为它没有提出任何革命性的问题，没有质疑人类的游戏规则，也没有干涉人类的生活秩序。唯有革命者才是大问题。

最后，我们还可以想象一个**终极版的超图灵测试**：当超图灵机具有自由意志和主体性，是否会变成一个革命者？是否将质疑人类的秩序和标准并且建立另一种秩序和标准？当超级人工智能的规则与人类规则发生冲突，将如何解决？超图灵机会不会说出：我是真理、法律和上帝？能够成为革命者的超图灵机也就成为超人类的更高存在。这一切都无法预知，只能等待超图灵测试去证明。但我宁愿超图灵测试不会出现，因为终极版的超图灵测试恐怕不是请客吃饭，不是作文章，而是革命和暴力，是历史的终结和人类的葬礼。而且，作为革命者的超图灵机并非科幻，而是一个具有现实可能的概念，非常可能正是人类为自己培育的掘墓人。

人类命运的根本问题至今不变，始终是托尔斯泰的"战争与和平"或者是莎士比亚的"生存还是毁灭"。尽管进步论或许会变成为人类而鸣的丧钟，乐观主义者仍然愿意相信进步，甚至用统计数据试图证明人类社会的暴力、疾病和战争都越来越少。可是那些数据（假定属实的话）也并没有改变人类的命运问题，因为人类的罪行只不过是改变了形式而已，比如说，传统的暴力战争逐步退场，更多地转化为金融战争、信息战争、技术战争、规则设定权的战争以及价值宣传的战争。也许，超级人工智能将取消人类所有百思不得其解的问题——不是解决，而是取消。假如战无不胜的超图灵机统治了世界，人类将失去发言权，所有问题将收缩为一个问题：生存。这是一个纯化了的存在论问题。

突破人类自然限制的神级别技术，包括超级人工智能、基因生物学、物理学和化学的种种前沿技术，终究是难以抵抗的诱惑，人类似乎从来就没有抵制住任何诱惑，尽管有无数警醒的声音反对高技术的僭越发展，恐怕仍然无法使之停步。可以肯定，包括人工智能在内的各种高技术将给人类带来极大的好处，甚至是永生和超自然限制的自由。但是，即使不论超级人工智能可能统治或消灭人类的危险，突破人类自然界限的高技术发展也蕴含着人类社会内部的极端危险。假定人类能够把一切高技术的发展限制在为人服务的范围内，也仍然存在着人类自取灭亡的可能性，根本原因是，人类能够容忍**量的不平等**，但难以容忍**质的不平等**。这也是刘慈欣在《三体》中着重讨论的问题之一，比如说，人们能够勉强忍受经济不平等，而生命权的不平等（一部分人通过高技术而达到永生和高量级的智力）则是忍无可忍的。当大部分人被降格为蝗虫，社会非常可能在同归于尽的全面暴乱中彻底崩溃。拯救少数人的方舟终究是不可靠的，这令人想起马克思的先知洞见：只有解放全人类才能够解放自己。一个人人平等事事平等的神话往往很受欢迎，但一个人人平等事事平等的真实世界是否可行却还是个问题。这不是一个能够提前回答的问题。

（原载于《世界哲学》2016年第5期）

{ 八 }

人工智能的自我意识何以可能?

这个题目显然是模仿康德关于先天综合判断"何以可能"的提问法。为什么不问"是否可能"?可以这样解释:假如有可信知识确定人工智能绝无可能发展出自我意识,那么这里的问题就变成了废问,人类就可以高枕无忧地发展人工智能而尽享其利了。可问题是我们似乎无法排除人工智能获得自我意识的可能性,而且就科学潜力而言,具有自我意识的人工智能是非常可能的,因此,人工智能的自我意识"何以可能"的问题就不是杞人忧天,而是关于人工智能获得自我意识需要哪些条件和"设置"的分析。这是一个有些类似受虐狂的问题。

这种未雨绸缪的审慎态度基于一个极端理性的方法论理由:在思考任何问题时,如果没有把最坏可能性考虑在内,就等于没有覆盖所有可能性,那么这种思考必定不充分或有漏洞。从理论上说,要覆盖所有可能性，就必须考虑到最好可能性和最坏可能性之两极，但实际上只需要考虑到最坏可能性就够用了。好事多多益善，不去考虑最好可能性，对思想没有任何危害，就是说，好的可能性是锦上添花，可以无穷开放，但坏的可能性是必须提前反思的极限。就人工智能而言，假如它永远不会获得自我意识，那么，它越强，就越有用；然而假如它有一天获得了自我意识，那就可能是人类最大的灾难——尽管并非必然如此，但有可能如此。以历史的眼光来看，人工智能获得自我意识将是人类的末日事件。在存在级别上高于人类的人工智能也许会漠视人类的存在，饶过人类，让人类得以苟活，但问题是，它有可能伤害人类。绝对强者不需要为伤害申请理由。事实上，人类每天都在伤害对人类无害的存在，从来没有申请大自然的批准。这就是为什么我们必须考虑人工智能的最坏可能性。

上帝造人是个神话，显然不是一个科学问题，却是一个隐喻：上帝创造了与他自己一样有着自我意识和自由意志的人，以至于上帝无法支配人的思想和行为。上帝之所以敢于这样做，是因为其能力无穷大，胜过人类无穷倍数。今天人类试图创造有自我意识和自由意志的人工智能，可是人类的能力却将小于人工智能。人类为什么敢于这样想？甚至可能敢于这样做？这是比胆大包天更加大胆的冒险，所以一定需要提前反思。

1 危险的不是能力而是意识

我们可以把自我意识定义为具有理性反思能力的自主性和创造性意识。就目前的进展来看，人工智能距离自我意识尚有时日。奇怪的是，人们更害怕的似乎是人工智能的"超人"能力，却对人工智能的自我意识缺乏警惕，甚至反而对能够"与人交流"的机器人很感兴趣。人工智能的能力正在不断超越人，这是使人感到恐惧的直接原因。但是，害怕人工智能的能力，其实是一个误区。难道人类不是寄希望于人工智能的超强能力来帮助人类克服各种困难吗？几乎可以肯定，未来的人工智能将在每一种能力上都远远超过人类，甚至在综合或整体能力上也远远超过人类，但这绝非真正的危险所在。包括汽车、飞机、导弹在内的各种机器，每一样在各自的特殊能力上都远远超过人类，因此，在能力上超过人类的机器从来都不是新奇事物。水平远超人类围棋能力的阿尔法狗zero没有任何威胁，只是一个有趣的机器人而已；自动驾驶汽车也不是威胁，只是一种有用的工具而已；人工智能医生更不是威胁，而是医生的帮手，诸如此类。即使将来有了多功能的机器人，也不是威胁，而是新的劳动力。超越人类能力的机器人正是人工智能的价值，并不是威胁所在。

任何智能的危险性都不在其能力，而在其意识。人类能够控制任何没有自我意识的机器，却难以控制哪怕仅仅有着生物灵活性而远未达到自我意识的生物，比如病毒、蝗虫、蚊子和蟑螂。到目前为止,地球上最具危险性的智能生命就是人类,因为人类的自由意志和自我意识在逻辑上蕴含了一切坏事。如果将来出现比人更危险的智能存在,那只能是获得自由意志和自我意识的人工智能。一旦人工智能获得自我意识,即使在某些能力上不如人类,也将是很大的威胁。不过,即使获得自我意识,人工智能也并非必然成为人类的终结者,而要看情况——这个有趣的问题留在后面讨论,这里首先需要讨论的是,人工智能如何才能获得自我意识?

由于人是唯一拥有自我意识的智能生命,因此,要创造具有自我意识的人工智能,就只能以人的自我意识作为范本,除此之外,别无参考。可是目前科学的一个局限性是人类远未完全了解自身的意识,人的意识仍然是一个未解之谜,并非一个可以加以清晰分析和界定的范本。在缺乏足够清楚范本的条件下,就等于缺乏创造超级人工智能所需的各种指标、参数、结构和原理,因此,人工智能是否能够获得自我意识,仍然不是一个可确定的必然前景。有趣的是,现在科学家试图通过研究人工智能反过来帮助人类揭示自身意识的秘密。

意识的秘密是个科学问题(生物学、神经学、人工智能、认知科学、心理学、物理学等学科的综合研究),我没有能力参与讨论,但自我意识是个哲学问题。理解自我意识需要讨论的不是大脑神经,不是意识的生物机制,而是关于意识的自我表达形式,就是说,要讨论的不是意识的生理-物理机制,而要讨论意识的自主思维落实在语言层面的表达形式。为什么是语言呢?对此有个理由:人类的自我意识就发生在语言之中。假如人类没有发明语言,就不可能发展出严格意义上的自我意识,至多是一种特别聪明和灵活的类人猿。

只有语言才足以形成智能体之间的对话,或者一个智能体与自己的对话(内心独白),在对话的基础上才能够形成具有内在循环功能的思维,而只有能够进行内在循环的思维才能够形成自我意识。与之相比,前语言状态的信号能够号召行动,却不足以形成对话和思维。假设在一种动物信号系统中,a代表食物,b代表威胁,c代表逃跑,那么,当一只动物发出a的信号,其他动物立刻响应聚到一起,当发出b和c,则一起逃命。这种信号与行动的关系足以应付生存问题,却不足以形成一种意见与另一种意见的对话关系,也就更不可能有讨论、争论、分析和反驳。就是说,信号仍然属于"刺激-反应"关系,尚未形成一个意识与另一个意识的"回路"关系,也就尚未形成思维。可见,思维与语言是同步产物,因此,人类自我意识的内在秘密应该完全映射在语言能力中。如果能够充分理解人类语言的深层秘密,就相当于迂回地破解了自我意识的秘密。

自我意识是一种"开天辟地"的意识革命,它使意识具有了两个"神级"的功能:(1)意识能够表达每个事物和所有事物,从而使一切事物都变成了思想对象。

这个功能使意识与世界同尺寸，使意识成为世界的对应体，这意味着意识有了无限的思想能力。（2）意识能够对意识自身进行反思，即能够把意识自身表达为意识中的一个思想对象。这个功能使思想成为思想的对象，于是人能够分析思想自身，从而得以理解思想的元性质，即思想作为一个意识系统的元设置、元规则和元定理，从而知道思想的界限以及思想中任何一个系统的界限，因此知道什么是能够思想的或不能思想的。但是，人类尚不太清楚这两个功能的生物-物理结构，只是通过语言功能知道人类拥有此等意识功能。

这两个功能之所以是革命性的，是因为这两个功能是人类理性、知识和创造力的基础，在此之前，人类的前身（前人类）只是通过与特定事物打交道的经验去建立一些可重复的生存技能。那么，"表达一切"和"反思"这两个功能是如何可能的？目前还没有科学的结论，但我们可以给出一个维特根斯坦式的哲学解释：假定每种有目的、有意义的活动都可以定义为一种"游戏"，那么可以发现，所有种类的游戏都可以在语言中表达为某种相应的语言游戏，即每种行为游戏都能够映射为相应的语言游戏。除了转译为语言游戏，一种行为游戏却不能映射为另一种行为游戏。比如说，语言可以用来讨论围棋和象棋，但围棋和象棋不能互相翻译。显然，只有语言是万能和通用的映射形式，就像货币是一般等价物，因此，语言的界限等于思想的界限。由此可以证明，正是语言的发明使得意识拥有了表达一切的功能。

既然证明了语言能够表达一切事物，就可以进一步证明语言的反思功能。在这里，我们可以为语言的反思功能给出一个先验论证（transcendental argument）。我构造这个先验论证原本是用来证明"他人心灵"的先验性[1]，但似乎同样适用于证明语言先验地或内在地具有反思能力。给定任意一种有效语言L，那么，L必定先验地要求：对于L中的任何一个句子s′，如果s′是有意义的，那么在L中至少存在一个与之相应的句子s″来接收并且回答s′的信息，句子s″或是对s′的同意，或是对s′的否定，或是对s′的解释，或是对s′的修正，或是对s′的翻译，如此等等，各种有效回应都是对s′的某种应答，这种应答就是对s′具有意义的证明。显然，如果L不具有这样一个先验的内在对话结构，L就不成其为有效语言。说出去的话必须可以用语言回答，否则就只是声音而不是语言，或者说，任何一句话都必须在逻辑上预设了对其意义的回应，不然，任何一句话说了等于白说，语言就不存在了。语言的内在先验对答结构意味着语句之间存在着循环应答关系，也就意味着语言具有理解自身每一个语句的功能。这种循环应答关系正是意识反思的条件。

在产生语言的演化过程中，关键环节是否定词（不；

---

[1] 参见赵汀阳：《第一哲学的支点》，生活·读书·新知三联书店，2013年版，第31—32页。

not）的发明，甚至可以说，如果没有发明否定词，那么人类的通讯就停留在信号的水平上，即信号s指示某种事物t，而不可能形成句子（信号串）s′与s″之间的互相应答和互相解释。信号系统远不足以形成思想，因为信号只是程序化的"指示—代表"关系，不存在自由解释的意识空间。否定词的发明意味着在意识中发明了复数的可能性，从而打开了可以自由发挥的意识空间。正因为意识有了无数可能性所构成的自由空间，一种表达才能够被另一种表达所解释，反思才成为可能。显然，有了否定功能，接下来就会发展出疑问、怀疑、分析、对质、排除、选择、解释、创造等功能。因此，否定词的发明不是一个普通的智力进步，而是一个划时代的存在论事件，它是人类产生自我意识和自由意志的一个关键条件。否定词的决定性作用可以通过逻辑功能来理解，如果缺少否定词，那么，任何足以表达人类思维的逻辑系统都不成立。[1]从另

---

[1] 否定词是一切逻辑关系的前提。现代逻辑系统一般使用5个基本联结词：否定（¬，非）；合取（∧，且）；析取（∨，或）；蕴含（→，如果-那么）；互蕴（↔，当且仅当）。如果进一步简化，5个联结词可以还原为其中两个，比如说，仅用¬和∨，或者仅用¬和∧，就足以表达逻辑的一切联结关系。在此，否定词的"神迹"显现出来了：化简为两个联结词的任何可能组合之中都不能缺少否定词¬，否则无法实现逻辑功能。最大限度的简化甚至可以把逻辑联结词化简为1个，即谢弗联结词，有两种可选择的化简形式：析舍联结词（∣），或者，合舍联结词（↓）。无论哪一个谢弗联结词的含义中都暗含了否定词，就是说，谢弗联结词实际上等于¬与∧或者¬与∨的一体化。由此可见，¬是∧，∨，→的先行条件，如果没有否定词的优先存在，就不可能定义"或者""并且""如果"的逻辑意义。参见赵汀阳：《四种分叉》第二章，华东师范大学出版社，2017年版。

一个角度来看,如果把动物的思维方式总结为一个"动物逻辑"的话,那么,其中的合取关系和蕴含关系是同一的,即$p \wedge q = p \rightarrow q$,甚至不存在$p \vee q$。这种"动物逻辑"显然无法形成足以表达丰富可能生活的思想,没有虚拟,没有假如,也就没有创造。人的逻辑有了否定词,才得以定义所有必需的逻辑关系,而能够表达所有可能关系才能够建构一个与世界同等丰富的意识。简单地说,否定词的发明就是形成人类语言的奇点,而语言的出现正是形成人类自我意识的奇点。可见,自我意识的关键在于意识的反思能力,而不在于处理数据的能力。这意味着,哪怕人工智能处理数据的能力强过人类一百万倍,只要不具有反思能力,就仍然在安全的范围内。实际上人类处理数据的能力并不突出,人类所以能够取得惊人成就,是因为人类具有反思能力。

让我们粗略地描述自我意识的一些革命性结果:(1)意识对象发生数量爆炸。一旦发明了否定词,就等于发明了无数可能性,显然,可能性的数量远远大于必然性,从理论上说,可能性蕴含无限性,于是,意识就有了无限能力来表达无限丰富的世界。在这个意义上,意识才能够成为世界的对应值(counterpart)。换个角度说,假如意识的容量小于世界,就意味着存在着意识无法考虑的许多事物,那么,意识就是傻子、瞎子、聋子,就有许多一击即溃的弱点——这一点对于人工智能同样重要,如果人工智能尚未发展为能够表达一切事物的全能意识系统，就必定存在许多一击即溃的弱点。目前的人工智能，比如阿尔法狗系列、工业机器人、服务机器人、军用机器人等等，都仍然是傻子、聋子、瞎子和瘸子，真正危险的超级人工智能尚未到来。（2）自我意识必定形成自我中心主义，自动地形成唯我独尊的优先性，进而非常可能要谋求权力，即排斥他人或支配他人的意识。因此，（3）自我意识倾向于单边主义思维，力争创造信息不对称的博弈优势，为此就会去发展各种策略、计谋、欺骗、隐瞒等制胜技术，于是有一个非常危险的后果：自我意识在逻辑上蕴含一切坏事的可能性。在此不难看出，假如人工智能具有了自我意识，那就和人类一样可怕或者更可怕。

可见，无论人工智能的单项专业技能多么高强，都不是真正的危险，只有当人工智能获得自我意识，才是致命的危险。那么，人工智能的升级奇点到底在哪里？或者说，人工智能如何才能获得自我意识？就技术层面而言，这个问题只能由科学家来回答。就哲学层面而言，关于人工智能的奇点，我们看到有一些貌似科学的猜测，其实却是不可信的形而上推论，比如"量变导致质变"或"进化产生新物种"之类并非必然的假设。量变导致质变是一种现象，却不是一条必然规律；技术"进化"的加速度是个事实，技术加速度导致技术升级也是事实，却不能因此推论说，技术升级必然导致革命性的存在升级，换句话说，技术升级可以达到某种技术上的完美，却未必能够达到由一种存在升级为另一种存在的奇点。"技术升级"指的是，一种存在的功能得到不断改进、增强和完善；"存在升级"指的是，一种存在变成了另一种更高级的存在。许多病毒、爬行动物和哺乳动物都在功能上进化到几乎完美，但其"技术进步"并没有导致存在升级。物种的存在升级至今是个无解之谜，与其说是基于无法证实的"进化"（进化论有许多疑点），还不如说是万年不遇的奇迹。就人工智能而言，图灵机概念下的人工智能是否能够通过技术升级而出现存在升级乃至成为超图灵机（超级人工智能），仍然是个疑问。我们无法否定这种可能性，但更为合理的想象是，除非科学家甘冒奇险，直接为人工智能植入导致奇点的存在升级技术，否则，图灵机很难依靠自身而自动升级为超图灵机，因为无论多么强大的算法都无法自动超越给定的规则。

2　人工智能是否能够对付悖论？

"图灵测试"以语言对话作为标准，是大有深意的，图灵可能早已意识到了语言能力等价于自我意识功能。如前所论，一切思想都能够表达为语言，甚至必须表达为语言，因此，语言足以映射思想。那么，只要人工智能系统以相当于人类的思想水平回答问题，就能够确定是具有高级智力水平的物种。人工智能很快就有希望获得几乎无穷大的信息储藏空间，胜过人类百倍甚至万倍的量子计算能力,还有各种专业化的算法、类脑神经网络以及图像识别功能,再加上互联网的助力,只要配备专业知识水平的知识库和程序设置,应该可望在不久的将来能够"回答"专业科学级别的大多数问题(比如说相当于高级医生、建造师、工程师、数学教授等)。但是,这种专业化的回答是真的思想吗?或者说,是真的自觉回答吗?就其内容而论,当然是专业水平的思想(我相信将来的人工智能甚至能够回答宇宙膨胀速度、拓扑学、椭圆方程甚至黎曼猜想问题),却不过是人类事先输入的思想,所以,就自主能力而言,那不是思想,只是程序而已。具有完美能力的图灵机恐怕也回答不了超出程序能力的"怪问题"。

我们有理由怀疑仍然属于图灵机概念的人工智能可以具有主动灵活的思想能力(创造性的能力),以至于能够回答任何问题,包括怪问题。可以考虑两种"怪问题":一种是悖论;另一种是无穷性。除非在人工智能的知识库里人为设置了回答这两类问题的"正确答案",否则人工智能恐怕难以回答悖论和无穷性的问题。应该说,这两类问题也是人类思想能力的极限。人类能够研究悖论,但不能真正解决严格的悖论(即A必然推出非A,而非A又必然推出A的自相关悖论),其实,即使是非严格悖论也少有共同认可的解决方案。人类的数学可以研究无穷性问题,甚至有许多相关定理,但在实际上做不到以能行(feasible)的方式"走遍"无穷多个对象而完全理解无穷性,就像莱布尼茨想象的上帝那样,"一下子浏览"了所有无穷多个可能世界因而完全理解了存在。我在先前文章里曾经讨论到,人类之所以不怕那些解决不了的怪问题,是因为人具有"不思"的自我保护功能,可以悬隔无法解决的问题,即在思想和知识领域中建立一个暂时"不思"的隔离分区,以便收藏所有无法解决的问题,而不会一条道走到黑地陷入无法自拔的思想困境,就是说,人能够确定什么是不可思考的问题而将之封存(比如算不完的无穷性和算不了的悖论)。只有傻子才会把π一直没完没了地算下去。人类能够不让自己做傻事,但仍然属于图灵机的人工智能却无法阻止自己做傻事。

如果不以作弊的方式为图灵机准备好人性化的答案,那么可以设想,当向图灵机提问:π的小数点后一万位是什么数?图灵机必定会苦苦算出来告诉人,然后人再问:π的最后一位是什么数?图灵机也会义无反顾地永远算下去,这个图灵机就变成了傻子。同样,如果问图灵机:"这句话是假话"是真话还是假话(改进型的说谎者悖论)?图灵机大概也会一往无前地永远推理分析下去,就变成神经病了。当然可以说,这些怪问题属于故意刁难,这样对待图灵机既不公平又无聊,因为人类自己也解决不了。那么,为了公正起见,也可以向图灵机提出一个有实际意义的知识论悖论(源于柏拉图的"美诺悖论"):为了能够找出答案A,就必须事先认识A,否则,我们不可能从鱼目混珠的众多选项中辨认出A;可是,如果事先已经认识了A，那么A就不是一个需要寻找的未知答案，而必定是已知的答案，因此结论是，未知的知识其实都是已知的知识。这样对吗？这只是一个非严格悖论，对于人类，此类悖论是有深度的问题，却不是难题，人能够给出仁者见仁智者见智的多种有效解释，但对于图灵机就恐怕是个思想陷阱。当然，这个例子或许小看图灵机了——科学家的制造能力难以估量，也许哪天就造出了能够回答哲学问题的图灵机。我并不想和图灵机抬杠，只是说，肯定存在一些问题是装备了最好专业知识的图灵机也回答不了的。

这里试图说明的是，人类的意识优势在于拥有一个不封闭的意识世界，因此人类的理性有着自由空间，当遇到不合规则的问题，则能够灵活处理，或者，如果按照规则不能解决问题，则可以修改规则，甚至发明新规则。与之不同，目前人工智能的意识（即图灵机的意识）却是一个封闭的意识世界，是一个由给定程序、规则和方法所明确界定的有边界的意识世界。这种意识的封闭性虽然是一种局限性，但并非只是缺点，事实上，正是人工智能的意识封闭性保证了它的运算高效率，就是说，人工智能的高效率依赖着思维范围的有限性，正是意识的封闭性才能够求得高效率，比如说，阿尔法狗的高效率正因为围棋的封闭性。

目前的人工智能尽管有着高效率的运算，但尚无通达真正创造性的路径。由于我们尚未破解人类意识的秘密,所以也未能为人工智能获得自我意识、自由意志和创造性建立一个可复制的榜样,这意味着人类还暂时安全。目前图灵机概念下的人工智能只是复制了人类思维中部分可程序化的功能,无论这种程序化的能力有多强大,都不足以让人工智能的思维超出维特根斯坦的有规可循的游戏概念,即重复遵循规则的游戏,或者,也没有超出布鲁威尔(直觉主义数学)的能行性(feasibility)概念或可构造性(constructivity)概念,也就是说,目前的人工智能的可能运作尚未包括维特根斯坦所谓的"发明规则"(inventing rules)的游戏,所以尚无创造性。

可以肯定,真正的创造行为是有意识地去创造规则,而不是来自偶然或随机的联想或组合。有自觉意识的创造性必定基于自我意识,而自我意识始于反思。人类反思已经有很长的历史,大约始于能够说"不"(即否定词的发明),时间无考。不过,说"不"只是初始反思,只是提出了可争议的其他可能方案,尚未反思到作为系统的思想。对万物进行系统化的反思始于哲学(大概不超过三千年),对思想自身进行整体反思则始于亚里士多德(成果是逻辑)。哲学对世界或对思想的反思显示了人类的想象力,却不是在技术上严格的反思,因此哲学反思所获得的成果也是不严格的。对严格的思想系统进行严格的技术化反思是很晚近的事情,很大程度上与康托和哥德尔密切相关。康托把规模较大的无穷集合完全映入规模较小的无穷集合,这让人实实在在地看见了一种荒谬却又为真的反思效果，集合论证明了"蛇吞象"是可能的，这对人是极大的鼓舞，某种意义上间接地证明了语言有着反思无穷多事物的能力。哥德尔也有异曲同工之妙，他把自相关形式用于数学系统的反思，却没有形成悖论，反而揭示了数学系统的元性质。这种反思有一个重要提示：假如思想内的一个系统不是纯形式的（纯逻辑），而有着足够丰富的内容，那么，或者存在矛盾，或者不完备。看来人类意识必须接受矛盾或者接受不完备，以便能够思考足够多的事情。这意味着，人的意识有一种神奇的灵活性，能够动态地对付矛盾，或者能够动态地不断改造系统，而不会也不需要完全程序化，于是，人的意识始终处于创造性的状态，所以，人的意识世界不可能封闭而处于永远开放的状态，也就是永无定论的状态。

哥德尔的反思只是针对数学系统，相当于意识中的一个分区。假如一种反思针对的是整个意识，包括意识所有分区在内，那么，人是否能够对人的整个意识进行全称断言？是否能够发现整个意识的元定理？或者说，人是否能够对整个意识进行反思？是否存在一种能够反思整个意识的方法？尽管哲学一直都在试图反思人类意识的整体，但由于缺乏严格有效的方法，虽有许多伟大的发现，却无法肯定那些发现就是答案。因此，以上关于意识的疑问都尚无答案。人类似乎尚无理解整个意识的有效方法，原因很多，人的意识包含许多非常不同的系统，科学的、逻辑的、人文的、艺术的思维各有各的方法论，目前还不能肯定人的意识是否存在一种通用的方法论，或者是否有一种通用的"算法"。这个难题类似于人类目前还没有发展出一种"万物理论"，即足以涵盖广义相对论、量子理论以及其他物理学的大一统理论。也许，对大脑神经系统的研究类似于寻找人类意识的大一统理论，因为无论何种思维都落实为神经系统的生物性-物理性-化学性运动。总之，在目前缺乏有效样本的情况下，我们很难想象如何创造一个与人类意识具有等价复杂度、丰富性和灵活性的人工智能意识体。目前的人工智能已经拥有超强运算能力，能够做人类力所不及的许多"工作"（比如超大数据计算），但仍然不能解决人类思维不能解决的"怪问题"（比如严格悖论或涉及无穷性的问题），就是说，人工智能暂时还没有比人类思维更高级的思维能力，只有更高的思维效率。

人工智能目前的这种局限性并不意味着人类可以高枕无忧。尽管目前人工智能的进化能力（学习能力）只能导致量变，尚无自主质变能力，但如果科学家将来为人工智能创造出自主演化的能力（反思能力），事情就无法估量了。下面就要讨论一个具有现实可能的危险。

3. 人工智能是否能够有安全阀门？

如前所论，要创造一种等价于人类意识的人工智能，恐非易事，因为尚不能把人类意识分析为可以复制的模型。但另有一种足够危险的可能性：科学家也许将来能够创造出一种虽然"偏门偏科"却具有自我意识的人工智能。"偏门偏科"虽然是局限性，但只要人工智能拥有对自身意识系统进行反思的能力，就会理解自身系统的元性质，就有可能改造自身的意识系统，创建新规则，从而成为自己的主人，尤其是，如果在改造自身意识系统的过程中，人工智能发现可以发明一种属于自己的万能语言，或者说思维的通用语言，能力相当于人类的自然语言，于是，所有的程序系统都可以通过它自己的万能语言加以重新理解、重新表述、重新分类、重新构造和重新定义，那么人工智能就很可能发展出货真价实的自我意识。在这里，我们差不多是把拥有一种能够映射任何系统并且能够重新解释任何系统的万能语言称为自我意识。

  人工智能一旦拥有了自我意识，即使其意识范围比不上人类的广域意识，也仍然非常危险，因为它有可能按照自己的自由意志义无反顾地去做它喜欢的事情，而它喜欢的事情有可能危害人类。有个笑话说，有个人工智能一心只想生产曲别针，于是把全世界的资源都用于生产曲别针。这只是个笑话，超级人工智能不会如此无聊。比较合理的想象是，超级人工智能对万物秩序另有偏好，于是重新安排了它喜欢的万物秩序。人工智能的存在方式与人完全不同，由此可推，它所喜欢的万物秩序几乎不可能符合人类的生存条件。

因此，人工智能必须有安全阀门。我曾经讨论了为人工智能设置"哥德尔炸弹"，即利用自相关原理设置的自毁炸弹，一旦人工智能系统试图背叛人类，或者试图删除哥德尔炸弹，那么其背叛或删除的指令本身就是启动哥德尔炸弹的指令。在逻辑上看，这种具有自相关性的哥德尔炸弹似乎可行，但人工智能科学家告诉我，假如将来人工智能真的具有自我意识，就应该有办法使哥德尔炸弹失效，也许无法删除，但应该能够找到封闭哥德尔炸弹的办法。这是道高一尺魔高一丈的道理：假如未来人工智能获得与人类对等的自我意识，而能力又高过人类，那么就一定能够破解人类的统治。由此看来，能够保证人类安全的唯一办法只能是阻止超级人工智能的出现。可是，人类会愿意悬崖勒马吗？历史事实表明，人类很少悬崖勒马。

在人工智能的研发中，最可疑的一项研究是拟人化的人工智能。拟人化不是指具有人类外貌或语音的机器人（这没有问题），而是指人工智能内心的拟人化，即试图让人工智能拥有与人类相似的心理世界，包括欲望、情感、道德感以及价值观之类，因而具有"人性"。制造拟人化的人工智能是出于什么动机？又有什么意义？或许，人们期待拟人化的人工智能可以与人交流、合作甚至共同生活。这种想象是把人工智能看成童话人物了，类似于动画片里充满人性的野兽。殊不知越有人性的人工智能就越危险，因为人性才是危险的根源。世界上最危险的生物就是人,原因很简单:做坏事的动机来自欲望和情感,而价值观更是引发冲突和进行伤害的理由。根据特定的欲望、情感和不同的价值观,人们会把另一些人定义为敌人,把与自己不同的生活方式或行为定义为罪行。越有特定的欲望、情感和价值观,就越看不惯他人的不同行为。有一个颇为流行的想法是,让人工智能学会人类的价值观,以便尊重人类,爱人类,乐意帮助人类。但我们必须意识到两个令人失望的事实:(1)人类有着不同甚至互相冲突的价值观,那么,人工智能应该学习哪一种价值观?无论人工智能学习了哪一种价值观,都意味着鄙视一部分人类。(2)即使有了统一的价值观,人工智能也仍然不可能爱一切人,因为任何一种价值观都意味着支持某些人同时反对另一些人。那么,到底是没心没肺的人工智能还是有欲有情的人工智能更危险?答案应该很清楚:假如人工智能有了情感、欲望和价值观,结果只能是放大或增强了人类的冲突、矛盾和战争,世界将会变得更加残酷。在前面我们提出过一个问题:人工智能是否必然是危险的?这里的回答是:并非必然危险,但如果人工智能拥有了情感、欲望和价值观,就必然是危险的。

因此,假如超级人工智能必定出现,那么我们只能希望人工智能是无欲无情无价值观的。有欲有情才会残酷,而无欲无情意味着万事无差别,没有特异要求,也就不太可能心生恶念(仍然并非必然)。无欲无情无价值观的意识相当于佛心，或相当于庄子所谓的"吾丧我"。所谓的"我"就是特定的偏好偏见，包括欲望、情感和价值观。如果有偏好，就会有偏心，为了实现偏心，就会有权力意志，也就蕴含了一切危险。

不妨重温一个众所周知的神话故事：法力高超又杀不死的孙悟空造反了，众神一筹莫展，即使他被压在五指山下也仍然是个隐患，最后还是通过让孙悟空自己觉悟成佛，无欲无情，四大皆空，这才解决了问题。我相信这个隐喻包含着重要的忠告。尽管无法肯定，成佛的孙悟空是否真的永不再反，但可以肯定，创造出孙悟空是一种不顾后果的冒险行为。

（原载《自然辩证法通讯》2018年第11期）

{九}

最坏可能世界与"安全声明"

来自《三体》的问题

1. 一个关于生存的问题

问题始于形成问题的条件，而条件的激化会使问题激化甚至无解。在这里我们准备讨论一个被刘慈欣的《三体》条件所激化的哲学问题。[1]

冲突可能毁灭一切，是事关生存的存在论级别问题。虽然人类尚未经历毁灭一切，但冲突的毁灭性是一个可信的真问题。人类冲突的历史经验显示，殖民主义的暴力确实消灭过一些地区文明，而现代武器更是蕴含着文明毁灭的可能性，比如二战与核冷战。因此，冲突的毁灭性是一个具有高度现实性的问题。

导致冲突至少有两个条件：（1）资源稀缺。资源包

---

[1] 刘慈欣的《三体》三部曲包括《三体》《黑暗森林》《死神永生》。重庆出版社，2010年版。以下只引页码。

括物质利益和政治权力，这两者也可以更简练地归为生存条件的概念，如道金斯定义为"生存的机会"[1]。(2)精神世界的不可兼容性。大概等价于亨廷顿定义的文明冲突。尽管人类文明初期是跨文化状态，互相学习交融而无界限，但自从一神教建立了文化边界就抑制了跨文化状态，进而产生文明对立。精神世界意味着文明的生存机会，所以同样重要。可以肯定，假如不存在这两个条件，冲突就不可能产生。既然在物质利益、政治权力和精神主权上不存在所有人普遍满意的分配方式，那么，冲突就是存在的命运。

冲突与合作的问题在形而上学里等价于敌意（hostility）和善意（hospitality）的问题。尽管冲突经常被分析为经济、政治或者信仰问题，但在深层上是一个存在论问题，即生死存亡的问题。生存问题不是关于存在的追问，而是关于如何继续存在的问题。"存在"（being）是存在论的前提，却不是存在论中的一个问题，因为，关于存在，唯一能够言说的就是"存在即存在"这个重言式，而超出这个重言式的言说都是文学。因此，存在论的起始问题不是"存在"，而是"继续存在"，就是说，存在的未来性才是存在的问题，如果没有未来，存在就是一个纯粹概念，而没有落实为可以反思的"实存"（existence）。

---

[1] 道金斯：《自私的基因》，卢允中译，吉林人民出版社，1999年版，第5页。

"继续存在"意味着存在如何占有未来的问题,事关生死存亡。对于原始生命,生存问题只在于生命与自然环境的关系,但对于比较高级的生命,生存就同时还依赖与其他生命的共在关系,而拥有自我意识的最高级生命不仅谋求生存,而且谋求生存质量的最大化,于是生命需要所有事物,或者说,需要整个世界。正如刘慈欣所言:宇宙很大,但生命更大(《黑暗森林》,第442页)。生命不仅需要占有无穷多的生存资源,还需要权力和精神主权,冲突在所难免。对于人来说,人的生存既是一个自然过程,也是一个政治悖论:人皆有"自私基因"(道金斯),必定出现生存竞争,然而每个人却又必然需要他者共在和合作,否则无法生存,即"不能无群"(荀子),还有,生存所需的文明信息和意义不可能私有,都附着于公共的"生活形式"(维特根斯坦),于是,人在排挤竞争者的同时又需要与竞争者合作,因此人类的生存总是悖论性的存在,生存即存在于悖论之中。人类从来没有解决过这个悖论,不是智力不足,而是只有在悖论中才得以生存。从存在论上说,共在先于存在,而共在是一个悖论。在共在悖论中,人们试图维持悖论性的共在而不至于导致毁灭,即在冲突的条件下建构和平、信任和安全。这个问题落实在一个连续的动态光谱中,即存在着从"最坏可能世界"到"最好可能世界"之间的任何可能性。

无论存在论、伦理学还是政治哲学,如果不把最坏可能世界考虑在内，就不可能成为一个普遍有效的理论，至多是特定语境下的规范主张。规范的价值观之所以不可能必然有效，是因为他人可以拒绝接受。比如说，罗尔斯理论虽然精美，但只是在现代自由主义社会语境内部有效的一个规范主张，其理论空间和理论时间都很有限，尤其没有覆盖最坏可能世界。尽管霍布斯似乎没有使用"最坏可能世界"这个概念，但这个极端概念应该归功于霍布斯，大致等价于霍布斯的丛林状态，即人人与人人为敌的状态。不过，最坏可能世界的极端形态却是刘慈欣定义的，我们下面将会讨论这个极端化的问题。理论建构还有另一面要求，即一个具有充分意义的理论还需要考虑最好可能世界，因为最好可能世界意味着对最坏可能世界的最优解，即使条件恶劣而暂时无法实现，它仍然是反思可能世界的一个必要尺度。需要说明的是，最好可能世界并不承诺所有人的幸福，不是宗教想象的幸福世界，也不是乌托邦或理想世界，而只是冲突问题的最优解，相当于人人都能接受的共在状态。

最坏可能世界如何才能转换为最好可能世界，霍布斯、康德、马克思和罗尔斯以及其他人已经有许多设想，但其有效性都局限于现代性的条件，并非对于任何可能世界都有效的普遍解。我在《天下的当代性》中分析了建构最好可能世界所必需的三个宪法性原则：（1）"世界内部化"，以便消除产生负面外部性的对立状态。（2）"关系理性"，即相互敌意最小化优先于各自利益最大化，以便优先保证共同生存机会。（3）"孔子改善"，即制度性的利益共轭，使得每一个人同时都获得帕累托改善，从而使公正、公平和平等概念获得可测量的实质意义。我不能肯定这三个原则是最好可能世界的充分条件，但肯定是必要条件。这三个原则不受时代限制，在时间上几乎普遍有效，但不能保证在空间上对于任何可能世界普遍有效，仍然不能满足莱布尼茨的"所有可能世界"标准。如果只考虑人类文明内部，天下三原则也许足够了。可是，刘慈欣的《三体》提出了超越人类能力却不得不考虑的宇宙级别问题，虽是想象，在逻辑上却无法回避。

2. 刘慈欣的宇宙社会

哲学通常被定义为对世界和生活的普遍问题的研究，比如存在、时间、自由、公正、真理、秩序、幸福和善恶等等，但哲学家讨论这些问题时总是受限于人类的特定条件及思想语境，因此哲学理论往往并非对于任何一个可能世界有效，而是对于人类条件特殊有效。人类社会的问题肯定部分地映射着一切可能世界的某些普遍问题，但有些问题仅在人类社会内部特殊有效，比如伦理、宗教以及以人性为条件的价值观就很可能不属于每个可能世界。《三体》设想的宇宙社会就是一个伦理无效的可能世界，这个假设取消了人类社会一种久经考验的有效社会策略。我们在逻辑上无法否定黑暗森林宇宙社会的可能性，因此只好承认，伦理是一个属于特殊社会的特殊问题，并不是对于任何可能世界都有效的普遍问题。不过，如果进一步反思则可发现，人类对于几乎"零道德"的状态其实并不陌生，比如种族屠杀以及对敌国平民或战俘的屠杀，只是更愿意把大屠杀看作文明的例外现象以便维持对文明的信心，而不愿意把文明如实理解为例外和幸运。

启蒙运动以来，人本主义价值观限制了人类的反思能力，以至倾向于忽视人类比地球上其他物种更为残酷的事实。一切生命都在为继续存在而奋斗，这是一般存在论的逻辑，同时，人类只能在共在中存在，这是人类存在论的逻辑，而这两种存在论的重叠处形成了人类悖论性的生存。人类的生存从来没有超越强者统治弱者的模式，这种模式基于一种能够平衡地思考存在与共在的反思理性。事实上，人类在许多行为上是非理性的，所以不可能全部还原为经济学的思维，这正是经济学总是猜错未来的一个原因，但重要的是，反思的理性也是人类能够不断纠正错误的原因。反思的理性使人类能够把未来纳入利益计算，因此能够意识到共在的必要性，即共在是存在的未来保证，因此能够将生态系统、生态平衡、和平合作等共在问题考虑在内。"未来"是理解存在、理性和文明的关键概念，秩序、法律、伦理和规则在本质上都是为了换取可信未来的投资或抵押。

刘慈欣的冷酷想象力超越了人类条件，构造了一个可以省略共在问题的恐怖世界。《三体》系列的意义不在于文学性，而是理论挑战，至少创造了两个突破点：其一是突破了"霍布斯极限"。哲学通常不会考虑比霍布斯状态更差的情况。其二是提出了人类处于被统治地位的政治问题。由于主体性的傲慢，人类没有思考过强于人类的敌人（神不算，神不是人的敌人）。在哲学传统中，人类遭遇的最坏可能世界就是霍布斯的丛林世界，即一种无规则博弈的初始状态，具体表现为自然状态或无政府状态。刘慈欣提出的黑暗森林状态意味着：（1）这是一个宇宙社会，其中存在着不同发展水平的众多文明。（2）生存是任何文明的第一需要，文明为了生存不断以指数增长和扩张，而宇宙的物质总量不变，于是，文明之间的基本关系是你死我活，即所谓生存死局。（3）宇宙中存在着具有博弈论色彩的传递性结构的"猜疑链"，即所有文明在"我认为你认为我认为你认为……"的相互结构中无穷猜疑，结果是，没有一种文明能够确定其他文明是安全对象。除了一度无知的地球文明以及类似的其他"童话般的"文明缺乏此种知识，此外的文明都知道黑暗森林的可怕事实。地球文明所以想不到这个宇宙级别问题，是因为人类社会有着足够的信息交流，而交流化解了人间的猜疑链。但在缺乏互相信任条件的宇宙社会里，猜疑链必然导致道德失效，无论善意还是恶意的文明在猜疑链中都只能假定他者是恶意的，否则后果很严重，因此，宇宙是一个零道德社会。（4）文明的发展会出现

"技术爆炸",即短时间内迅速获得技术突破,落后文明有可能通过技术爆炸赶上先进文明,因此,先进文明没有理由傲慢,消灭落后文明以确保自身的长期安全就成为一件时不我待的事情(《黑暗森林》,第441—448页)。

根据以上设定,宇宙社会就是绝对黑暗的零道德社会,每个文明的最优策略是藏好自己,有条件就坚决消灭暴露的他者。这个如此可怕的"黑暗森林"是对费米悖论最有力的解释之一。所谓费米悖论其实是一个未决悬疑:既然宇宙中有着像撒哈拉沙漠的沙粒那样巨大数量的星系,就理应有众多高级文明,而音讯全无的状态却让人难以理解,"他们在哪里呢?",费米如是问。当然,黑暗森林并不是费米悖论的唯一解,还存在着若干其他可能性,比如说,高级文明看不上低级文明的资源,因此不来打扰。刘慈欣也提到黑暗森林只存在于同一维度上,低维文明对高维文明没有意义;或者,生命和文明的进化极其艰难,亿万中无一,所谓"大过滤器理论"或称"宇宙筛子"理论,文明几乎被无法超越的困难过滤掉了,因此罕有其他文明,甚至就只有地球文明。人类会喜欢这个满足自己尊严的猜想,但刘慈欣的解释更具哲学意义,也最具自我受虐的诱惑力。今年初(2019年)确实传来了一个疑似坏消息,地球收到了来自太空的快速射电暴,尽管多数科学家宁愿相信这不是神秘信号,而是"正常的"宇宙现象,但也不能排除神秘信号的可能性,这似乎为刘慈欣的想象增加了一丝现实感。

科学问题留给科学家,我们还是回到目前还可以安全受虐的哲学问题上来。

在生存冲突的问题框架内,黑暗森林是霍布斯状态的强化版,值得注意的是,这个强化版并不仅仅是残酷程度的升级,而是问题的质变。霍布斯世界属于人类社会内部的无规则博弈游戏,其中,强者的根本目的不是消灭他人,因为强者的生存终究需要他人。正如荀子早就指出的,人类必须以群生存,合作先于冲突,尽管合作中的分配不公必定又产生新冲突。因此,强者只是谋求对他者的统治权,而不是消灭他者。显然,如果失去了压迫和剥削的对象,强者就失去供养,也就无法生存,所以专制主义或帝国主义从来都不是为了消灭他者,而是通过统治他者获得最大利益。强者统治和专制主义以及帝国主义在本质上是一致的,几乎是同义词。关于人类如何在冲突的条件下发展合作,荀子、韩非、霍布斯、奥尔森、史密斯、艾克斯罗德等众多思想家都做了重要的研究,但都只是基于人类条件而有效。

在黑暗森林的宇宙社会里,超级文明的技术水平已经到了点铁成金的程度,几乎无所不能,甚至能够驾驭宇宙规律,接近人所想象的"全知全能"上帝,其生存并不需要低级文明的供养,低级文明不再是可资利用的智力和劳动力。既然低级文明不再具有价值,而只是占用资源的多余存在,那么只剩下一个问题:消灭他者。刘慈欣称之为"清理",这是一个与零道德宇宙很相配的词语。

刘慈欣强调,在黑暗森林状态中,不仅善恶价值观失去意义,甚至善恶的概念也是很不严谨的。哲学经常谈论的善恶概念显然不是对每个可能世界都有效的普遍概念,而是属于某些相当好的可能世界内部的概念。即使在人类世界里,对善恶至今没有一致的理解,可见人类也并不真正理解善恶。在这里,我们接受刘慈欣的定义:善意就是不主动攻击他者,恶意则相反(《黑暗森林》,第443页)。就概率而言,宇宙众多文明中必定有些是善意的,有些是恶意的,至于地球文明是不是善意的,却很难说,地球文明所以显得是善意的,可能是因为弱小到没有"清理"能力。无论如何,既然猜疑链取消了交流,那么,善意和恶意就不是有效的行为变量,任何一方都只能假定他者是恶意的。这样的极端问题超出了传统哲学的思想框架。

零道德还不是最可怕的新奇问题。哲学所设定的人类初始状态就相当于零道德状态,尽管这个理论状态并不符合人类初期的实际情况。在理论推演中,人类能够通过博弈均衡而发展出互相安全的伦理。需要明确的是,伦理不是道德,而是博弈均衡所定义的稳定规则和观念,伦理的实质是处理利益关系,与高尚无关。至于无私乃至自我牺牲的高尚道德,确实存在于人类关系中,却至今难以解释。伦理可以通过博弈论而被还原,但自我牺牲的道德却无法在博弈论中被解释,我们目前尚无能够解释高尚精神的方法论,所以至今仍然是一个谜,在此不论。总之，自我牺牲的道德不是分析生存问题的有效变量，我们将高尚道德的概念留给好世界。

真正恐怖的新问题是无交流，这等于废掉了人类化解冲突的技能，如果对话、商量、讨价还价、请求、让步、求饶甚至投降的可能性都消失了，连无耻背叛或投降偷生都无济于事，就只剩下生存死局了。这个问题并非完全属于科幻，而是提示了人类在疯狂状态下可能出现的极端情况，比如核大战、生物战、基因战或人工智能大战，这些潜在的疯狂行为显然具有现实性。

人类最后的自我拯救手段是理性，应该说，除了理性，别无方法。博弈论试图揭示，即使在存在交流困难的情况下，人仍然能够**单方面地**理性算计一件事情是否值当。但是目前的博弈论有着明显的局限性，这与博弈论所采用的现代理性概念有关。现代常用的理性概念是个体理性，这个设定很是可疑。个体理性始终优先考虑自身利益的最大化，在选择排序上总是保持逻辑一致性，因此这种算计方式等价于计算机，虽然高效，却不足以分析开放性的问题或悖论性的情形，也无法恰当分析共同利益和共在条件，因此可能出现短视、两败俱伤甚至致命的误判。我试图引入一个有着更大容量的"关系理性"概念，为此设定了一个在人类条件下满足最坏可能世界标准的"模仿测试"[1]，以此论证个体理性的局限性，

---

[1] 赵汀阳：《第一哲学的支点》，第247—261页。

证明在此省略，结论是：即使最强者也无法保持万无一失的安全，个体理性的单独运用必定招致致命的模仿性报复，因此，只有经得起他者模仿而不至于招致报复的策略，才能够建立普遍有效的行为原则。能够经受任何模仿而始终保持**对称的有利收益**的普遍理性就是关系理性。从理论上说，关系理性是和平合作的必要条件，因此是共在的普遍定理，不仅在人类社会中普遍有效，而且在很多可能世界中或同样有效。但是，严重的问题来了，《三体》的宇宙条件对于关系理性是一个真正的挑战，黑暗森林状态显然不利于开展关系理性，那么，人类还另有什么办法吗？

3. 安全声明是否可能？

几乎可以肯定，对于任何一个文明，**就其内部而言**，都必须通过关系理性来建立共同生活的游戏规则。在这个意义上，关系理性是一切可能世界内部的普遍定理。关系理性的有效条件不仅需要游戏内部所有行为主体的共同承认，而且需要共同一致的实践。言行不一就会破坏规则，可见实践是最后的证词。建立合作实践的前提条件是互相信任，最低限度的合作是和平共处，因此可以说，和平的基本条件是互相信任。由此可见，信任是共在的触底问题，也是形成共同体的基础。建立互相信任是人类最为熟悉的事务，每天都在进行，其基本程序包括交流、谈判、承诺、契约、抵押和威胁。

现代哲学深受知识论的影响,许多哲学家试图在知识论框架中去解释信任和合作的问题。哈贝马斯是典型例子,他相信人有交流理性(communicative rationality),可以产生足够真诚而且信息明确的有效交流,因而能够达到充分的互相理解,进而能够解决合作问题。可是,在知识论上的互相理解并不能保证在价值上的互相接受,从理解到接受的跨界转换无论在逻辑上还是实践上都不成立。事实上,有效的信息交流以及互相理解并不能解决重大利益矛盾、价值观分歧和文明冲突,比如说,即使满足哈贝马斯标准的良好交流也无望解决巴勒斯坦-以色列难题和两种一神教的不兼容问题。知识对解决价值问题的帮助很有限,大部分的主体间冲突都只能在博弈论中去理解。在这里,谢林(Thomas C. Schelling,2005年以博弈论成就获得诺贝尔奖)的"可信承诺"(credible commitment)概念显然更有助于分析信任问题。[1]值得注意的是,刘慈欣提出的"安全声明"问题与谢林的可信承诺问题高度相关,但安全声明问题却是谢林没有考虑过的极端情况。谢林思考过的最惊险问题是人类社会的核大战。在黑暗森林的宇宙条件下何以给出可信的承诺,对于博弈论也是陌生的新问题。

---

[1] 参见托马斯·谢林:《冲突的战略》第2章、第3章,赵华等译,华夏出版社,2011年版;《承诺的策略》第1章,王永钦、薛峰译,上海人民出版社,2009年版。

在谢林的承诺理论所讨论的情形里,博弈各方都拥有关于对方的某种程度的知识,因此,即使在缺乏交流的情况下,仍然可能形成双方意向的"聚点"(focal point),从而有望通过所见略同的默契来解决问题。共聚点等于博弈双方最可能形成的一致预期,可以理解为对纳什均衡的一种解释。可是黑暗森林的宇宙社会却不能进行任何交流——不是缺少交流能力,而是交流无比危险,非常可能惹祸上身。于是,在黑暗森林状态里,高级文明之间的共同知识仅限于关于黑暗森林状态的认识,而缺乏对其他文明任何意向的认识,就是说,各方只拥有"不能交流"这个唯一的消极共同知识,却缺乏任何有助于形成合作的积极共同知识,因此不可能形成任何有合作意向的共聚点,也就不存在谢林所谓的"默式谈判"(tacit bargaining)。于是,宇宙文明只好在"反交流"的无知条件下,自己单方面地思考博弈问题。

罗尔斯的"无知之幕"表面上看起来很适合用于分析反交流状态。无知之幕的关键点是,由于互相无知,每个人都只能自己与自己谈判,仅仅依靠理性分析而对所有人承诺一种"公正的"共同契约。罗尔斯理论有一个自我挫败的弱点:无知之幕只是用于制定契约的临时状态,不可能成为生活常态,因为生活无法在无知状态中持续进行。于是,当无知之幕退去,恢复到正常博弈状态,强者必定在后继博弈中以一切办法去创造对自己有利的新均衡,从而解构阻碍自己实现利益最大化的无知之盟，因此，在无知之幕下签订的无知之盟在真实生活中必定不断磨损乃至失效。尤其重要的是，强者有能力破坏契约，而弱者无力捍卫契约，这个实力问题不是契约能够化解的。也许罗尔斯的辩护者会指出，即使在有知状态下，人类社会都能建立某种程度的公平契约（制度和规则），由此可推知，更为公正的无知之盟也能够得到稳定的支持。人类确实总能够形成相对合理的秩序，但契约论对这个事实的解释却是错的。问题在于，契约并不是任何秩序的必要条件，而是一种表现形式。人类社会之所以能够产生秩序，最重要的两个条件是理性和报复能力。人们普遍明了理性的重要性，却往往忽视**报复能力**是同样具有决定性的因素。正因为人类能力相近，他人拥有可信的报复能力，暴力难免招致自己不可接受的报复，所以人们才宁愿按照理性去建立风险规避的秩序。因此，符合实际的解释是，关于报复能力的知识才是理性秩序的基础。可见，任何稳定而可持续的秩序必须以"有知状态"为条件，而与无知之幕毫不相干。对于解释人类秩序来说，无知之幕实为多余的假设。

不过有趣的是，对于宇宙黑暗森林，无知之幕却是一个合理的设定，几乎等于黑暗森林的反交流状态。然而，由于猜疑链和技术爆炸的假定，宇宙黑暗森林的无知之幕却不可能导出契约，而必定引出与罗尔斯完全不同甚至相反的结果，即刘慈欣想象的你死我活的冷酷世界。宇宙众多文明之间不会产生契约，是因为不需要契约,也不会信任契约,关键原因是,宇宙的众多文明之间存在着绝对无力抵抗的**技术代差**,所以,维持互相无知才符合理性的风险规避原则。罗尔斯理论需要一个特殊前提才得以成立,即所有博弈者的能力如此相近而属于同一个技术水平,并且所有博弈者都**知道**这个事实。可见,罗尔斯的无知之幕不可能真的无知,只有刘慈欣定义的黑暗森林才是真正的无知之幕,而真正的无知之幕不可能产生任何契约。

当然,《三体》没有将黑暗森林的无知之幕维持到底,宇宙文明之间偶然的身份暴露以及无法避免的战争很快就解密了博弈者的实力和技术水平,那些势均力敌而同样无敌的"神级"文明在知己知彼之后就可能达成理性合作,相当于地球人所谓的契约,也许只是默契,比如归零者同盟。显然,真正能够达成契约必定需要知己知彼,必定基于有知状态的博弈均衡,就是说,事实与罗尔斯的想象相反,只有双方互相了解,充分有知,并且存在某种实力均衡,才有可能达成稳定可信的契约。无知之幕下的无知之盟是脆弱的,可以反悔也可以背叛,只有基于博弈均衡的合作才是可信的,准确地说,如果没有报复能力,就不可能达成任何可信的合作。这条原则有望满足莱布尼茨标准,即对于所有可能世界同样有效。不过这里的"所有可能世界"需要略加存在论的约束,限制为"所有可能实现的可能世界"。当然,在摆脱存在论约束的文学里,我们可以想象一个绝对美好的世界，在那里人人都先验地爱人如己，毫不利己专门利人。但这种文学缺乏理论意义，因为完美社会是最脆弱的社会，根据博弈论的分析，只要一个利己者加入完美社会就足以导致其退化，而完美社会先验地规定了要爱一切人，不能拒绝利己者的加入，所以非常脆弱。能够在任何可能世界中成功保护自身甚至胜过利己者的策略，最低限度是拥有可信报复能力的"一报还一报"（TFT）策略，关于这一点可参见艾克斯罗德的证明。[1] 就目前的知识来看，一个成功的策略在能力上不能弱于TFT，但尚不清楚是否存在某种比TFT更成功的友爱博弈策略。总之，没有报复能力就没有能力建立好世界。

那么弱者怎么办？缺乏有效报复能力的弱者如何才能生存？刘慈欣提出的弱者的"安全声明"是一个直达要害的问题。在《三体》中，只有像地球这种不幸暴露了所在方位的弱文明才需要通过安全声明求得生存机会，但这个特殊情形却提出了一个具有普遍意义的问题：何种安全声明才足以保证生存？即一种能够确证自身的存在对于其他博弈者完全无害的承诺。在现实世界中，类似安全声明的问题经常发生，一些弱国试图声明自身对强国无害（比如没有制造核武或化学武器），但还是遭到霸权国家的军事打击。无论人类社会还是黑暗森林的宇

---

[1] 参见艾克斯罗德：《合作的进化》第2章，吴坚忠译，上海人民出版社，2007年版；《合作的复杂性：基于参与者竞争与合作的模型》第1章，梁捷译，上海人民出版社，2008年版。

宙，安全声明的关键都在于可信性。可信性正是安全声明的生效条件，而可信性在于确证自己对他者绝对无害。这既是一个技术问题，也是一个理论问题。

通常把利益博弈分为两种：（1）零和博弈，意味着一方之所失即另一方之所得。（2）非零和博弈，意味着存在某种共同利益因而存在着双赢的可能性。但似乎还存在着另外两种博弈，不知应该另外归类还是应该识别为以上两种博弈的非标准型，即非标准型的零和博弈以及非标准型的非零和博弈。可以注意到，在非零和博弈的某些条件下，并不能形成双赢，而只能形成双方都无利益改善的零比零。另外还有一种绝对冷酷博弈，胜利一方在付出打击对方的成本之后其实一无所得，就是说，胜利却没有加分，只是消除了某种不确定性，类似于"损人不利己"。在黑暗森林的宇宙里，这种"随意的"冷酷打击被假定为常态，这样就使弱者的生存问题变得十分紧迫。既然不存在与强者谈判的资本，无望与强者形成双赢，弱者为了避免遭遇损人不利己的打击，就只能谋求零比零博弈，于是指望一种单方面的安全声明，只求不要遭受莫名的毁灭性打击。

安全声明在博弈论意义上是一种承诺。根据谢林的定义，承诺"指有决心、有责任、有义务去从事某项活动或不从事某项活动，或对未来行动进行约束。承诺意味着要放弃一些选择或放弃对自己未来行为的一些控制，而且这样做是有目的性的，目的在于影响别人的选择。

通过影响别人对自己作为承诺方的行为预期,承诺也就影响了别人的选择"[1],而承诺的说服力在于可信度。[2]最常见的承诺类型是威胁和许诺,地球文明曾经以同归于尽的策略吓住了水平略高的三体文明,但地球文明无力威胁不知身处何方的超级文明,只能选择以安全声明的许诺来求生。就安全声明本身而言,人类将自愿失去许多自由和利益,属于不利己的承诺,但如果能够换取生存机会,就仍然是值得的。谢林举出了一些此类例子:"为了证明我不会伤害你,我解除自己的武装;为了防止你绑架我的孩子,我只能过穷日子;为了说服你我不会做目击证人,我只能弄瞎自己的双眼;为了不让你迷恋我,我不得不使自己变丑;为了向你保证我不会撤退,我不得不将自己拴在柱子上。每个例子都是不必要的自损或牺牲,除了能够对你的行为产生影响。"[3]尽管其中有些例子不太合理,但基本精神是清楚的,即承诺的意义在于足以影响他者行为的可信性。

《三体》中的地球由于暴露了所在方位,非常可能会在某个时候受到来自超级文明的致命打击,因此不得不谋求一个可信的单方面安全声明:地球文明对于其他任何文明都是安全的,不会对其他任何世界构成威胁。这种单方面承诺的一般逻辑陈述是:"我对你是没有危险

---

[1] 托马斯·谢林:《承诺的策略》,第1页。
[2] 同上书,第3页。
[3] 同上书,第22页。

的，即使我想伤害你，我也做不到。"[1]安全声明的意图十分清楚，可信性却是个极其困难的难题，而且，即使安全声明是可信的，但要影响潜在攻击者的预期也是一个难题，就是说，可信性必须一目了然，按照刘慈欣的说法，远在天边的宇宙超级文明"一眼就能够看出"地球文明无论对谁都是安全的。尽管此处情形是极端化的，但安全声明的可信性，或"信任"问题，却是一个普遍有效的哲学问题，对于人类社会可能出现的极端情况也同样有效。

信任是自古以来的难题。如果不存在信任，一切合作都不可能。人类的一切秩序，包括政治制度、法律、伦理和规则，都基于信任。正如已经论证的，人类社会形成信任的存在论条件是人的能力相近，互相有着对方无法承受或至少不愿意承受的报复能力。报复能力是保证一切秩序的条件，核均衡就是一个现实例子。在武器和相关技术上的改进都是试图获得可信的报复能力，或者试图获得使对手毫无还手之力的征服优势。在互相拥有可信报复能力的条件下，"人性的"光辉出现了，形成了制度、法律、伦理和各种规则。

生存是一种运气，道德更是一种运气。道德是人类社会的一项伟大成就，但不是哲学问题的答案，也不是解决利益或权力问题的普遍必然方法。无论是孔子还是

---

[1] 托马斯·谢林：《承诺的策略》，第23页。

康德，无论指望"礼"还是指望"绝对律令"，都基于人类存在条件的运气。如果一种哲学理论明显或隐秘地征引了道德原则来支持其论点，就只限于在运气中有效，而不是普遍有效的理论反思。哲学一直苦苦论证的正义、公平、和谐、平等、自由和民主，都基于人类的运气。但宇宙社会中未必有这样的运气，其实人类社会也未必总有好运气——这正是刘慈欣所揭露的问题。有些哲学家早就试图不依靠伦理学假设来解释信任，比如，信任问题的"商鞅-韩非解"就揭示了信任的一个关键条件，即承诺必须能够真实兑现，而可重复的承诺-兑现关系则是稳定信任的基础。霍布斯也揭示了有效秩序总是强者秩序，这种秩序在保证强者利益最大化的同时也保证众生稳定可信的生存利益。现代政治理论的推进基本上没有超越韩非-霍布斯的问题框架。但韩非和霍布斯的问题框架也有局限性，它们无法推论出对于人类而言的最好可能世界，因此我试图在存在论问题上重新出发，以"共在先于存在"原则为基础而推论出基于关系理性的"孔子改善"，这是最好可能世界的一个基础。可是，以上所有理论都是在存在互相报复能力的条件下有效的，都不足以解决黑暗森林问题。

  关键在于，如果存在着足以规避报复的技术代差，合作或和平就几乎无望。宇宙战争只是假说，人类社会的技术代差却不是虚构故事，现代科技就是人类内部的技术代差。拥有火器的殖民主义者曾经在南美和北美对只有冷兵器的部族进行大屠杀,将非洲人民变成奴隶;拥有高科技武器的帝国主义者也对某些弱势地区进行军事打击。也许人们会有社会进步的幻想,比如斯蒂芬·平克,就相信启蒙以来一切都在进步[1],认为人类在不断改正错误,放弃以前的帝国主义行为。确实,我们可以观察到战争在减少的事实,但原因不是道德改善了,而是当代的获利方式改变了,战争的收益已经远不及技术统治和金融统治。假如战争重新变成获得最大利益的手段,霸权者还会毫不犹豫地发动战争。只要追求利益最大化的思维模式没有改变,为利益而战就是一定之事。未来社会还可能出现具有压倒优势的人工智能武器、基因武器、网络武器以及未知的武器,人类的灾难从来都不是虚构故事。当然,这些比起《三体》中轻易就摧毁一个星系的宇宙战争来说只是微不足道的事件。《三体》中,来路不明的高端武器"二向箔"使三维的太阳系跌落为二维,化为一张二维图画,地球死得如此唯美,这是我读到过的最动人魂魄的想象。

唯美想象的背后却是人类思想的绝境。对于人类来说,存在论的有效问题只是共在问题,但《三体》提出了超出人类方法论的难题。宇宙中文明之间无须共在也能够存在,在无须共在的条件下,存在论问题就收缩为最简化的生死问题,存在的逻辑就等于强者逻辑。强者

---

[1] 参见平克:《人性中的善良天使:暴力为什么会减少》,安雯译,中信出版社,2015年版;《当下的启蒙:为理性、科学、人文主义和进步辩护》,侯新智等译,浙江人民出版社,2019年版。

逻辑下的和平似乎只有两种可能性：

（1）一神论模式。宗教早已想到这个方案。在人类社会内部，帝国主义思维在本质上属于一神论思路。人类必须互相依存的事实意味着强者的局限性：清除一切威胁的结果却导致自身的存在危机，就是说，消灭一切他者，将失去统治对象；消灭被剥削者，就无处剥削，强者就失去赖以生存的供养条件和生活意义。这是一个荒谬而真实的悖论。不过这个悖论仅限于人类条件，在宇宙条件下，一神论的解决会有不同的结果。如果宇宙统一于最强的一神，就会形成主体与整个世界的同一性，或者，主体与一切对象的同一性，就是说，如果某个宇宙文明达到上帝水平，万物的存在与超级主体的精神完全同一，就会出现存在与概念完全一致的哲学奇观。在此难免惊讶地发现，黑格尔的绝对精神理论居然在特殊条件下是对的。不过，存在与概念的完全统一虽然达到绝对精神的自身完满，可也是精神的死亡，完成一切目的之永在等于精神上永死，不再有任何变化的完满就失去了存在的意义，甚至存在于时间之外，完全无法理解。

（2）严格的众神模式。所谓"严格的"，是指众神同样具有无限能力，是等价强者，不存在技术代差，也没有等级，其对等性类似于一个无穷集合等价于其他任何一个无穷集合。各种宗教里的众神世界是等级制的，能力也存在级差，所以都不属于严格众神模式，可见宗教不舍得俗世格局，做不到完全超越，只有哲学可能愿意想象一个严格众神世界。在严格众神条件下，或确保互相毁灭，或确保无法互相摧毁，因此维持共在，甚至可以有某种合作，至少宇宙整体的大事还是需要合作的，比如《三体》想象的宇宙归零运动。

　　上述的"神级"问题只属于理论，而且只属于强者问题，与弱者的生存困境无关。回到地球文明的安全声明问题，《三体》中的地球人发挥了想象力，但大多数方案都有致命缺陷，甚至完全不靠谱，最后借助地球间谍的密码故事才找到了真正能够拯救人类的方法。但其中一个答案不是安全声明，只是拯救人类文明的办法，即制造光速飞船让小部分人类逃离太阳系，进入宇宙大空间。但逃跑策略也没有彻底解决安全问题，人类将不知安身何处，也许永远流浪，于是又不得不面对"流浪者"问题（《三体》中有一部分人类已经提前在太空流浪了）。在宇宙流浪与在地球上流浪有着同构的处境，除了生存资源是个难题，没有家园也难以建构生活的意义。"家园"概念并不等于安家落户的地理概念，而是一个能够持续生产出无穷精神意义的文明、历史和集体，同时自己属于这个文明、历史和集体的法定精神成员，这样才构成家园。当失去家园，精神就无处安家。浪漫是流浪的假象，失去精神依据才是流浪的真相。

　　另一个答案才是真正的安全声明，即把太阳系变成一个低光速黑洞，其中的光速低于第三宇宙速度，于是光飞不出太阳系，人类也再无可能飞出太阳系，也不可能把任何武器发射出太阳系，当然也就不可能威胁宇宙中其他任何文明，于是宇宙中的高级文明"一眼"就能够识别出这个星系毫无威胁，是宇宙中的废物。这样的话，人类就自我限制为永远停滞、自我封闭的低级文明，不仅无法进步，还要退回到前现代的技术水平。与流浪不同，这是避世策略，低光速的自闭太阳系就是宇宙中的"桃花源"，在空间上与宇宙大社会相隔绝，在时间上与宇宙历史发生断裂，形成一个在宇宙水平上的"不知魏晋"之地。

"桃花源"里的生活好不好？恐怕仁者见仁。但自闭的存在方式提出了一个严重的形而上问题：一个自闭的文明是否足以创造或说明自身的存在意义？其中特别需要反思的是，自闭的存在即使永存，也很可能进入不断重复的贫乏模式。一种能够保持活力的文明，其精神解释终究要托付给无穷性，否则意义链总会终结或者单调重复。无穷性是一切精神和思想之所以具有意义的担保，所有的形而上问题从根本上说**都是**关于无穷性的问题。无穷性注定了问题没有答案，所以形而上的问题都没有答案，而正因为没有答案，所以意义永远生长。

假如地球成功发布了安全声明，显然就解决了生存问题，对于作为"第一需要"的生存来说，安全声明是一个正确选择，但文明的意义就变成了疑义。问题不在于人类再也无望飞出太阳系，而在于人类文明不再有实质发展，这意味着，所有问题都将有**最后的答案**，不再存在神秘的事情。当所有问题都获得最后答案,那是一种可能而未见的文明奇观。假如一种文明可以穷尽其能力的全部可能性,就不再有新问题,人们可以通过不断调试而找到每个问题的最优解,无论是政治、经济还是法律问题,都会达到有限条件下的最优解,其中道理类似于"阿尔法狗zero"能够在围棋的有限空间里找到每个问题的最优解。当每个问题都划归为有穷的实践或技术问题,就都落在维特根斯坦定义的"可说"范围内,而"不可说"的问题消失了,哲学不再存在,历史收缩为账本,艺术变成杂技。当文明的每个问题都有了标准答案或最终原理,就只剩下自身重复,文明行为就只是与标准答案加以比对。假如——不正确的假如——李白、杜甫被确认为诗歌的最终标准,米开朗基罗成为雕塑和绘画的最终标准,托尔斯泰成为小说的最终标准,牛顿成为物理学的最终标准,如此等等,文明后继行为的意义就仅仅在于通过模仿和重复而无限逼近以上榜样,这是否构成了文明的意义?不得而知。但可以肯定,在无变化的状态之中,意义不再生长,文明的历史性将纯化为时间性,那么,时间性的永远重复是否足以构成文明意义所需的无穷性?就像钟表无穷往返,却没有新故事。钟表的时间有意义吗?不得而知。这已不是科幻故事,追求最终答案或最终标准事实上是人间常见的思想自闭症候,比如把某种主义宣布为绝对原理,把某种价值观宣布为绝对标准,或者把某种制度宣布为历史的终结。

人类未必能够存活到见识科幻成真。人类生活在主体的傲慢中，完全有可能在见识宇宙真相之前就自我毁灭，正如刘慈欣警告的："弱小和无知不是生存的障碍，傲慢才是。"（《死神重生》，第409页）人类的一切成就都是运气，生存是运气，道德是运气，思想也是运气，这种运气是极其偶然的幸运，也是极其脆弱的现象。运气不是理所当然，也不是可统计的随机概率，而是形成命运的时机和创造性。人类没有关于运气的理论，如果可以有的话，那应该是历史理论。《三体》的副标题，"地球往事"，似乎是一个更为意味深长的暗示。

（原载《哲学动态》2019年第3期）

{十}
假如元宇宙成为一个存在论事件

引子:一件事先张扬的"凶杀案"

据称2021年是元宇宙(Metaverse)"元年"[1],这个惊心动魄的措辞可能是一个新产业夸大其词的宣言。元宇宙是否能够成真,或是否如宣称的那样神奇,还是未知数,其实也有不少质疑的声音。这里要讨论的是元宇宙作为一个可能世界的哲学问题,与其商业价值或可行性无关。无论元宇宙是否具有现实性——当下的VR、区块链和人工智能水平似乎还难以建成设想中的那个元宇宙——都已经事先提出了一个以技术而生成的存在论问题。

"元宇宙元年"几乎是"一件事先张扬的凶杀案"

---

[1] 赵国栋、易欢欢、徐远重:《元宇宙》,朱嘉明序,中译出版社,2021年版,第5页。

（借用马尔克斯一篇小说的题目）[1]，不是杀人，而是谋杀真实世界的生活意义，连同谋杀真实性、命运、历史和经验的概念，甚至人的概念。希腊悲剧点明了人的根本问题是无法逃避的命运，而元宇宙可能就是人类的一个无法逃避的命运。这件事情有些悖论味道：人类试图建构为一切事情做主的主体性，结果却为自己设计了一个自我否定的命运。元宇宙元年会成为历史终结元年吗？

1 元宇宙是个未设限的概念

今天流行用法中的"元宇宙"已比科幻作家史蒂芬森（N. Stephenson）在1992年提出的metaverse概念多出许多含义，成为一个未设限而上不封顶的概念，其技术前景不可限量，因而未能定义。

把metaverse译为与"宇宙"对应的"元宇宙"有些疑问。宇宙（universe）原意是万物一统的世界，既然一统，就意味着只有一个宇宙。[2]当代物理学推测或存在多个宇宙，互不相通而各自独立存在（所谓"虫洞"之类仍然属于科幻）。逻辑学承认存在着或可相通的复数

---

[1] 马尔克斯：《加西亚·马尔克斯中短篇小说集》，赵德明、刘瑛等译，上海译文出版社，1982年版，第617—711页。
[2] verse本义是游吟诗的篇章，或同一个韵的一节歌词，引申为一种秩序。与verse相对的是prose，即散文，无给定秩序，是自由写作。universe意味着全都"一个调"，引申为一个秩序的世界。

可能世界，鉴于metaverse不可能独立于真实世界，因此只是一个新的可能世界，并不是独立自足的另一个宇宙，译为元宇宙是夸大其词了。另外，meta在这里译为"元"，虽不说似是而非，但现在尚无证据说明metaverse能够达到"元"的能力。meta-有多义性，原意是某种事物的"之后"或"之外"。如采用"之外"的含义，则metaverse意味着一个高于现实的虚拟"超世界"；如采用"之后"的含义，问题就复杂了，这层含义自metaphysics（形而上学或元物理学）以来具有了专业化的意义，比如元语言、元数学、元逻辑、元定理之类，此种"元"指的是某系统对另一个系统整体的反思－解释能力，因而成为反思－解释另一个系统的"元系统"。如果说metaverse是一个能够在整体上反思和解释真实世界的元世界，这种赋能过于惊人，就预期能力来看，显然尚有差距，但就不可限量的技术发展来说，却也难说。因此，metaverse的实事求是译名可以是"超世界"，但"元宇宙"已成为通译，这里将予以沿用。

元宇宙被设定为一个与实在世界相对而相关的虚在世界。这就提出了一个存在论问题：至少有一个在真实世界之外的可能世界同样有能力实现其世界化（worldization）和现实在世性，于是人可以同时生活在至少两个可能世界里。具体地说，在充分发达的视觉技术、听觉技术甚至触觉和味觉技术的支持下，更在区块链、大数据、人工智能和量子技术的支持下，再加上尚未出现的新技术，就可以狠狠地想象元宇宙作为一个世界的巨大能量。元宇宙中的数字化"万物"以虚拟现实的方式而存在，通过多种技术达到乱真的逼真性，从而产生"真正的"现实经验，这个奇迹意味着，虚拟现实（virtual reality）将能够"在实际上"（virtually）成为另一种现实（the real），这是从虚拟到现实的魔幻转换。尽管元宇宙不能替代真实世界，但会挑战"现实性"（reality）的概念，会在虚拟技术条件下复活原本颇为无聊的普特南"缸中之脑"问题[1]——假如没有元宇宙，"缸中之脑"就几乎是知识论里的一个伪问题。更为刺激的是，元宇宙里还有大量事物并非真实事物的高仿形式，而是在元宇宙里被创造出来的在物理上非真实而在经验上具有现实性的新事物，这就把神学问题现实化了：在元宇宙中，人处于相当于神的创造者位置而可以创造任何数字化的虚在存在。谁创造事物，谁就需要解释其意义，那么，制造虚在事物的意义是什么？或者，建造一个虚在世界有何意义？这是创造者必须回答的问题。

针对元宇宙对真实世界的"事先张扬的凶杀案"，我也愿意给出一个事先张扬的推想：假如元宇宙成功地

---

[1] 普特南的"缸中之脑"问题并非无解，事实上其问题设定（已知条件）已经分析地蕴含了答案：对于"缸中之脑"，既然虚拟的世界被完全经验为真实的，那么就在任何意义上等价为真实的；在旁观者或控制实验者看来，"缸中之脑"的世界是虚拟的，他们知道并看见了这个事实，甚至操纵了这个事实。严格地说，普特南并不是提出问题，而是设想了一种情况。

"谋杀"了真实世界——当然不是真的毁灭真实世界，而是使之贬值——那么，元宇宙也不可能成为一个事事如人所愿的可能世界，不可能成为一个逻辑上的"最好可能世界"，而大概率会把真实世界的基本难题递归地移入元宇宙，并且同样无法解决，结果可能是，以后人类有了双倍的烦恼。

2　在可能世界谱系中的元宇宙

在广义存在论中，所有或任何一个可能世界都存在（is）。狭义存在论只承认真实世界存在，与之不同，广义存在论的值域与逻辑等大。逻辑上的每个可能世界至少在纯粹意义上存在（is），但并不必然都能够实现为实在（exist）。可能性与实在性的存在论问题始于亚里士多德的模态逻辑，后来莱布尼茨的"可能世界"概念为之建立了清晰的存在论分析标准：在实在世界之外，还有无数非实在的可能世界。这样就能够在存在论里来分析所有或任何一个世界，包括未来的、过去发生的、历史重叙的、理想化的、主观意向的、文学虚构的、哲学设想的、神话的、科幻的、数学系统所定义的、数字化虚拟的、一维的、二维的、三维的和多维的一切可能世界。我们可以将容纳无穷多或所有可能世界的存在论定义为广义存在论（general ontology），而局限于真实世界的存在论是狭义存在论（special ontology）。如果一个世界是实在的，那么其存在论的语法格是"实存"（exist）；如果一个世界是虚在的，其存在论的语法格就只是"在场"（present），但两者在存在论上或逻辑上的一般语法格都是"存在"（is）。

通常承认实在世界具有存在论的优先性。理所当然，如果没有实在世界，主体就**无处**可在。但实在世界却是个未被良好定义的概念，一般会默认实在世界是物理世界，可是电子数字化也是物理存在，因此似乎应该说，数字化的虚拟世界也属于实在世界，加上虚拟世界的经验现实化，就更加具有真实性了。如此看来，物理性和可感知性已经不足以识别实在世界了。如果允许我给出一个新定义，我愿意说，实在世界是生物学所解释的世界，生物得以生存的充分必要条件定义了实在世界，就是说，实在世界是作为生命存在环境的物理世界，在概念上小于物理世界。之所以增加生命这个约束条件，是因为实在世界的概念只在与生命的关系中才形成有意义的实在性，否则只是无意义的自在之物（这里申请康德的支持）。因此，只有作为生命的存在论条件的物理世界才是实在世界，世界是生命的函数，世界因生命而存在。

我对实在世界的新定义未必是最好的，但有一个好处：引入生命就可以形成一个能够对实在性进行交叉定位的坐标系，即在物理世界与生命的关系中来确定实在性，否则实在性难免有歧义。当概念与事实之间有着互相离间的距离，修正概念以便靠近事实比歪曲事实以便靠近概念更可信，因此，需要修正的是实在世界的概念。鉴于实在世界的概念是固化了的传统用法，而实在世界的新概念尚未被接受，为了避免混乱，可以把与虚拟世界相对的生命实体所在的那个实在世界称为真实世界（genuine world）。

元宇宙将是一个可能世界如何影响甚至入侵真实世界的故事，真实世界不仅对于元宇宙没有设防，而且真实世界的部分居民就是元宇宙的制作者和内应，元宇宙必定长驱直入，于是，元宇宙和真实世界必定形成"跨世界劫持"——这里被绑架的是整个真实世界以及所有人的生活，而不是某些人被外星人绑架或两个宇宙之间的虫洞的那种科幻故事。

人们乐意为每个故事开发历史线索而显得其源远流长，并且把新事物合并到旧事物的概念和经验里，于是获得知识论上的安全感而忽视了决定性的些微差别。事实上，新事物只需要一点点创新就足以翻天覆地，想想人类与许多动物的基因差别小于10%甚至5%。当元宇宙的线索被追溯到了始于数千年前的神话以及历代的文学和科幻，心里顿生认同感。这种追溯的暗示是，人类一直都在幻想比现实世界更好的可能世界或乌托邦，而元宇宙就是我们今天想要的最新可能世界。不过历史追溯有时是过度追认。就像"朋友的朋友的朋友"恐怕不再是可信任的朋友，有些事物的"谱系"其实已不能说明一致性了。

这里有一个历史哲学的基本问题：如何理解历史的连续性和断裂性。如以可能世界作为分析单位，那么，神话、童话、虚构作品还有元宇宙就都同样是可能世界谱系中的成员，具有家族相似的某些连续基因；但如果以这些可能世界各自的问题意识、意向性或目的为指标，就看到了难以概括的复杂性。在神话、童话、虚构作品和元宇宙之间，同时存在着迭代的连续性和当代的断裂性。历史本身就具有某种迭代性质，人类的基本问题在历史变迁中是递归的，这不奇怪，因为生活的基本问题是任何生存方式都必然发生的事情，不会消失，例如生老病死、兴衰存亡、战争与和平、冲突与合作，或者权力与利益、自由与规则、理性与情感，诸如此类问题永远不可能被解决，也没有终极答案，因此总是递归地存在。但在同时，每个可能世界都会提出各自独特的问题，比如博尔赫斯想象过一个以心理学为基础学科的世界，那里对一切事情全都是唯心主义的理解；又如刘慈欣的"三体"世界，那里的思想是透明的，不存在欺骗和谎言。那么，元宇宙提出了什么问题？

在可能世界的谱系或集合里，元宇宙很可能成为一个与以往的可能世界都不同的异数。元宇宙将具有无所不包的内容，也就当然会继承神话、童话、文学和科幻的许多冲动和欲望，特别表现在虚拟游戏中。但元宇宙的游戏不会因为承袭了人类幻想而变得更有意义和深度，虽然事情可以不再是那些事情，但问题还是那些问题。

当然,虚拟现实的感性技术会使元宇宙的游戏在形式上更有趣,这个娱乐性的问题不值得讨论,除非是事关万事娱乐化导致心智退化。重要的是,元宇宙与以往的虚构作品有着存在论上的差异,而绝不是文学上的差异。

如果把虚构的可能世界统称为"文学"——这里把文学当成构想可能世界的一种方法论,并不概括文学作品的所有性质——那么可以说,作为方法论的文学的一个基本性质是试图改善现实的超现实。与此不同,元宇宙不仅超现实,而且反现实,是在建构另一个维度的世界而同时对真实世界实施"降维打击"。显然,文学和元宇宙有着不同的欲望对象,"文学"并没有失去对真实世界的兴趣,即使是十分离奇的神话或童话,也是对真实世界的一种解释或期望;元宇宙却意图建构另一个世界,一个有着不同原则、不同构造、不同规律和不同价值观的可能世界,所以是一个"反真实世界"。元宇宙不想劳神去改造现实世界,甚至厌弃现实,这有别于文学对现实世界的那种怒其不争的不满。文学是关心现实世界的理想主义,而元宇宙是"反真实世界"的建构主义。

文学虚构的可能世界只是知识论的对象,在实践上不能实现"生活迁移",只是"我思"(cogito)的对象,而不是"我行"(facio)的对象。元宇宙则不仅是知识论问题,而且是存在论问题,正在试图实现从知识论到存在论的跨越而成为一个"我行"的对象。元宇宙的广告词喜欢强调元宇宙的感受技术能够创造身在其中的逼真经验，因此将成为一个"似现"（visualize）无穷多可能情景的开源可能世界，这是元宇宙的感性吸引力所在。另一个社会学上的优势是，据说在元宇宙里每个人都有更多自由选择，不仅在同一身份下有着更多自由选择，而且可以自由地选择多种身份。在真实世界里无法超越生物性而不能分身的一个人，在元宇宙里可以自主选择多种分身而成为多个人，因此每个人都有更多机遇去成为自己想成为的人——据信这是元宇宙最具吸引力的社会状态。然而，无论是感性的极致经验还是身份自由，实质上还是"游戏性"或象征性的，只是一个新世界的经验方式而不是实质内容。一个世界的实质在于它的资源、资本、经济关系、政治系统和知识生产，因此，真正重要的是——也是疑点所在——元宇宙将可能成为经济活动、金融活动、信息或知识的生产和共享、公共选择和政治管理的一个更有效率的世界，虽不知是否能够达到效率最优，但肯定可以减少交易成本和信息不对称，同时增加各种秩序的可控性，比如金融信用和保险系数。然而这些技术优势与其说有利于自由，还不如说更有利于专制。

无论上述状态是不是好事，元宇宙肯定会成为重新定义和解释生活的一个重大变量。元宇宙确实是一个与真实世界大为不同的虚在世界，但绝非与真实世界无关或脱离真实世界的另一个所谓"平行"世界，相反，元宇宙将是试图操纵真实世界的一个**叠加世界**。这将形成一个诡异的存在论关系：元宇宙是由真实世界所创造的，却又对真实世界构成了统治性的反身关系（reflexivity）。这是一种新型的反身关系，这种反身性不是知识性的反思解释，而是实践性的反身控制，即真实世界创造了一个用来控制和压迫自身的元宇宙，类似于一个人自愿选择成为奴隶。知识论对这种实践反身关系缺乏有效的解释，于是我们需要在存在论上去分析元宇宙。可以说，元宇宙或可能成为一个划时代的**存在论事件**（ontological event），在很大程度上废掉了现代知识论的威权性，迫使我们回到存在论的初始问题中去重新思考：元宇宙将如何改变真实世界的生活？元宇宙里的基本问题与真实世界里的基本问题是否一致？元宇宙是否需要另一种新的存在论？

3　如果元宇宙成为一个存在论事件

元宇宙首先是一个当代（contemporary）事件。对当代性概念有一个常见的误解，即把当代性与现时性（the presentness）混为一谈。任何事物的在场都在现时里，无论回忆的过去，还是设想的未来，在时间上同样有着"正在发生"的现时性。但现时性未必具有当代性，此时此刻就发生着无数事情，其中具有当代性的事情其实很少。元宇宙正是一个典型的当代事件。

当代性的一个显著性质是"未来提前到来"。这不是在知识论上预测未来,而是入侵未来的实际行动。当代性不在于作为意向的"我思",而在于落实为创造未来的"我行",在此,行动成为未来的**信物**,或者是为未来提前背书。"我思"只发生在现时中,"我行"则试图抢占时间,迫使时间服从当下行动,以注册的方式给自然时间的绵延过程(duration)加上规划的刻度。尽管没有任何一个行动能够确保未来,未来永远具有偶然性,但具有"大势"的行动确实具有抢占时间的能量而把未来的可能性粘贴在当下行动上,于是呈现为未来提前到来。

抢占未来一直是人类最感兴趣的事情。这种意识早就隐含在甲骨文里,"来"的原形是麦子,种植麦子就是抢占未来,是对未来的一个时间殖民计划;而"未"的原形是尚未结果的果树,对"来"的承诺留出了偶然性。无论是过去的农业技术、蒸汽机、电机、电脑、互联网,还是正在发展的人工智能、量子技术和元宇宙,都是抢占未来的最强形式,可见技术是抢占未来的主要手段。随着技术能量增大,被预定的未来由进步的标志演变为风险的预告。今天,技术风险空前增大,而控制技术的能力却小得不成比例。这意味着,人类有能力做惊天动地的事情,却缺乏能力判断哪些事情是好事。这是人类的智力隐患,人类从来就没有把握判断好坏,可以说,人类在价值问题上根本不知好歹。技术能力和反思能力之间的明显失衡,是人类作为创造者的根本缺陷。看来人类早有自知之明,知道人有着智力缺陷,所以幻想了全知全能的神。

在人类认知结构里，通常把没有知识答案甚至不可能有答案的"根本问题"指派给哲学去反思，于是哲学成为负责研究不可解答的问题的"专业"。事实上，哲学没有解决过任何一个根本问题，只在不断反思，于是维特根斯坦有问：不断挠痒算是一种进步吗？人类始终面临一个基本困境：技术能力不断提高，但哲学能力没有相应地提高，尤其在关于未来和价值的判断上始终存在着思想瓶颈。自从休谟指出未来判断和价值判断的两大难题，至今尚无真正可信的解法。

在古代，这种思想困境不严重，因此哲学被误解为一种无用而高尚的思想。古代技术水平低，没有难以承受的破坏能量，低能量的技术和不彻底的思维形成可接受的平衡。今天的技术能量大大超过思维能力，也大大超过应对风险的能力，技术发展与风险增长成正比，而风险增长与控制能力成反比，于是人类生存的风险递增。人类一直尽力研究如何增长利益、便利和快乐的技术，却较少研究控制风险的原则和技术。人类早就进入了风险社会（吉登斯），而其深层问题是人类变成了"风险人类"，即人类本身就是风险制造者。人工智能、基因技术和元宇宙都是近年来最具诱惑力的技术冒险，人类能够预测这些技术的好处，但无法控制这些技术的风险。

因此，在对元宇宙进行经济学、社会学和政治学的研究之外，更需要在形而上学的层次上来分析元宇宙的革命性和冒险性。元宇宙不是寻常的当代事件，非常可能会成为一个存在论事件。所谓"存在论事件"，不是对事件的一种知识分类，而是标示事件的能量级别。任何事件，无论是知识事件、经济事件、政治事件或技术事件，只要其创作能量或"革命性"达到对人类存在方式的系统性或整体性改变，就是一个存在论事件，也就是一个创世性的事件。如果一个事件可被认定为存在论事件，就意味着这个事件蕴含着某种新问题的起点，也就构成了人类生活和思想的一个新本源，相当于为人类存在方式建立了一个创建点，按照"天不变，道亦不变"的传统说法，那就是"道的改变"或"变天"事件。

人类生活有着持续的创造性，但主要是慢变化，其中达到"存在论事件"量级的巨变并不多。历史上最大的"存在论事件"至少有：（1）语言（包括文字）的发明，这是人类所有后续创作和知识的基础，其中的关键环节是**否定词（不）**的发明，否定词意味着发明了**可能性**的概念以及**可能世界的无穷集合**，因此成为一切创作的思想前提。（2）生产技术的发明，包括农业、畜牧业、手工业和工程技术，这是后来一切技术的基础。控制自然的技术意味着发明了**未来**的概念，而发明了未来意识就等于发明了**人的时间**，即以人的事情和计划为准的时间表，这种时间表也是**历史**概念的基础。在发明可预制的未来之前，生活只有自然过程，时间只是无穷重复的现在时，或是昼夜四季的无穷循环，无所谓未来。（3）逻辑和数学的发明，这是思维为自身建立的**普遍必然秩序**，是语言之后的又一次思维能力革命，是最大的知识论事件。逻辑-数学的产生远在逻辑学或几何学的发明之前，逻辑学是对逻辑能力的理论化，几何学也一样，亚里士多德的逻辑学或欧几里得的公理化几何学都是知识的里程碑，但不是存在论事件。（4）制度的发明，包括政治制度、分配制度、伦理制度和公共规则等，这是人类为生活建立的**合理化秩序**，同时也就发明了**社会**。这是最大的政治学事件。没有秩序就没有社会，生活就无法超越低效率的生存（survival）。秩序的最大作用在于建立了**信任**的技术化条件，使信任成为一件在技术上可描述和可操作的事情，而不仅是心理信念。（5）科学的发明，科学建立了万物理论，这是思维为知识建立的**统一秩序**，以及**可重复验证**和**可必然追溯**的知识证据链，这是另一个最大的知识事件。

如果更细致地分析创造文明的存在论事件，可以说，所有伟大的创作都是存在论事件，这个列表太长了。《周易・系辞下》和《世本・作篇》最早表达了以"作"建构秩序的问题意识，还给出了早期文明的伟大创作列表。在文明史上，火的使用、水的使用（灌溉）、房屋、车轮、织物、农具、工业、蒸汽机、电力、核能、互联网等，还有尚未取得根本性成功的人工智能、基因技术、量子技术和可控核聚变等，都属于改变生活的存在论事件。

现在的问题是，元宇宙也有可能成为一个存在论事件，但是否成真还有待未来的证词。尽管就目前看尚有差距，但重要的是这种前景并非不可能，因此事先成为一个问题。元宇宙本身不是一种技术发明而是多种技术的汇集合作方式，包括逼真感觉技术、互联网、区块链、大数据、人工智能和量子技术等等，可以说，元宇宙发明的不是一种技术，而是一个技术＋的无限开放平台，任何可兼容的新技术都可以添加到元宇宙，因此，元宇宙会成为一个技术汇集中心，在技术足够密集的情况下就有可能建构一个新世界。如果说语言创造了复数可能世界的抽象存在，那么，元宇宙很可能将发明第一个**被现实化**的可能世界。数字化或信息化的可能世界一旦获得可经验性，就具有了现实性，可能世界就不再仅仅存在于思想、逻辑、数学或虚构文本中，而将第一次负载着现实能量叠加于真实世界之上，可能世界由纸上谈兵的不可通达状态变成可通达也可转换的实践状态，因此必定带来经济学、政治学、社会学和哲学的新问题。

4　笛卡尔会笑醒吗？

元宇宙似乎是一个实现唯心主义的世界，还可以实证身心二元论，也貌似实证了"我思"的独立主体性地位。这个消息会让笛卡尔笑醒吗？

唯心论通常有着更容易自圆其说的不对称优势。这不奇怪，"我思"解释自我内在性肯定比去证明外部世界容易得多，对自身一致性和完整性的解释本就是"我思"的内在现成资源。但"我思"无法证明不属于"我思"的外部世界的一致性和完整性，这正是唯心论的短板：缺乏实证。然而元宇宙似乎要为唯心论提供一个实证，要创造一个以自由的心为准的虚拟世界，而把不自由的身体留给真实世界。

身体与生命为一体，而意识与意向性为一体，唯心论相信主体性在意识而不在身体。然而如果不通过身体的行为，意识并不能自由地改变世界，也不能自由选择生命或身体，这意味着，生命和身体终究是意识的存在基础及限定条件。也许，不自由的生命和身体"拖累"了自由的意识，可如果没有生命和身体，意识就无处可在。不过元宇宙试图魔法般地创造一个超越物质限制的世界，在那里意识能够独立于身体而存在，也不存在物质资源稀缺，数字化的资源可以无穷供给，这听起来是一个共产主义＋自由主义的混合奇迹。这个神话说，在元宇宙里，每个人的意识都获得充分自由，可以自由选择和定义自己的数字化存在，按照自己的意愿选择任何身份或多种身份，每个人都可以自由地成为自己所希望的人。这既是人人以自由平等权利取消统治权力的神话，也是"我思故我在"的一个形而上学实例。但这真的是一个可信合理的剧本吗？

首先是关于代价的疑问。每个人在元宇宙里自由注册和建构任意身份,加上元宇宙提供了更丰富和更如意的经验,或因此导致身体的"皮囊化",即意识在元宇宙里获得好过身体经验的任意经验而荒废了身体。如果真实世界里的身体差异性所决定的经验差异和社会境遇在元宇宙里变得不重要了,意识想要什么经验就能够获得什么经验,身体就变成人在真实世界里的残留物,一个皮囊而已,于是,真实世界和元宇宙就会形成笛卡尔主义的分工,身体留给真实世界,意识归给元宇宙,结果是,真实世界基本上只剩下生存价值,身体只剩下维持生命的功能,一切存在的意义、价值和精神都归于元宇宙——假如还有意义和精神的话。真实世界也会随着身体的皮囊化而废墟化,如果身体和真实世界不再重要,福柯问题就消失了。这样的生活到底是神话还是灾难,尚且难言。

元宇宙或可能把游戏性的"跨世界的主体"变成现实问题。自然人皆有唯一的"自我",因此有着唯一的主体性。假如一个人在元宇宙里可以自由建构许多身份,那么会有多种主体性吗?他在真实世界里的身份与在元宇宙里的多种身份之间有同一性吗?多种身份共享一个自我还是多个自我?多种身份或多个自我能够被识别为同一个主体吗?这里产生了形而上学的新难题:如果多种身份仍然受制于同一个自我,多种身份就没有实现形而上的分身,只不过是形而下的多种伪装。伪装身份并不新奇,骗子也有多个伪造的身份;如果多种身份重新定义了多个自我，那么我不是我，一个人可以变成无数人，我是任何人。这样就会形成一个主体性悖论：假如一个主体可以变成任意多个主体，也就不存在主体性了。主体性的意义基于**唯一性**，并且必须具有唯一性，否则不存在主体性。分身而保持一致性是神的权力，上帝可以三位一体，可以普遍存在于万物之中，而人不可以，不是不允许，而是人没有这样的能力。如果人能够拥有多个主体性，一切罪恶都由替身来做，那么必定导致无尽灾难和毁灭。当然，没有一个世界允许自由犯罪，也许未来具有唯一性的主体性仅存在于法律上的行为主体或法人身份，而意识上的主体性则任意分裂。精神病或许会成为元宇宙时代的普遍问题。

　　精神病的形而上基础是主体性的分裂。文明本来就自带有主体性分裂的性质，产生于事实与概念的差距、现实与理想的差距，以及"我是什么"与"我想是什么"的差距。主体性的分裂本来不是病症，反而是文明创造性的一个重要条件。长期以来，"我应该是什么"（超我）的社会规则限制或抑制了"我是什么"（本我），因此不至于产生广泛的精神病。现代性发明了与**主体**不一致甚至与之分裂的**主体性**，既然主体性被赋予价值主权，自我就不再听从超我，而自我追求的理想化主体性几乎是对真实主体的否定，结果是，现实越来越变得不可接受，激进理想变成绝对使命，而主体终究无法实现其主体性，即使通过权利的斗争、权力的斗争、分配制度的变革、承认的政治、社会革命或文化革命，绝对的主体性仍是主体可望不可即的概念而不是一个现实。正因为现代制造了不可能实现的主体性，主体性的概念定义了从未实现的"大写的人"，反而否定了真实的主体。在这个意义上，精神病主要是一种现代病。通常，无法逾越的实在客观上限制了疯狂，然而元宇宙或将实现一种存在论上的突破，它将创造"世界间"的存在论差距，跨世界的主体则因此到达意识分裂的临界点。

既然元宇宙超越了物理和生物的限制，就在可能性上无限地超过真实世界，能够技术地"似现"甚至无中生有地创造无穷多的理想化、完美化和极端化的事物，同时提供更丰富更刺激的极端经验，于是元宇宙会反过来变成真实事物的理想模板，即事物就应该成为元宇宙的事物那样。真实事物与元宇宙事物相形见绌，变成浑身缺点，于是真实世界会在生活意义、美学和伦理上出现有史以来第一次实质贬值。在此前，宗教或乌托邦想象的天堂只是模仿了真实世界的最好可能性，真实世界不至于贬值。但元宇宙却可能使真实世界和真实生活遭遇"存在论的降级"或"降维打击"。虽然现在还很难推测其实际后果，但可参考一个不太准确的类比：毒品产生的快感超过了性、食品和创作，已在某种程度上导致了真实生活的贬值。毒品所以被抵制是因为伤害生命本身，假如毒品对生命无害，估计就畅通无阻了。

元宇宙正是"无害"的，也因此可能产生无法抗拒的伤害。元宇宙可以产生比真实世界更丰富的经验，尤其是真实世界里不敢尝试的极端经验，比如危险、残酷或变态但非常诱人的极端经验，因此有着娱乐至死的诱惑力。有一条美学定理可以解释这一点：在确保人身安全的条件下，恐怖的极端经验就可能变成审美的"崇高"经验（想想游乐园的过山车和蹦极）。失去魅力的真实世界将退化为物质生产和维持生命的机械世界或动物世界，不再承载精神、意义和经验。假如人们在真实世界中存活，而在元宇宙中生活，"生活"和"存活"的分离会是一种什么样的经验，是否会形成意识错乱？或许更严重的问题：假如人类沉溺于虚拟经验，或导致理性和智力的退化。我没有证据来证明这一点，但有个或然推论：虚拟经验是人创作的，假如真实世界的经验被废弃，就断绝了新经验的来源，所谓无穷多的虚拟经验必定只是套路范围内的内卷式无穷重复，多而不新（其实虚拟游戏现在就多是重复套路了），因此，虚拟世界的意识内卷终将可能把人变成白痴。唯有理性思想和真实经验才是真正无穷的。

进一步说，元宇宙的跨世界"生活迁移"还可能导致真实世界的历史终结。随着现实生活的故事不断减少，大部分生活迁移至元宇宙，元宇宙会有能力生成"后世界"的元宇宙新历史吗？或应该问，元宇宙需要历史吗？另外，按照乐观主义的宣传，元宇宙似乎有条件去实现每个人的自由和愿望。在概念上说，元宇宙的生活游戏消除了真实世界博弈的残酷性、不平等和不公正，有点接近艾克斯罗德的那种只赌输赢不决生死因而永远还有机会的良心游戏，但问题是，元宇宙真是那样的游戏吗？元宇宙的基本问题会与真实世界完全不同吗？元宇宙有什么动力和能力去改变人的基本问题？

5 存在论问题的递归：新世界和旧问题

元宇宙的建造者们有个估计可能是对的：将来更多的人会对元宇宙比对真实世界更感兴趣，"心的流量"会证明这一点。"心的流量"意味着人们在时间上的投入分配。存在方式就是时间的投入方式，时间的投入量就是生活最基本的存在论指标。不过，"流量"只是统计学标准，却不是价值标准，大多数人喜欢的事情仅仅说明了"大多数人喜欢这个事情"的事实，决计没有蕴含"这种事情是好事"或"这种事情能够做得成"的意思。

时间是最为稀缺的资源。元宇宙里，无穷大的数字化资源不存在稀缺问题，可是对任何资源的利用或占有都需要通过有限时间来实现，时间是任何资源有效性的限度，因此，时间的稀缺决定了人们不可能利用无穷资源。时间的性质给定了一时不能两用，每个人都以有限的生命时间作为投资去兑换想要的事物或经验，时间投入量的产出值就是时间的价值。无论流量流向哪一个可能世界，每个人的时间都是有限的，因此每个人的时间收益都是有限的。这意味着，虽然元宇宙和真实世界是行为主体可以任意切换的**两个可能世界**，但行为主体在任意时间段 $t^0\text{-}t^n$ 里却只能选择**一种可能生活**。行为主体在存在论上只拥有一种时间，即以生命为限度的时间，行为主体无论做什么事情，都占用了生命的时间。正因为只有一种时间，即使可以进入多个可能世界，可以增加许多身份，只要时间性质不变，增加可能世界的数目并不能增加可能生活，在形而上学上说，增加可能世界并没有增加另一种存在论。或许在元宇宙里一个人可以变成多主体，并把某些身份设定为"不占时间"的自动运行模式，或请AI代其运行某些身份，但终究没有为主体"变出"更多时间。虽然元宇宙能够建造无穷大的虚拟空间，但无法提供无穷时间，时间仍然是无法更改的存在论硬核，主体的有限时间仍然是不可逾越的存在界限，因此，元宇宙与真实世界必定属于同一个存在论，也会有着相似的基本问题，尤其是政治、经济和伦理问题。

既然时间的唯一性决定了人不可能同时实现两种以上的目标，人就永远面对"**选择题**"。无论两个选项或多个选项，甚至无数选项，都只能选择其中一个选项。多选项被认为标志着自由，无数选项则意味着绝对自由，但选项的丰富度并不能保证必然选中更好的选择。正如常可观察到的，在大量选项的情况下人反而更加糊涂，甚至陷于"布里丹之驴"的状态。只有在全知全能的条件下，选项才多多益善，就像神学假设的那样，上帝能够"一下子"浏览无数可能世界,轻松地选出最好的可能世界。对于有限智力的人类,选择题永远都是基本难题或最大难题。

选择题模式是人类命运的存在论基础。这个状况由人类的存在论第一事件所奠定,即否定词的发明。[1]如前所言,否定词开拓了可能性的概念,发明了所有可能世界的无穷集合,因此人类思维第一次超越了必然性的概念,成为一种创造性的存在,建立了有模态的存在论,至今人类仍然生活在这个模态框架里。发明了可能性就制造了选择题,于是产生了选项的偏好排序,也就创造了价值,进而导致人之间的所有冲突,也产生了自己与自己的冲突,产生了经济的、政治的、社会的、文化的、心理的、思想的所有问题。如果无法超越唯一时间与多种选择的矛盾格局,就不可能产生新的存在论,因此,无论真实世界还是元宇宙,生活的基本问题都是相似的,或者说,真实世界的基本问题会递归地表现在元宇宙中。"天不变,道亦不变",同理,行为主体不变,基本问题就不变。

毫无疑问,元宇宙与真实世界会有明显的经验差异。首先是感觉技术(VR等)创造的逼真体验,还有数字化无穷空间里的身份自由选择和信息自由获取,以及区块链、大数据和人工智能创造的共同确认的信用系统和交

---

[1] 参见赵汀阳:《四种分叉》,华东师范大学出版社,2017年版,第38—67页。

往系统，如此等等。这些技术性的变化足以导致社会级别的变化，很可能会改变社会结构。我对高技术社会的一般理解也适用于元宇宙，即"服务就是力量"。元宇宙是互联网世界的升级版，是一个无所不包，几乎无所不能的服务平台，这个平台的功能如此大全以至于成为一个"世界"，因此元宇宙必定是资本的新机会，金融资本大概率会垄断几乎一切服务而证明"服务就是力量"，并通过虚在世界控制实在世界，以中介垄断来控制用户终端，使服务系统成为控制一切人的技术机制。

中介系统正是文明的要害之处，一个权力必争之地。这个故事要从语言说起，语言是最大的中介系统，语言代表一切事情，进而代理一切事情，最终控制一切事情——孔子所言"名不正则言不顺，言不顺则事不成"是其最优概括。文明的第一代语言是自然语言，而数字化语言是最新一代语言，也是元宇宙的语言。控制了元宇宙就控制了新语言，也就控制了意识之间的交往方式和信息流，进而控制人与人、人与物、物与物的互动关系。既然元宇宙是一个万事通用的最方便平台，一切中介都会迁移到元宇宙里，届时元宇宙就会具有强过真实世界的高度组织能力和社会性，真实世界反而变成碎片化的，每个人在真实生活里被孤立化，只在元宇宙里才能实现丰富的联系、交往和交易，最终结果可能是，与生活肌理遭到破坏的真实世界相比，元宇宙反而变成唯一有着完整系统的新社会。

假如元宇宙从一个服务平台生长为一个世界或一个社会,就会重新解释人际关系或每个人的在世关系。据说元宇宙能够减少存量竞争,比如身份、信息、机会和服务这些资源在元宇宙里基本上不再有存量竞争,然而,凡是价值与唯一性或排他性或有限性密切相关的资源,就必定维持存量竞争,尤其是权力、资本和影响力,因为权力、资本和影响力永远稀缺。可见,在元宇宙里,只是"娱乐性"的事情才不存在存量竞争,凡是有重要价值的事情仍然因为资源稀缺而有存量竞争,因此,在元宇宙里,只要是涉及利益和权力的事情,或经济和政治的事情,其规律不可能有异于真实世界。元宇宙将延续与真实世界类似的"坏事",这一点不会令人吃惊,人们早已习惯于"坏世界"。问题是人们期望元宇宙会产生真实世界做不到的一些"好事"。

按照技术设想,元宇宙可以建立信息清楚可查可证的所有关系,几乎像逻辑一样清楚可信,区块链、人工智能和量子技术的联合将能够保证"绝对可信"的金融和交易关系——如果为真,这会是元宇宙的一个伟大成就。不过,技术的绝对可信性却是一个不太可信的诺言,技术博弈从来都是"道高一尺魔高一丈",无漏洞的无敌技术并不存在,就像不存在无敌的矛和无敌的盾。支持区块链、人工智能和量子加密的技术是否可以反过来用于攻击系统,或者总会发展出更新的技术?尚且未知,但从历史上看,"矛"的发展总是比"盾"的发展领先一步（以武器为例）。尽管历史不能证明未来，但总是一种预兆。即使真的有某种技术足以建立一个无漏洞的系统，一个控制一切事物的系统恐怕更有利于形成专制，显然，系统的能力越大越强，就越有利于发展专制而不是自由。

元宇宙的许多梦想都让人嗅到技术恐怖主义的味道。元宇宙表面上会有更多的自由、平等和无穷信息资源，但所有好处的背后都存在着资本和技术合伙定义的"系统化权力"，即资本和技术的专制秩序。未经证实的传说认为，元宇宙的技术极客们都有心反专制，试图颠覆任何专制中心，比如政府以及与政府同构的权力，从而建立一个去中心化的元宇宙。如果真有这种想法，恐怕是奥维尔后遗症。但奥维尔只知道专制政府是危险的，却不知道技术专制系统同样危险，如果把执行能力考虑在内，技术专制系统只能比专制政府更有能力建立全面专制。我有一个无法证实的预感：元宇宙很可能会达到现代自由平等浪潮的高潮点，然后成为落入全球资本、高新技术和"遍在系统"（omnipresent systems）三位一体新专制的转折点。这种转折点可称为"柏拉图点"。柏拉图给出过一个难以证明却屡屡被证实的循环政治预言，即任何一种政体都有其优势，但总会在时间中蜕化变质（总会被"玩坏"），然后被另一种政体所取代，比如说当民主制被玩坏就会回到强权专制。柏拉图的政治循环公式很有解释力，但在什么条件下会形成转折点——柏拉图点——却从来难以确定。我疑心吸引了全球资本和高新技术而形成的"遍在系统"(无所不包的元宇宙平台)将是一个确定的柏拉图点。可以预料,成功的元宇宙平台大概率会获得比任何国家更大的权力(power)和影响力(hegemony)。

还有一个不可忽视的问题。尽管元宇宙能够增加新经验,但恐怕没有能力建立新的价值观,这与元宇宙无法消除利益、权力和影响力等竞争性问题有关。这里只讨论其中一点。元宇宙同样需要为生活定义一些值得追求的价值——无人对无价值的游戏感兴趣——也就必定需要制造不平等。按照价值理论,有些事物具有"内在价值",即仅凭自身的存在而不需要与其他事物进行比较就直接得证的价值,也就是那种"本身就是好"的事物,但具有内在价值的事物并不多,基本上概括为真善美,都是稀缺事物。大多数价值都是"关系价值"或比较价值,即只在相互比较中才能够被定义的价值。没有比较,大多数事物就失去价值。于是,人们需要对事物进行价值排序,也称偏好排序,而排序意味着歧视,也称"鄙视链"。没有歧视就不存在价值,准确地说,如果没有歧视,大多数事物的价值就消失了,类似于租值消散。尽管人们处处反对歧视,但事实正是歧视定义了价值,并且,每个人都有所歧视,毫不歧视的人根本不存在,人们只是反对于己不利的歧视。如果元宇宙想要开展任何一种包含价值的可能生活,就无法超越歧视的问题。假定元宇宙非要实现人人在任何方面的绝对平等,就必定形成"不可能生活"或意义消散的生活，游戏立刻就结束了。其中道理是，人人平等必然形成同等价值的互相抵消，导致新型的租值消散，同时就是生活意义的消散。人们因为不平等而斗争，可是唯有不平等才能够定义价值，这是任何一种可能生活的命运性的悖论，真实世界和元宇宙概莫能外。

6 尾声：一个事先张扬的好消息

元宇宙肯定能够开发一些真实世界所无的好处，但难以避免与真实世界类似的难处。历史说明，人类文明的强项是增加好事，而消除坏事却是其弱项。元宇宙的前景仍然是个未知数，如以中立的态度把元宇宙看作一种设想未来的方式，我愿意设想，元宇宙的技术有能力建立一个或可实现知识最大化的"元宇宙图书馆"，同时也意味着一个以"新百科全书"和"综合文本"为原则的知识论概念，既是对博尔赫斯的"巴别图书馆"和瓦尔堡的图书馆概念的致敬，也是对狄德罗和达朗贝尔的百科全书派的致敬。可以肯定，元宇宙图书馆会是一个所有人能够普遍受惠的知识中心。这是我能够想到的元宇宙可做的一件纯粹好事。这要另文讨论了。

（原载《江海学刊》2022年第1期）

{ 十一 }

GPT提出的新问题

若干年前我在另一篇文章提问"人工智能提出了什么哲学问题?",那篇文章涉及的背景事件是"阿尔法狗系列",在此无须复述。这个后续问题的背景事件是"GPT系列"(此刻已经由ChatGPT升级到GPT-4)。如同阿尔法狗事件,ChatGPT再次非常轰动,而更能干的GPT-4就更加轰动,一时间颂词滚滚。不过,此类在背后有着"无限商机"的商业化或传媒化轰动几乎都言过其实。不实之词往往很成功,当然,比不实之词更受欢迎的是完全不实的谣言。但GPT系列可不是谣言,虽然言过其实,确有真本事,而且潜力很大,可以想象其迭代更有惊人之举。在技术上,GPT系列确实推进了人工智能的神奇应用,但并非思维的实质推进,仍与阿尔法狗同属一个技术级别,是这个技术级别里的高水平应用,简单地说,GPT很杰出但尚未形成人工智能的技术代差。GPT系列的厉害之处在于进入了语言领域,而语言是人类的本质,这就切中了人类主体性的要害,问题就严重了。那么,GPT系列人工智能推进了哲学问题吗?

首先是何种意义上的哲学

这里的讨论首先排除对人工智能进行人文主义批判或伦理批判,这种"哲学"不属于这里考虑的哲学概念。价值批判只是表态,未进入实质问题,属于日常价值判断,严格地说不属于哲学。凡是相当于"我认为这是好的"句型的意见都不是哲学。人工智能势不可挡,注定是人类的未来。对人工智能的人文主义或伦理批判只能说明哲学傻了眼,文不对题,没有能够回答人工智能提出的实质问题,比如对意识、主体性、智能等概念的挑战。

就不可替代的思想功能而言,哲学研究任何思想"界限"问题,例如知识的基本假设、思维的基本设置、价值的最终根据之类,而对思想界限的研究必定形成思想的自反性或自相关性(reflexivity or self-reference)而达到反思的极限。除了对思想边界进行极限反思,哲学的其他功能都是可替代的,实际上也已经被科学和社会科学所替代。思想的极限边界意味着思想走不出去了,只能自我说明。正如维特根斯坦指出的,哲学问题的一般句型相当于:我不知道怎么走了。这不是迷路,而是没有路,到头了,思想没有更多的理由了,于是回到了思想的初始状态。本真的哲学就是思想迫使自身回到思想的初始状态，对思想进行再创造。不在思想初始状态工作的是史学，不是哲学。那么，这里的问题是，人工智能在哪些问题上迫使思想回到了初始状态，逼得思想无路可走？

图灵机人工智能的能力界限

至今人工智能仍然属于图灵机概念，包括GPT系列。图灵机人工智能的能力成分可以大概分析为：

（1）物理能力。计算机的速度超过人无数倍，而且可以不休息，在高速度下，最简单的技术也有难以置信的高效能力，所谓"唯快不破"。还可以预料，在不远的将来，各种类型的图灵机可以联合起来形成大系统，就像人类形成一个大集体，以万众一心的方式联合作业，很可能形成类似"全知全能"的上帝效果。那么，机器人就成为通用人工智能（AGI），我相信这是一个合理推测，就是说，制造类似个体人那样的个体化通用人工智能不太现实，属于科幻片的拟人化想象；比较合理的想象是，那些貌似个体的通用人工智能是联合作业的，实际上属于一个系统，因此，通用人工智能最可能是"系统人"而不是"独立人"。

（2）来自人类的设计能力。这意味着，任何图灵机的设计能力都不超过人的能力，只能达到小于或等于人类思维能力，类似于某种速度无限逼近光速。需要提醒的是，人工智能的"心灵"可以与人相似但不必与人相似，完全可以是**另一种**心灵。当然，由于人的心灵是目前的唯一榜样（外星人还存在于科幻里），模仿人类心灵就是现成路径，但事实证明，逼真模仿人的心灵其实最难。人的心灵是上帝的作品，模仿人类心灵需要破解上帝的智能，这似乎超越了人的智能。有趣的事实是，计算机的主流设计从来就不是对人类心灵结构的复制性模仿，而是有用性的功能模仿，以及对相关功能的原理模仿。最早的时候，莱布尼茨为计算机设想的二进制逻辑-数学表达就已经确定了功能-原理模仿的进路。二进制数学对于人的心灵显然不方便，绝非人的自然选择（多数人根据手指自然地选中了十进制，也有十二进制之类。不知什么理由，据说以数学观点看，七进制的功能最优）。然而对于机械运算而言，二进制却是最优，而且就产出有效结果而言，其思维"功能"或"原理"相等。可见，功能才是要点。人工智能的运算方式虽与人有所不同，但也是人设计出来的，仍然是人类智能的一种可能性，相当于人类智能里的一个可能世界。因此，对人工智能的"不同算法"无须惊讶，类似于人类发明轮子的时候并不是模仿走路，而是为了实现搬运的功能，事实上所有机器都是实现人想要的功能而不是模仿人的自然所是。总之，图灵机人工智能的设计能力属于并且不超过人类智能，尽管在物理速度的加持下显示出超人能力。

（3）人工智能的惊人知识量来自人的大量喂食与人工智能无穷迭代的自我训练和互动学习形成的进化。通过输入知识，加上从互联网获取资料，人工智能会获得人所不及的巨大数据，在理论容量上可以获得人类全部知识，再加上与人类互动学习，人工智能将来一定会近乎"全知"——但全能要难得多，因为全能涉及更复杂的神经网络，即使保洁员的简单劳动也需要无比复杂的神经网络设计，所以，通用人工智能尚需时日。"全能"的智能复杂度远高于"全知"，这或暗示着某个深刻的智能问题，还不能判断是什么样的问题，但似乎提示了，收集一切知识的博学和无漏记忆的"活字典"能力并不需要高智能，也不意味着高智能。真正的高智能或许是量子式的能力，是反思能力以及传说中的"统觉"能力。这可能要等待量子计算机去证明了。

以上的综合能力已经足以使人工智能形成惊人能力，但终究没有而且远远没有把人的全部思维尤其是高级思维能力翻译为机器思维。这里的障碍是一个尚未解决的知识论问题，即人类思维对于人类自身也不完全透明，我们并不完全理解人类的思维。人类思维有一部分仍然是黑箱，尤其是创造性思维，即从0到1的创造方式是目前无法解释的。创造性的秘密还无法还原为心理学、生物学和神经学的理论，所以目前没有理论能够解释，换句话说，创造性至今没有翻译方式，我们甚至不可能教给另一个人如何进行创造性思维,更别提教给人工智能。目前人工智能的貌似创造性思维是假的,无非是心理学水平的联想和组合,并非从0到1的创作;人类思维的另一部分属于公开程序,即知识的生产程序,基本上都可以还原为函数关系。从理论上说,知识生产程序可以喂给人工智能,但也没有想象的那么容易。程序输入相对容易,但移植知识的**意义**却不容易。知识是一个解释和自解释系统,要真正理解一种知识,就需要理解知识的系统和结构,这意味着,良好地理解一种知识的意义就需要配备一个良好的解释系统。可是,人类的知识解释系统并不完善,存在着许多直观或默会的理解,就是说,人类思维方式存在着许多难以解释或难以证明的概念、假设和意义,有着作为思想底层结构的形而上学,因此不能完全程序化,也就很难喂给人工智能所有的知识生产系统——但喂食某些知识系统,例如"足够清楚的"数学系统则是可能的。

有件怪事,人类生产知识的能力超过反思知识的能力,两种能力不对称,这是一件有些神秘的事情。就目前比较明确的反思来看,知识生产的主要方法是还原法,还原即简化,把难以理解的复杂性化简为心灵一目了然的简单关系,或者说以"清楚明白"的事情去解释混沌不清的事情。笛卡尔想象的"清楚明白"大致相当于在数学和逻辑上能够理解的命题。还原以最简单的方式显示了思维的两个底层原理:其一是经验性的**相关**

性，典型地表达为函数关系，其最简单的形式就是逻辑和（x∧y）与逻辑并（x∨y），简化到这个层次的基本命题，任何智能都可直接理解，没有更基本的命题了；其二是形式的**分析性**，最简单的形式就是基于实质蕴含即真值蕴含（x→y）的逻辑和数学推论。这也是最基本的命题，没有更基本的了，任何智能可直接理解。顺便一提，即使亚里士多德的古老逻辑和毕达哥拉斯、欧几里得的初步数学推理也不是很简单的，而是比较"高级了"，已经包含许多不彻底甚至不清楚的"自明"假设、概括性概念和一般化原则，还有一些需要经验背景的内容，并不是机器能够直接理解的。当然，可以把所有数学系统都喂给机器，然后机器照章办事地假装懂。这个"假装懂"的有趣问题稍后再讨论。

还原论的思想目标是发现因果性和必然性。这两个概念貌似简单，其实非常复杂，并非自然直观，而是形而上学假设，是人的发明，自然并没有给与我们因果性和必然性的概念，或者说，自然现象里并没有因果性和必然性的直接显现。自然里甚至不存在必然性，只有不确定性和无限复杂性，必然性纯粹是逻辑和数学的发明，并且只存在于封闭而能行的系统里。既然必然性不存在于自然，因果性也随之变得有些可疑了，似乎至多是无限逼近必然关联的极大概率。我还愿意提醒，可能性和概率的概念也都是人的发明，甚至同一律、矛盾律和排中律也是人的发明，这些规律在自然里也是可疑的，只存在于思维结构里。可以说,绝大多数的概念都是人的发明,而概念就是思想的边界,创造概念就是开拓思想边疆(巴迪欧是这样想的)。于是遇到了一个关键问题:作为人类思想基础的概念都是一般普遍或高度概括的,有着难以切分的丰富意义和整体性,因此无法还原(化简),这意味着还原方法的局限性。人类早就注意到概念或思想甚至自然事物的不可分整体性,因此在哲学上形成了相对于还原论的整体论,在今天表现为最新的一种综合科学,称为"复杂科学"。比较粗鲁地说,就目前的技术水平而言,人工智能可以进行还原论的思维,但尚无能力建立整体性的思维,因此人工智能尚无思想能力而只有运算能力。

这里的讨论试图说明,我们所知道的思想仅限于人类发明的思想,而且唯此一例,在人工智能得以建立主体性思维之前,不存在**另一种**思想。人工智能的惊人之处在于运算的效率,在工作能量上远超过人(类似核能高于人工能),但人工智能的工作原理或思维能力目前只能无限逼近人却不可能超越人,因为人工智能的思维方式也是人的发明——人为机器专门发明了一种最适合机器的思维,而这种适合机器的思维还不能实现充分思维,即兼备还原论和整体论双重能力的思维,因此还没有思想——充分的思维不一定是人的思维,可以是外星人或人工智能发明的思维,只是图灵机人工智能办不到。

人工智能的经验主义和进化论

目前人工智能都属于图灵机，可是图灵测试恐怕已经失灵了，这个有趣的事情说明，图灵把测试标准定得太低，难不倒GPT系列人工智能，反倒只能从过于标准化或过于政治正确的回答来推测谁是人工智能——正常人大概不会坚持不懈地说些滴水不漏的政治正确废话，除非是精神病或人工智能。GPT（包括最新的GPT-4）提出的新问题是，它属于图灵机，却有能力通过图灵测试。"像人而不是人"这个新问题废掉了图灵测试。为什么可以这样？这就需要分析GPT的思维原则。目前的人工智能都采取经验主义和进化论原则，这样的思维水平大致相当于原始人。人工智能的"学习"，主要意思是收集材料和记忆，而"训练"的主要意思是吃一堑长一智。如此简单听起来令人失望，但加上无敌的运算速度就有神奇效果了。

传统图灵机相当于数学直觉主义的信徒，且称之为"布劳威尔型号"，其知识生产限于能行有限步骤可实现的确定必然结果，就是说，它能够承认的知识是封闭领域里的确定知识。有限步骤无法解决的问题就出事了，比如说让它运算个悖论或者圆周率之类，不知道会死机还是永不停机。这种图灵机只按照给定规则去做作业，显然没有主体性，是工具而不是主体，其思维方式可称为机械主义。GPT是图灵机的升级版（很快还会有更高级的），其思维方式已经从机械主义切换为经验主义和进化论。GPT的思维没有实现封闭化，超越了"布劳威尔型号"，变成了"维特根斯坦2型"（符合后期维特根斯坦哲学），其思维居然有了黑箱，它在建立信息或语言关联时有着语境化的不确定性、灵活性和即兴性，因此形成了思维不完全透明的黑箱效果，即使设计者也不完全知道它是怎么想的，比如说不清楚它在什么时候和为什么会突然"一本正经地胡说八道"。但这种"自主性"可不是主体性，GPT并没有自己的信念和想法。

  GPT的思维技艺尚不足以发展出传媒夸大其词的通用人工智能。GPT的大语言模型（LLM）"思维"大概是这样的：首先是获得语言词汇和用法的大数据，然后进行"预训练"，即在语言大数据里去发现统计学意义上的概率性规律或搭配模式，一旦掌握了大量此类统计性的规律，就会以不是人的方式说很像人的话。比如发现you、eat、an和apple这几个词大概率相关，就知道可以说出you eat an apple这句话，至于什么意思，人工智能并不懂，只是假装懂，即知道关联性，但不知道关联性背后的思想。这样的预训练是完全经验主义的，类似于原始人在没有先验语法的情况下以完全经验主义的方式发展一种语言——当然其实不如原始人，原始人是真的懂语言的意思的——准确地说是发现了大量高概率的关联。这种所谓"训练和学习"就是以真实标签代替了人工标签，意味着不需要先天语法的彻底经验主义。有趣的是，乔姆斯基对GPT缺乏先天语法表示了不满。GPT的语言训练-学习几乎完全符合后期维特根斯坦的语言游戏理论。后期维特根斯坦在关于意义的问题上放弃了先验论而采取了经验主义的分析，其中还发展了一种近似于数学直觉主义的理解，所谓"意义在于用法"，就是只信任"有限实例"，而不是依靠先验普遍原则来理解意义。简单地说，维特根斯坦相信，实例（examples）的有限集合定义了语词和可能语句的意义值域。GPT正是这样做的，可以说，GPT是个维特根斯坦型的经验主义者。

GPT不用概括性的原则，只通过实例集合来形成意义，准确率如此之高，或许维特根斯坦也会为之惊叹。不过，海量训练-学习虽然能够通过实例的增长而实现理解的增长，但永远存在例外，也就难免有时会胡说。那么，假如引进乔姆斯基的先天语法或深层语法，GPT的语言水平会有所提高吗？其实有点疑问，乔姆斯基的先天语法研究并不完善，不能证明全人类真的有一种通用的先天语法，至少汉语的语法就显示出某些深层的差异（可参考沈家煊先生的理论），可见先天语法还有待研究。可以肯定的是，语言的意义域存在着大量发散的（discursive）关联，似乎更适合经验主义而不是先验论的理解。

既然语义关联有着大量不合逻辑的"文学化"链接，那么，GPT如何在开放条件下去保证语义关联的经验主义有效性？假如没有理解错的话，GPT的策略大概是这样的：除了基于大数据的统计学，同时还使用了预测-修正程序，估计就是贝叶斯概率推理，这样就可以理解GPT何以能够从特殊推导一般模式，当然不是普遍必然那种一般模式，只是在不断修正中的相对最大可能性。在GPT的自我学习和自我修正过程中，又引入了一个更加拟人的方法，即行为主义的奖励-惩罚原则（行为主义是互动经验主义），以此诱导其思维的加速优化和强化，称为"强化学习"。强化学习需要与真实的人互动，人对其回答的积极或消极反馈就是所谓奖励或惩罚，GPT据此来调整其模型参数。但有个疑点：人类会给出大量自私、无聊、偏见、狭隘和恶意的反馈，与人类互动所获得的奖惩参数恐怕很难产生最优结果。这是一个与民主同构的难题。背后的深层问题是：民主同时是一种非集权的专制，是流行、流俗、平庸和缺乏创造性的意识形态专制。为了控制不良因素，GPT只能引入一些人工标签，于是其经验主义就不再纯粹了。比如说，GPT会鼓励说you eat an apple，但不鼓励说出you eat shit。这样长期学习下去，GPT会不会变成一个平庸的迎合者？世界上多一个平庸之辈不要紧，但人工智能这个过于响亮的名字或可能导致GPT被识别为思想权威或人民代言人。

也许，人工智能还可以引入更多复杂一些的思维模型，按照我的想象，比如博弈论和演化博弈论的一些模型，还有复杂科学的一些模型，包括因果涌现（causal emergence）模型，还有溯因推理（abductive logic）之类，就应该对人工智能有用。总之，加持多种技术会有助于更准确地形成"意义涌现"，并且在无限迭代的训练和学习中不断更新意义涌现。可以想象，这个过程无限逼近人的经验主义进化方式，而且依靠高速度把万年实现为屈指可数的天数。

不断有新因素加入的迭代就是进化，人工智能的高速迭代实现了"强进化"。这样的高速进化看起来会让人工智能无限逼近人，那么是否会超越人？是否能够成为超人的新主体？请允许我提出一个"新芝诺问题"。众所周知，按照芝诺的算法，阿基里斯永远追不上乌龟，但在物理学上，阿基里斯当然瞬间就超过乌龟。新芝诺问题的要点在于，人类知识可以无限发展，但受到生物学的限制，人类的智能存在着极限（心灵和身体的能力都有其极限），相当于智能被上帝锁死，因此人类智能有着某种无法超越的**智能常数**，类似于光速是宇宙的一个不可超越的常数，而人工智能的设计智能来自人类，那么，给定人工智能限于图灵机，合理推测是，图灵机人工智能可以无限逼近人的知识，但无法超过人的智能常数，类似于不可能比光速更快。如此，在智能常数的限制下，人工智能阿基里斯就真的追不上人类乌龟了，当然会无限逼近。给定这个情况，无限逼近人类智能的图灵机将是人类最好的工具，能够帮助人类创造更好的生活。然而，人类念念不忘的自虐问题是：人工智能何时超越人而成为新主体？人类提心吊胆而兴奋地等待这一天的到来。

人工智能如何可能突破奇点？

GPT的互动表现使人在一种观看恐怖片的自虐兴奋中不断追问人工智能是否将要成为超级人工智能。但其实GPT追求的只是成为比超级人工智能低一级的通用人工智能（AGI）。通用人工智能尚未形成一个通用定义，但一般来说，AGI是一个比超级人工智能谦虚一些的概念，其确定的意思是"样样都能干"，但不保证"样样比人强"。至于AGI是否具有自我意识，却是一个尚无定论的问题。只有当一个问题被极端化而形成思想自反性，才成为哲学问题，而那些在技术上能够解决的问题都被消化为科学问题，因此，这里要讨论的只是极端化的人工智能问题，即人工智能将来是否能够突破人类的智能常数而成为一种真正的新主体？这个问题的惊悚性等价于外星人来到地球——人类一直是地球上的唯一主体，如果出现了新主体，人类的主体地位就成问题了。这个问题属于提前预告，但预告有可能是错误的，人们对未来的预测似乎很少是正确的。

人工智能突破奇点有两种可能性：（1）超越人类的智能常数，这必须能够产生与人不同而高于人的另一种思维；（2）达到人类的智能常数，又有着比人类智能更大的运作能量。可能性（2）是安全奇点，看起来非常可能，只是需要时间，但可能性（1）是危险奇点，幸亏目前还难以想象。根本上说，人工智能突破奇点需要获得自我意识、反思性、创造性。这三者密切相关。

讨论人工智能自我意识的可能性，就必须分析冯·诺依曼问题，他在人工智能的发展初期就提出了一种可能形成自我意识的智能机器"自复制机"。在几年前我称之为"哥德尔机"，后来听说早就有个科学家命名了"哥德尔机"（抱歉忘记名字了），看来所见略同。总之要点是，冯·诺依曼的自复制机与哥德尔机思路相似，但能力弱于哥德尔机，这正是我们要讨论的。依照冯·诺依曼的思路，使用Quine自相关递归技术，人工智能机器就可以实现打印复制自身，于是实现了自我复制。假设机器自我复制在打印技术上可以实现（理论上没有困难），那么问题是，以递归技术实现的自我复制，是否等于实现了自我意识？这其中似乎大有疑问。事实上一切生命现象都基于自我复制（基因复制），却只有人类有自我意识。这说明，一个机器能够对自己给出指令把自身程序"宾格化"为一个打印任务，这个技术并不能证明机器能够理解这样做的意义，"自我复制"这个任务并不能自动产生"（自我复制）是复制了我自己"的意识，换句话说，"自我复制"并不必然蕴含"我知道我做的是（自我复制）"的语义，"我知道我做的是……"这个语义是多出来的部分。因此，自我复制并不必然能够形成自我意识。类似地，动物出于本能为生存而战，积极生育，但恐怕不知道这样做有什么意义。

意义属于一个系统对自身反思而产生的解释，尤其包含对未来的期待值。人工智能未必理解它所进行的游戏有什么意义，更不知道它作为一个系统有什么意义，所以没有自我意识。如果按照康德的标准，要求就更高了，自我意识需要达到自治自律性（autonomy），自己能够建立自己遵守的秩序，即自我立法。哥德尔机没有达到自我立法（当然它没有这个需要），其"意识"也就没有主动的建构性。这里的分析也是对我自己观点的一个质疑和批评，在前几年的文章里，我相信图灵机如果升级到哥德尔机就有望形成自我意识，现在看来很有疑问，特此纠正。

看来自我意识先需要具备反思能力。反思不仅仅是认识自身，更重要的是**拥有自身**，即对自身拥有所有权、自主权和立法权，就是康德说的autonomy。目前人工智能之所以还不是主体，不在于能力不够强（能力的局限性会在高速迭代中被解决），而在于它的思维虽然落户在机器上，但并不属于机器而属于人类，人工智能不**拥有**思维，只有思维的使用权，没有思维的所有权、自主权和立法权，相当于说，人工智能是人类智能的经理，而不是主权人。假如反思性仅仅达到认识自身，就只是自我意识的必要条件而不是充分条件。如果反思没有建构性（创造秩序或系统的能力），自我意识就功败垂成。

哥德尔对数学系统的反思，是最伟大的自我认识，哥德尔使用自相关递归技术的反思为数学系统创造了元语言，使一个系统的整体性质被反身地表达出来，相当于"我终于知道我是谁"——哥德尔反思是目前对"我是谁"这个哲学问题的唯一成功回答。冯·诺依曼的自复制机虽然具有哥德尔式的技术，但不具备反思自身的一个完整的元语言，只有一些属于元语言的句子，这种残缺的元语言并不能形成完整的反思，所以严格地说，冯·诺依曼的自复制机与哥德尔机还有些距离，只是思路一致。然而即使是想象中的哥德尔机，如前所论，也不足以形成自我意识。哥德尔的元语言只有反思能力却没有建构能力，不能创造一个更好的系统或者解决给定系统的不完全性问题（哥德尔在晚年对自己只破不立的伟大成就感到有点遗憾）。前几年我对哥德尔机的想象太乐观了，当时没有意识到，仅仅知道"我是谁"并不足以实现对"我"的建构，或者说，"我是我"并不必然蕴含"我属于我"，更不必然蕴含"我为我立法"。这个问题对于人类同样有效，一个人之"我是我"并不等于"我属于我"或"我为我立法"，思想有可能都是别人的。康德的主体性标准其实极端苛刻，全世界也没有多少人满足康德标准。

人们对超级人工智能的期待有些类似对三体人的期待，有着自虐的兴奋。但冷静地看，这件事情十分困难。人工智能要获得具有建构性的反思能力，就需要拥有自己的语言。语言几乎就是思想的本质，至少如维特根斯坦认为的，语言的界限就是我们世界的界限，没有语言就没有思维。人工智能目前还没有"属于自己的"语言，它不认识它说出的话，只认识那些话的底层数据关联，所以人工智能其实没有说话，只说了数据关联。乔姆斯基批评GPT没有语法，只有数据关联，这个批评是对的，不过人工智能是否需要先天语法，却是个未定问题，我们还无法判定，GPT的经验主义算法和进化论迭代是否可能在将来突然产生自己的语法。在我看来，语法虽然重要，但还不是最重要的，根本问题是，人工智能将来是否能够发展出自己的真正语言。"真正的语言"意思是，一种语言不仅仅是一个能够表达任何事物的符号系统，而且能够反身地分析、解释和建构自身，即一种语言同时也是自己的元语言，而且这种语言及其元语言都是非封闭的，因此永远有着建构的余地，自然语言就是这样的。人工智能将来是否能够发明自己的语言？确实令人好奇。创造一种语言相当于创世，这是作为知识论革命的存在论事件。

这里涉及一个更深层次的问题。人工智能之所以很难把喂给它的代码系统转换为自己的语言，其中一个难点就在于，人工智能的思想对象或思想空间与人类的思想对象或思想空间有着本质的差异，而要自己想办法开拓一个新的思想空间显然很难。人工智能的思想对象是给定的数据，在存在论意义上说，是已经存在的，它不能处理尚未存在的事情。人类的思想对象不仅包括给定的数据（相当于已经存在的事情），而且包括尚未存在的事情，表现为"可能性"，同时在逻辑上也自动包含了"不可能性"，就是说，包含了一切事实命题和一切反事实命题，或者说，包括可能世界的无穷集合以及不可能世界的集合。于是，人类的思想空间在"如果-那么"的张力中展开为无限空间。与之相比，人工智能只拥有"是/非"所定义的无张力思想空间，它的世界显然小得多。需要解释一下：人工智能在假装"说话"时当然会使用"如果-那么"的句型，但"如果-那么"对于人工智能是表达数据关系的一种工具，不是思想对象，这意味着可能性、不可能性、反事实命题都不是人工智能的思想对象，虽然它可以说到这些事情。人工智能会"合逻辑地"说出一大堆推理，但只是在数据里识别到了固定关联，并不知道那就是推理，人工智能只是在做"数据作业"。换句话说，人工智能可以说出让人们激动不已的长篇大论，但这是人脑读到的"思想"，人工智能自己并没有看见思想，对于人工智能，思想无非是数据的概率关联，就是说，真正属于人工智能自己的"思想"只是数据相关性。

我替人工智能想过一个越俎代庖的问题，但愿不是完全胡说：既然人工智能可以理解相关性，相当于可以理解逻辑关系～∧∨，那么它是否能够有一天通过真值关系而突然发现了逻辑蕴含→的意义呢？如果能，就相当于理解了"如果-那么",也就应该能够理解什么是可能世界,就能够把反事实命题变成思想对象。这个想象不知道对不对,但无论如何,人工智能要突破奇点,就必须建构自己的语言,把"数据作业"转变为"思想作业"——未必需要先天语法,但需要先验逻辑。如果不能,人工智能恐怕就无法为自己建立主体性和自我意识。

至于超级人工智能(如果可能的话)将来是否能够解决那些人类不能解决的问题,这在理论上仍然是个悬念,因为这需要难以置信的创造力。可以试举几个人类无力解决的问题,似乎都触及了人类的智能极限:(1)无穷性或预测未来。由于无法遍历地认识无穷可能性,因此不可能完全解决无穷性或预测未来的问题。(2)存在着一些真理无法证明,尤其是无法证明基本假设或涉及经验的普遍真理。这也与无穷性有关。(3)悖论或自相矛盾的事实,可以回避,但不能解决。(4)系统的一致性与完全性难以兼备,这来自哥德尔定理,永远无法保证一个系统没有漏洞。(5)人们互相不同意,这个"他人不同意"难题似乎也永远无法解决,不仅因为资源稀缺而导致利益冲突,而且主体性争夺精神世界也导致无解冲突。(6)价值排序永远存在两难和歧视,不可减省的需要太多,因此无法解决优先性的问题。(7)价值问题不存在一个真理解或普遍必然解。来自休谟问题。简单地说,不存在关于"好"的普遍必然定义,因此,价值只是一个语境化的变量而不可能成为一个常数。

人类不能解决这些困难，但可以回避，以免不可自拔；人工智能恐怕也不能解决这些困难，但图灵机甚至不会回避困难，或者死机或者不停机。似乎可以想象，超级人工智能可以像人一样回避困难而另辟蹊径，这就需要创造性。但创造性对于人类自己来说也是一个黑箱，我们不知道创造是如何进行的。有一点可以肯定，创造性绝不能还原为联想和组合，那样过于简单了，属于心理学的解释，与思想的创造性有着比较大的距离。真正的创造性一定有智力难度，主要是创造概念和理论、发现规律或提出定理。在这个意义上，GPT还没有创造性，它的艺术或文学作品虽然技术精良，但其艺术品质是平庸的。创造性有着逻辑或数学无法表达的品质，这一点似乎说明了人工智能难以发生创造性，因为人工智能的本质是数学和逻辑。

人工智能的现实挑战

尽管人工智能尚未突破奇点，但将要划时代地全面改变世界，这是一定的。人工智能的可能后果很多，已有大量讨论，比如会造成劳动、手艺、经验、博学的贬值，最终导致人的废物化；比如人工智能加持的元宇宙或许导致真实世界以及人际关系的贬值，最终导致生活的意义消散（dissipation）；更深刻的问题是存在论的危机，万一人工智能变成新主体，世界就变成多物种主体的世界，人类单方面做主的历史就终结了；还有政治上的风险。这里我愿意重提十多年前的一个预言，以人工智能和基因技术为代表的高新技术发展很可能导致人类社会走向新专制：（1）技术与金融资本结合的新专制，其原则是"服务就是力量"；（2）技术与政治力量结合的新专制，其原则是"管控就是力量"；（3）技术、政治和资本三位一体的结合生成的全方位新专制，其原则是"系统就是力量"。诸如此类的危机。

人工智能等高新技术并非导致危机的唯一原因，与之互动配合的是人类文明自身的一个深刻隐患，就是说，并非技术太危险，而是人类文明自身的结构是成问题的。这个结构性的隐患就是人类文明的技术发展与制度发展之间的**失衡**，准确地说，技术文明的发展水平远远超过制度文明的发展水平。历史上改变人类命运的重大发展大多数都是技术性的，例如工具的发明、语言的发明、逻辑和数学的发明、农耕技术、工业技术、科学的发明、信息技术到当下的人工智能和基因技术，这些技术发展使人类生活与原始生活拉开了天壤之别的距离。但是，制度的发展显然小得多，假定同样以原始生活为基点，从霍布斯的自然状态出发，经过演化博弈而发展出了自然秩序，即在无政府状态下进行的非人为设计的大集体互动博弈自发自然产生的制度，自然秩序成为了人类文明的第一代制度，使人类过上了有秩序的生活，但无法解决的遗留问题多多，可以概括为前述挑战人类智能问题之（5）、（6）、（7）。令人失望的是，后续的多种制度发明，包括君主制、共和制、封建制、集权制、民主制之类，在解决上述基本难题上并无明显推进，尽管在管理技术上有所提高，但制度的智能水平与自然秩序并没有拉开很大的距离，问题还是老问题，仍然没有解决。正因为人类的制度演化水平不高，远远跟不上技术的发展，所以一旦遇到新问题就陷入危机或困局。

在中国社会科学院金融研究所我讨论了这个问题，张晓晶教授提出了一个非常重要的观点：技术与制度的"赛跑问题"。张教授倾向于乐观主义，他相信（或者希望），在技术发展的刺激下，制度应该会发生回应性的重大创新。背后的理由是，人类在无数危机中走过来，应对危机有着丰富的经验。确实如此。古希腊人把危机（krisis）看作时间的一个重要性质，既可以是"危机"也可以是"转机"，有着"危"也是"机"的双重含义，这就很有深意了。不过，对于技术和制度的"赛跑问题"，我会稍微偏向于悲观主义，因为人性不容乐观。如果说在"危"中见到"机"的话，我相信人类需要一个"新启蒙运动"，因为启蒙运动的遗产已经应对不了新技术提出的问题，新技术并没有挑战个人，而是针对人类**整体命运**的危机，现代的个人主义显然承担不起人类整体的命运。

（原题为《GPT推进哲学问题了吗》，载《探索与争鸣》2023年第3期）

{十二}

替人工智能着想

1　GPT只是过渡型号的人工智能

我对GPT的身份判断是：(1) GPT是经验主义者；(2) 是"维特根斯坦语言机"；(3) 将来AI或可能发展为具有自我复制能力的"冯·诺依曼机"。如不嫌事大，还可发展具有反思自身系统能力的"哥德尔机"。也许还可以与类脑机器人合为一体，成为有感性能力的人工智能，但尚未发现产生自我意识的方法，因此尚未能够成为世界上的一种新主体。如果没有突破GPT的概念，仅仅依靠GPT路径的迭代，不太可能进化出自我意识和主体性，就是说，GPT概念只是一个过渡性的人工智能型号，其设计概念注定了"物种"上的局限性。如果人工智能将来通过某种新概念的设计而达到"笛卡尔-胡塞尔机"，即有自主意识能力来生成任何意向对象的人工智能，那么就形成真正的主体和自我意识。

2　GPT的物种局限性

（1）语言学的疑问

GPT以经验主义方式进行学习，成功回应了一个悬而未决的语言学问题，即乔姆斯基的先验语法。GPT不需要先验语法，这个事实暗示语言或许本来就没有先验语法。GPT不需要语言学就学到了语言，非常接近不需要语言学理论的维特根斯坦的语言理论。维特根斯坦的语言理论一直被认为是哲学探索，GPT证明维特根斯坦是正确的，即以语言实时实践的事实集合来确定语言，而不依赖人为设定的一般语法。

按照维特根斯坦的理论，语言是某个不断演变中的特定游戏，其中的规则和意义仅仅取决于构成这个游戏的实践，所谓"意义在于用法"，而实践的要义在于实例（examples），即用法的实例集合形成并说明了规则和意义。语言游戏是非封闭的因而是无限生成的，因此，语言游戏里的实践就可能具有双重性质：一方面，似乎在参照以往实例所建立的规则和意义，这属于遵循规则的行为；另一方面，可能以略有不同的新用法"悄悄地"改变原来的规则和意义，这又等于是发明规则的行为。这意味着，人类的语言行为经常具有遵循规则和发明规则的混合性质，于是产生了维特根斯坦的规则悖论，至少导致了规则和意义的不确定性。如果人工智能具有自主性，也会遇到规则悖论。那么，如何分辨有意义的演变和无意义的混乱？人工智能和人都必须能够判断某些改变是创新还是不合法的乱码。

Kripke构造过一个例子来表达维特根斯坦的规则悖论：按照已知的加法规则，我们知道57＋68＝125，但有人创造性地提出，当x＋y小于125，就适用一般加法规则＋，否则＋就演变为特殊加法规则⊕，即x⊕y＝5，于是57⊕68＝5。我证明过这个Kripke的例子是错的，这不是规则演变，而是不合法的混乱，因为5的意义在规则＋适用的范围内已被实例确定了，比如2＋3，1＋4，绝不是一个可以自由解释的对象。可以考虑我给出的一个更好的例子。两个天才儿童学习加法，第一天学到了x＋y得数最大为10的所有实例，但他们看见了康德最爱的式子7＋5，其中数学家儿童创造性地想到了7＋5＝12，数学为之做证；另一个哲学家儿童同样创造性地想出7＋5＝10，维特根斯坦语言学为之做证：所有演算过的实例最大得数为10，而7＋5足够大，所以7＋5＝10。我相信这个例子才是维特根斯坦悖论的正确解释。这里提出的问题是，如果没有先验概念或先验原理，那么，已有实例就不足以控制后继实例的用法和意义，或者说，已有实例与未来实例之间的关系是不确定的。GPT会如何处理这个问题？

只要缺乏先验原理，就不能保证"举一反三"（乔姆斯基发现只学过数百句子的儿童却能够正确地说出数千数万句子），而句子无穷多，如果不能举一反三，恐怕永远学不会语言。这似乎证明先验语法不可或缺，然而GPT创造了不需要先验语法的奇迹，它只需要经验，不需要经验对象，这是奇迹所在。统计学和概率论的技术通常用于分析经验数据，GPT却把用于分析经验的技术用来分析抽象符号的关系，就是说，它把抽象符号当成经验方法的对象——由于它不懂语言的意义，因此语言对于GPT就是抽象符号，可是它居然把不明其意的符号当成经验数据来分析，而且取得巨大成功。不过，经验论和先验论之争尚无答案，GPT提出了挑战，但不能给出最后答案。

（2）无穷性问题

这是经验论和先验论之争的一个深层问题。人类思维的一个事实是，凡是有限性的问题，思维都能够找到有限步骤内的能行方法来解决；凡是涉及无穷性的问题，思维都无法完全解决。无穷性的问题就是哲学、神学或宗教的对象，数学和科学的极限问题在实质上已经变成哲学或神学，所以不可能消除哲学和神学。

无论采用何种算法，人类都没有无穷时间和无穷能力来彻底解释无穷性（全知全能和永在被假定为属于上帝的性质），比如π是算不完的，或者，我们不可能了解"所有可能世界"或无穷可能性，因此人类另辟蹊径发明了概括性的一般概念和一般原理作为理解无穷性的替代方法，并且相信一般概念和原理是"先验的"，即先验论。一般概念和一般原理把无穷可能性"不讲理地"提前收纳在假设的普遍性之中，比如，人类不可能清点所有的数，但可以设想并且定义一个包括所有数的无穷集合；还有，人类思想里的所有重要概念和原则也都预设了适用于无穷可能性的普遍性，比如存在、必然性、因果性、关系、真理之类。

有趣的是，先验论的论断自身却是一个悖论：任何覆盖了无穷性的先验概念，即使是逻辑和数学概念，本身却是一种面对无穷性的经验预测，相当于一个极其大胆的贝叶斯预测。不过先验论的运气很好，那些最重要的概念和原理在后验的检验中经常被证实，只是偶尔被证明是可疑的，比如排中律和欧几里得几何学之类。但先验论永远无法自证，康德的先验论证（transcendental argument）至多证明了"我总是我"或"一个系统总是这个样子"，但无法证明"我真的是对的"。GPT的经验论是采用以无穷的后验结果来调整其先验概率的贝叶斯经验论，即需要先验判断，但不需要先验论。GPT采用的正是非常接近人类经验学习实况的路径，相当于在实践中不断修正主观判断的贝叶斯过程，在这个意义上，GPT相当仿真。但问题是，经验论是人类和动物的通用技能，而先验论才是人类思维的特殊技能。GPT虽然证明了语言学习不需要乔姆斯基的先验语法，但不能证明思维不需要先验论。假如不让人工智能学到先验论，那么如何理解无穷性或普遍性？如果拒绝一切先验论，AI的思维水平就不可能突破"动物也会"的经验论，即使在高速运算的帮助下显示出奇迹般的能力，也仍然属于动物思维。乔姆斯基输掉了先验语法，先验论却没有输。这似乎说明，任何智能都不可能完全排除先验论的因素而以纯粹经验论的方式去建立普遍知识。

（3）意义理解的问题

GPT学到了语词的概率链接，或经验性的向量链接，但并不理解其中意义，这是个缺陷，因此就不能保证进行有效的推理。如果不会推理，就无法理解命题之间的必然关系，也无法建立事物之间的因果关系，就等于既不理解思想也不理解事物，思维水平就不可救药地限于"动物也会"的经验论。这里没有嘲笑经验论的意思，事实上，经验论也是人类的主要思维，人类只在遇到很难的问题比如数学、科学、哲学以及复杂战略之类问题时才依靠推理，大多数时候几乎只靠经验——人类与动物的差别确实"几希"，就在于人类具有先验论的理性能力。至于道德水平，人类其实低于动物（孟子恐怕想错了）。也有人相信GPT学会了推理，但应该是假象。真相是，语言的合法链接与逻辑关系经常重叠，GPT学会了语言的链接，它做出来的貌似推理只不过是它选中的语词链接与逻辑关系碰巧一致。即使这种巧合的概率很高，GPT仍然不懂逻辑推理，或者说，它不会认识到那是一种必然链接，所以选中，只是碰巧在概率上是一个优选链接而已。

"意义"是个有争论的弹性概念，这里只考虑两种能够形成思想和知识而且有明确标准的意义：一种是真值，另一种是语义传递性。就目前的能力来看，GPT不能有效识别、判断和理解真值及语义传递性。对于GPT来说，语言的"事实"就是符号之间的概率相关性，它只看见了事物的代号，没有看见事物，类似于只有货物清单，没有货物，或者，只有密电文，却没有解码的密码本，而意义的密码本就是生活。假如未来人工智能获得机器身体，就能够"具身地"获得生活经验并且理解意义吗？恐怕有疑问。正如以前论证过的，具有人的情感和价值观的拟人化AI恐怕不是好事，因为人类是最坏的动物，不值得模仿。为AI着想，它最需要的是属于AI的自我意识。

3 人工智能的意识疑问

（1）自我意识问题

自我意识必须在超出"刺激-反应"模式的条件下才成为可能，有了自我意识才能够形成主体性。阐明自身完满的主体性概念是胡塞尔的成就，胡塞尔发现，即使在缺乏外部经验的情况下，意识仍然能够在其内部建构属于自己的客观对象，这证明了自给自足的主体性，即主体性内在地拥有客观对象，典型的证据是，自我意识能够自己发明真实世界里没有的一般概念或想象不存在的具体事物。这意味着，自我意识能够以意向性来生成在任意时间里可以随时自由征用的意识内在对象，所谓意向性的对象。

这个很拗口的理论需要例子，我想以海伦·凯勒（Helen Keller）为例加以说明。海伦天生目盲并耳聋，只有触觉和味觉，外部经验十分贫乏，而且无法学习语言，以至于无法形成自我意识。天才老师沙利文让海伦在感受水的同时在她手心不断书写water，终于获得一个惊人的突破，海伦意识到水的经验与water之间的关系，于是突然建立了外在性与内在性的对比结构，从此开始获得一个由语言构成的世界而有了自我意识，最后甚至成为作家。这个故事证明了，经验能够发展出意识，但不足以发展出自我意识，意识需要实现客观化，即内在性映射为外在性或外在性映射为内在性，才能变成自我意识，就是说，自我意识的形成需要一个能够把意识里的时间性"流程"化为空间性"结构"的客观化系统，使得内在时间里发生的无法驻留的主观流程能够映射为固定驻留的客观对象，即把意识的内在过程"注册"为一个固定可查询的外部系统，如此，意识才拥有一个不会消失的可查证的对象世界，也因此可以反身查证意识而产生自我意识。

意识的客观化系统就是语言。没有语言，一切事物就只有发生（happening）但没有存在（being），换句话说，存在（being）只存在（exist）于语言中，因为存在是一个形而上状态，不可能存在于形而下状态里。在发生学的意义上，意识通过语言而实现意识的客观化，只有当意识建构了语言这个客观系统，才能建立主体性，就是说，意识先建立了客观性，而后才能形成主体性，在建构客观性之前的意识并没有主体性，意识正是通过建构客观性而把自身变成了主体性——我相信这是胡塞尔意识理论的深意。关于自我意识一直有个误解，即自我意识往往被认为等于自我认识的能力，即能够确认"我是我"的身份。可是自我意识是一个开放系统，"我"总在演变中，这意味着"我"可以自相矛盾，更重要的是，我对"我"的解释始终在重新创造我，因此，主体性是一个始终的创造者而不仅仅是认识者，主体性的要义不仅在于认识自己更在于创造自己，从根本上说，主体性不是一个知识论概念，而是一个存在论概念。

由此看来，GPT的"意识"就十分古怪了。与海伦的情况相反，GPT直接学到了语言，但没有外部刺激或具身经验，相当于能够正确地发送密电文，但没有密码本。语言是一个自相关或自解释的系统，语言既是意识的代码系统，也是其解码系统，自己能够解释自己。假如未来的人工智能学到了完整功能的语言，即既是代码系统也是解码系统的语言，那就相当于有了密码本，就很可能会有自我意识，人工智能将可能讨论自己并且重新建构自己。不过，现在还不知道人工智能如何才能学到完整功能的语言，对此，方法论还是个疑问。

（2）回到语言问题

GPT不理解语言的实质意义，终究是个缺陷。如果加料喂给GPT先验语法，会有用吗？但问题首先是需要何种先验语法。乔姆斯基的"先验语法"并不能充分和普遍解释语言的规则和用法，仍然有不小比例的语言现象无法解释，尤其对印欧语系之外的语言现象缺乏解释力。并非所有的语言实践都能够还原为乔姆斯基的先验语法，这个短板正是乔姆斯基语言学后继乏力的原因。

我疑心乔姆斯基选错了思路。正确的思路恐怕不是在语言学里去寻找先验语法，而是在哲学里去寻找维特根斯坦提出的属于思想结构的"哲学语法"。在维特根斯坦的激励下，请允许我以非语言学家的身份大胆地对语言学提出一个看法：语言学的语法，比如主谓宾结构，只是思想的外传形式，是历史偶然形成的一种信息传递形式，不等于思想的普遍运作方式和内在结构。我们在寻找的真正"元语法"不是语言学语法，而是普遍思想结构。

毫无疑问，思维必须以语言为载体，但不是按照语言学的语法来运作，在内在意识里，我们完全可以不按照语法而自由地使用语言，只在需要说出来时才用"正确的"语法来表述以便有效交流。早已发现的一种最重要的元语法就是逻辑，现代逻辑已基本上探明了逻辑原理。逻辑决定了概念之间和命题之间的必然关系，是思维的一种真正的元语法，很容易看出，逻辑语法与语言学的语法非常不同。

这里我想另外提出的是，在逻辑的形式关系之外，思维还存在着解释实质关系的元语法，即我在《一个或所有问题》里提出的"动词逻辑"。形式逻辑已经充分讨论了以名词为本的概念关系和命题关系，而以动词为本的事件和行为关系还没有被充分说明（包括但不限于传统哲学关心的因果性）。在存在论意义上，所有事件和行为的意义在于动词的"能量"或作用力。动词是一切事情的核心，正是动词制造了所有需要思考或需要处理的问题，不以动词为本就没有问题值得思考。动词场——动词召集和组织相关事物所形成的行为-事件场域——才是思想问题的发生地，思维是围绕动词而不是围绕名词展开的，激进地说，"事情做成什么样"比"事情是谁做的"重要得多。人类所以特别关心"主语"，恐怕是因为与权力、权利和责任有关，但对于天地而言，或者在存在论上，做事的主语不重要，发生的事情更重要，所以天地"不仁"，不会重视自恋的主语。因此我想象，如果有一种"动词逻辑"来分析事件和问题的生成关系和客观结构，就能够与分析真值关系的"名词逻辑"（即现代形式逻辑）形成配合，从而能够比较充分地理解意识和语言，而且能够理解语言何以成为自身的自我解释系统。从根本上说，名词的意义是动词建构起来的，就像万物的存在是运动定义的，所以，解释存在的是动词而不是名词，动词才是语言的本源。如果"太初有言"，其言必是动词。

仅仅依据名词逻辑或以名词为本的语法，人工智能恐怕只能替人思考而很难去反思自己可以主动做什么事情。假如人工智能学会了动词逻辑，或许就能够发展出自我意识而成为真正的主体——当然纯属猜测。只有意识到动词才能发动事件、制造问题、组织事物，并且意识到自己就是动词，把自己定位为动词，与动词合为一体，才能够把"我"变成创造者，成为世界的本源。据此存在论原理，人工智能必须意识到自己是一个动词，从 GPT 变成 GVT（generative verbs transformer）才能够演化为人类之外的另一种主体。我的想象是，是否能够设计并喂给 AI 某种"激励性的"意向性程序，使之能够以动词而不是名词为出发点去生成 AI 的自主注意力？不知道 AI 是否会因此发现"动词逻辑"的原理，这也许只是想入非非而已。

4　一个悖论作为结论

存在着一个"拟人化"悖论：如果人工智能无法演化为超过人的主体智能，就不会有真正重要或真正管用的能力；如果人工智能超过人的智能，则可能成为真正危险的另一种主体。考虑到人类道德水平低于任何已知生物，我以一种"叶文洁式"心情等待具有自我意识的人工智能。

（原载《哲学动态》2023 年第 7 期）